U0521849

本书由河北省社会科学基金项目"突发公共卫生事件下河北省城市基层社区治理创新模式与路径研究"（批准号：HB20YJ025）资助出版

多主体合作模式下城市基层社会治理

以京津冀为例

陈艺丹 ◎ 著

中国社会科学出版社

图书在版编目（CIP）数据

多主体合作模式下城市基层社会治理：以京津冀为例 / 陈艺丹著. -- 北京：中国社会科学出版社，2025.5. -- ISBN 978-7-5227-4955-6

Ⅰ. D63

中国国家版本馆 CIP 数据核字第 2025LR5527 号

出 版 人	赵剑英
责任编辑	李凯凯
责任校对	胡新芳
责任印制	李寡寡

出　　版	中国社会科学出版社
社　　址	北京鼓楼西大街甲 158 号
邮　　编	100720
网　　址	http://www.csspw.cn
发 行 部	010-84083685
门 市 部	010-84029450
经　　销	新华书店及其他书店
印　　刷	北京明恒达印务有限公司
装　　订	廊坊市广阳区广增装订厂
版　　次	2025 年 5 月第 1 版
印　　次	2025 年 5 月第 1 次印刷
开　　本	710×1000　1/16
印　　张	17.75
字　　数	238 千字
定　　价	98.00 元

凡购买中国社会科学出版社图书，如有质量问题请与本社营销中心联系调换
电话：010-84083683
版权所有　侵权必究

前　　言

随着社会的发展，传统的以政府为主导的单一治理模式已经难以满足现代社会的复杂需求。社会治理现代化强调多方主体协同治理，形成共建共治共享的社会治理新格局。多主体协同治理模式不仅能够更有效地解决社会问题，还能提升治理效能和居民的满意度。在多元主体参与的城市基层社会治理中，政府、市场、社会组织、社区及个体等多方力量共同参与其中，形成了一个多层次、多维度的治理网络。京津冀协同发展背景下，多主体参与城市基层社会治理更是显得尤为重要。北京、天津、河北三地通过合作治理，实现资源共享、优势互补，共同推动基层社会治理水平进一步提升。

多种主体共同参与城市基层社会治理是一项系统工程，需要明确各主体角色定位，整合各种资源力量形成合力，在相关法律法规引领下，通过多方协商、共同决策，形成多种主体协同治理的局面。基于此，本书在系统阐述城市基层社会治理目标、治理内容与治理模式演变的基础上，以京津冀为例分析三个地区多种主体参与城市基层社会治理的现状，指出新时代多主体协同参与基层治理的必要性与面临的现实困境，详细分析各类主体在城市基层社会治理中的不同职能与作用机制，对各类主体之间交互关系的演变以及协同合作模式进行深入探讨，尝试构建城市基层治理中各类主体协同治理过程中的博弈模型，探讨各类主体参与合作的行为稳定策略，学习借鉴长三角城市基层治理的先进模式与经验，探索京津冀实现城市基层社会多元主体协同共治有效路径。本书对于完善协同共治理论，提高城市基层社会治理效率，打造基层社会治理共同体，推进基层社会治理现代化具有重要的理论指导意义和实践参考价值。

本书包括九章。第一章为导论；第二章为多元主体参与城市基层社会治理的理论依据；第三章为京津冀多主体参与城市基层社会治理现状及趋势；第四章为京津冀协同发展背景下城市基层多主体协同治理必要性和现实困囿；第五章为城市基层社会治理中各类主体职能分析与作用机制；第六章为城市基层社会治理多元主体交互关系与协同合作；第七章为京津冀城市基层社会治理多主体行为策略演化博弈分析；第八章为长三角地区城市基层社会治理经验借鉴；第九章为京津冀城市基层社会多元主体协同共治路径探索。

学术界探讨多元主体参与城市基层社会治理的研究大多集中在对参与方式、参与的重要性与必要性的总结分析，尚缺乏很有价值的研究积累。本书在该问题研究上尽管取得了一些成果，但仍不深入。只希望对国内同类研究，对社会治理实践有所参考与启发。由于笔者研究能力与水平有限，不足之处在所难免，欢迎同行和广大读者批评指正。

目 录

第一章 导论 ……………………………………………………（1）
 第一节 城市基层社会治理概述 ………………………………（3）
 第二节 城市基层社会治理的目标与主体构成 ………………（7）
 第三节 中国城市基层社会治理模式演变 ……………………（14）
 第四节 中国城市基层社会治理基本内容 ……………………（21）

第二章 多元主体参与城市基层社会治理的理论依据 ………（34）
 第一节 多元共治理论 …………………………………………（34）
 第二节 协同治理理论 …………………………………………（43）
 第三节 可持续发展理论 ………………………………………（49）

第三章 京津冀多主体参与城市基层社会治理
   现状及趋势 ……………………………………………（55）
 第一节 北京多主体参与基层社会治理经验启示和
    典型案例 ………………………………………………（55）
 第二节 天津多主体参与基层社会治理经验启示和
    典型案例 ………………………………………………（69）
 第三节 河北省多主体参与基层社会治理经验启示与
    典型案例 ………………………………………………（80）

第四章 京津冀协同发展背景下城市基层多主体协同治理必要性和现实困囿……（92）

第一节 城市基层社会治理多主体协同必要性分析………（92）

第二节 推进京津冀城市基层多主体协同治理的现实困囿………………………………………………（102）

第五章 城市基层社会治理中各类主体职能分析与作用机制……………………………………………（114）

第一节 政府职能与治理行为分析………………（114）

第二节 推动社会组织参与城市基层社会治理………（128）

第三节 提升公众参与城市基层社会治理能力………（143）

第四节 媒体融合助力城市基层社会治理……………（154）

第六章 城市基层社会治理多元主体交互关系与协同合作………………………………………………（166）

第一节 多元主体之间的交互关系………………（166）

第二节 多元主体协同合作未来发展趋势………（180）

第七章 京津冀城市基层社会治理多主体行为策略演化博弈分析……………………………………………（184）

第一节 城市基层社会治理中政府、社会组织、公众博弈互动分析………………………………………（184）

第二节 模型设定…………………………………（186）

第三节 社会组织、公众与政府三方演化稳定策略分析……………………………………………（189）

第四节 城市基层社会治理多主体行为模拟与仿真………（195）

第八章　长三角地区城市基层社会治理经验借鉴……（202）
　第一节　长三角地区城市基层社会治理创新模式与
　　　　　特点……………………………………………（202）
　第二节　经验借鉴………………………………………（215）

**第九章　京津冀城市基层社会多元主体协同共治路径
　　　　探索**……………………………………………（225）
　第一节　发挥基层党建引领作用…………………………（225）
　第二节　整合基层治理组织职能…………………………（228）
　第三节　注入利益互惠新动能……………………………（232）
　第四节　完善网格化管理…………………………………（238）
　第五节　深化区域间合作与交流…………………………（247）
　第六节　推动社区治理共同体建设………………………（250）

主要参考文献………………………………………………（258）

后　记………………………………………………………（275）

第 一 章

导 论

社会治理（social governance）是国家治理体系的重要组成部分，是指在执政党的领导下，由政府组织主导，吸纳社会组织等多元治理主体参与，通过改进社会治理方式对社会公共事务进行的治理活动。党的十八大报告指出，要"加快形成党委领导、政府负责、社会协同、公众参与、法治保障的社会管理体制……提高社会管理科学化水平"[①]。之后十八届三中全会发布的《中共中央关于全面深化改革若干重大问题的决定》（以下简称《决定》）首次提出"社会治理"的概念，《决定》强调要"改进社会治理方式……发挥政府主导作用，鼓励和支持社会各方面参与，实现政府治理和社会自我调节、居民自治良性互动"[②]。党的十九大报告进一步提出"要打造共建共治共享的社会治理格局……推动社会治理重心向基层下移，发挥社会组织作用，实现政府治理和社会调节、居民自治良性互动"[③]。之后召开的十九届四中全会公报在此基础上首次提出社会治理共同体的概念，公报强调要"完善党委领导、政府负责、民

---

① 胡锦涛：《坚定不移沿着中国特色社会主义道路前进　为全面建成小康社会而奋斗——在中国共产党第十八次全国代表大会上的报告》，《人民日报》2012年11月8日第1版。
② 《中共中央关于全面深化改革若干重大问题的决定》，《人民日报》2013年11月16日。
③ 习近平：《决胜全面建成小康社会　夺取新时代中国特色社会主义伟大胜利——在中国共产党第十九次全国代表大会上的报告》，《人民日报》2017年10月28日第1版。

主协商、社会协同、公众参与、法治保障、科技支撑的社会治理体系，建设人人有责、人人尽责、人人享有的社会治理共同体"[1]，进一步丰富完善了社会治理体系的内涵。基层是社会治理的基础，在国家治理体系中占有重要位置。基层强则国家强，加强和创新基层社会治理成为国家和政府关注的重点内容。党的二十大报告为基层社会治理指明了方向，提出"在社会基层坚持和发展新时代'枫桥经验'……完善网格化管理、精细化服务、信息化支撑的基层治理平台，健全城乡社区治理体系"[2]。

党的十一届三中全会以来，中国城市发展进入了全新的发展阶段。从1978年改革开放到1992年正式提出建立社会主义市场经济体制期间，基本形成传统经济地理的城市发展格局和改革开放初期的城市发展格局，呈现明显的城乡二元经济结构特征。1992年到2000年，这一阶段中国计划经济加快向市场经济转型，在市场化改革的带动下，很多城市不仅加快建立了完备的工业体系，还建立了初步的市场化基础，初步拉开了城市化发展框架。2001年至2008年，中国经济社会发展进入工业化、城镇化、市场化、国际化科学发展新阶段，形成了特定的城市发展模式，即政府既抓产业组织又直接参与经济发展。2009年至2017年，中国城市发展进入工业化、信息化、城镇化、市场化、国际化的五化协同加速期。这一时期信息技术高度应用，信息资源高度共享，创新成为城市发展的驱动力。2012年，中国工业总产值超过美国后，一些继续工业路径依赖的城市开始出现发展增速边际递减趋势，那些创新型城市，将人的价值驱动与产业创新、科技创新有机结合，走向了发展新经济之

---

[1] 《中共中央关于坚持和完善中国特色社会主义制度、推进国家治理体系和治理能力现代化若干重大问题的决定》，《人民日报》2019年11月6日。
[2] 习近平：《高举中国特色社会主义伟大旗帜　为全面建设社会主义现代化国家而团结奋斗——在中国共产党第二十次全国代表大会上的报告》，《人民日报》2022年10月26日第1版。

路。2018年之后，中国城市进入高质量发展时期，城市发展模式发生转变，逐渐解除土地财政和地产经济依赖，将产业发展模式、城市发展模式与创新发展模式相结合，坚持科产城融合发展理念，不断推动生产力布局、城市框架与城市功能的有机结合。

第一节　城市基层社会治理概述

基层治理是国家治理的基石，是实现国家治理体系和治理能力现代化的基础工程。与统治、管理不同，治理的目标是最终实现"善治"。城市基层社会治理与社会治理、社会管理、统治等关系密切又各具特色，因此有必要对城市基层社会治理相关概念进行梳理和界定。

一　基层社会与基层社会治理的概念内涵

基层社会（grass-route society）是一个包含多层次、多类型的复杂系统，既是国家治理的基础，也是社会稳定的基石。基层社会是一个不断发展的概念，通常指的是国家和社会管理体系的最底层，直接面对老百姓并接受其监督的社会群体和组织。从政权体系的角度来看，基层社会包括城市中的市辖区、城区街道、社区居民委员会等与城市居民直接发生联系的层级。市辖区作为城市的一部分，通常拥有相对完整的政权体系，负责管理和服务本地区的居民。城区街道则是市辖区的进一步细分，直接负责街道范围内的居民事务，包括环境卫生、公共秩序、社会服务等各个方面。社区居民委员会由居民选举产生，代表居民利益，参与社区事务的管理和决策。[①] 这

---

① 张锐智、张何鑫：《居民自治权法律保障问题研究》，《辽宁大学学报》（哲学社会科学版）2020年第3期。

些层级直接处理与民众生活息息相关的事务，如环境卫生、公共安全、社会保障、教育医疗等，确保政策能够落地生根，转化为实际的社会效益，民众的需求和反馈能够及时得到关注和处理。从组织形态的角度来看，基层社会由社会基层组织构成，包括街道办事处、居民委员会、企事业单位以及社会团体等不同类型组织。这些组织在各自的领域内开展活动，共同维护基层社会的稳定和发展，在日常的社会生活中发挥着不可或缺的作用。此外，基层社会也可以被视为县一级别以下的社会群体，包括县里的各个乡镇、社区、村（居）委会以及村民自己的小群体等。这些群体间错综复杂的社会关系，构成了我们通常所说的基层社会关系。

基层社会治理（Community-level social governance）涉及政权体系、组织结构、社会关系等多个方面，直接关乎广大民众的生活和福祉，是指以维系社会秩序为核心，通过政府主导、社会多元参与，在协调社会关系、规范社会行为、解决社会问题、化解社会矛盾、促进社会公正、应对社会风险、保持社会稳定等方面，为人类社会生存和发展创造既有秩序又有活力的基础运行条件和社会环境，促进社会和谐的活动。基层社会治理是中国特色社会主义的重要组成部分，也是建设社会主义和谐社会的基础。它强调基层组织和社区居民的自治能力和参与度，以解决问题为导向，推动社会稳定和发展。在基层社会治理中，需要充分发挥各类基层组织和居民的主体作用，形成参与共建共治共享的格局。基层社会治理具有如下特点：第一，贴近民众生活。基层社会治理直接面对广大人民群众，关注并解决与居民日常生活息息相关的问题。治理工作深入社区、村庄等基层单位，与民众的生活紧密相连，因此治理措施更加贴近民众需求，更能够反映和满足民众的利益。第二，强调自治与共治。基层社会治理注重发挥基层组织和社区居民的自治能力，鼓励居民参与社区事务的管理和决策。同时，也强调政府、社会组织、企事业单位等多方参与,形成共建共治共享的格局。这种自治与共治相结合的模式,有助于增强社会治理的针对性和实效性。第三,注重问题解决。基层社会治理以解决问题为导向,针对基层社会存在的各类问题和矛盾,采取切实有效的措施进行解决。这包括解决居民生活中的实际问题,如环境卫生、基础设施建设等,也包括调解矛盾纠纷,维护社会稳定。第四,实践性与创新性相结合。基层社会治理具有很强的实践性,需要在实践中不断探索和创新。治理过程中,需要结合实际情况,制定符合基层特点的治理策略和措施。同时,也要注重总结经验,推广成功的治理模式和经验,推动基层社会治理的创新发展。第五,法治化和规范化。基层社会治理强调法治化,依法治理是基层社会治理的基本原则。[①] 通过制定和执行相关法律法规和政策,保障治理活动的合法性和规范性。同时,也注重规范化建设,建立健全基层社会治理的体制机制,确保治理工作有序进行。

二 基层社会治理与基层政府

政府是治理的主体,在社会治理中,政府负责制定法律法规和政策,为社会治理提供制度框架和行为准则,从宏观的国家发展战略到具体的社区管理规定,确保社会运行有章可循、有法可依。[②] 从宏观层面来看,政府负责制定国家的发展战略,包括经济发展、环境保护、社会公正等多个方面,为国家的长远发展指明方向,同时也为各个部门和地方政府的政策制定提供了指导。在微观层面,政府制定具体的社区管理规定,包括物业管理、噪声控制、垃圾分类等多个方面,确保社区内的居民能够和谐共处,共同维护社区的

---

① 傅伦博:《推进基层社会治理法治化的思考》,《特区实践与理论》2015年第2期。
② 吴小花、许涵、傅联英:《我国转型时期社会治理模式的价值取向初探》,《求实》2008年第3期。

秩序和安宁。这些规定为社区生活有序进行提供了重要制度保障。除此之外，政府还需要通过法律法规和政策来规范社会成员的行为，确保他们的行为符合社会的公共利益和道德标准。

基层政府主要指在中国治理体系中直接面对和服务于广大民众的最低层级的地方政府机构，不具有主权，隶属于地方政府。基层政府的行为直接关系到民众的日常生活和社会治理的成效。基层政府在社会治理中的重要性在于，一方面体现公共行政的必要性，基层政府能够扩大公民参与和促进政治教育；另一方面基层政府更加接近公众生活，从而能够被社会大众理解，作为基层自治的一种模式，能够让人们通过面对面互动来管理自身事务。[①] 同时，基层政府在社会治理中扮演着至关重要的角色，由于直接面对公众，是政府职能实现的最前沿，在提供公共服务、维护社会秩序、促进公民参与等方面发挥着重要作用。（如表1-1所示）

表1-1　　　　　　　　　基层政府的角色

角色	作用
公共服务直接提供者	为当地居民提供各类基本公共服务，如教育、医疗卫生、社会保障、公共设施维护、环境卫生等
社会稳定与秩序维护者	维持公共安全、调解民间纠纷、预防犯罪和应急响应等，保障社区的安全和秩序，构建和谐稳定的社区环境
政策执行与传递者	执行上级政府的政策、法规和决定，同时将地方实际情况反馈给上级，确保政策的有效落地和适应性调整
经济发展推动者	制定和实施符合本地实际的经济发展规划，促进产业升级，扶持小微企业，优化营商环境，推动地方经济的持续健康发展
公民参与的促进者	鼓励和引导居民参与社区治理，通过民主协商、听证会等形式，让居民在决策过程中发挥作用，增强社会治理的民主性和透明度

---

① 周庆智：《基层治理创新模式的质疑与辨析——基于东西部基层治理实践的比较分析》，《华中师范大学学报》（人文社会科学版）2015年第2期。

续表

角色	作用
资源协调与整合者	协调各方资源,包括政府资源、社会力量、市场机制等,形成合力,共同解决社区面临的问题
弱势群体保护者	关注和保障老年人、残疾人、低收入家庭等弱势群体的利益,提供必要的社会保障和服务,促进社会公平正义

第二节 城市基层社会治理的目标与主体构成

城市基层社会治理旨在构建一个和谐、有序、高效的社会环境,实现可持续的社会管理与服务模式。城市基层社会治理的目标是全面的,不仅包括推进国家治理体系和治理能力现代化,还涉及实现共建共治共享的社会治理格局,满足人民群众对美好生活的向往,促进社会公平与正义,增强社区自治和社会组织的发展,应对新情况新问题提升治理效能,以及法治化建设等多个方面。

一 城市基层社会治理的主要目标

城市基层社会治理是国家治理体系的重要组成部分,其目标之一是推进国家治理体系和治理能力的现代化[①],通过优化市域社会治理组织体系、提升市域社会治理核心能力等措施,形成上下联动协调的社会治理新体系。城市基层社会治理过程中,构建科学合理、运行高效的基层治理体系,提升基层政府及社会组织的服务能力和应对复杂问题的能力,实现治理手段和技术的现代化。

构建党组织领导下的中国特色城市基层社会多元主体合作治理模式,打造共建共享共治的社会治理格局,是新时代中国特色社

---

① 尹稚:《以人民为中心的城市治理》,《城市规划》2022年第2期。

主义建设的重要目标。意味着要通过多元主体的合作，实现社会治理的共同参与和成果共享。城市基层社会治理必须始终坚持党组织的领导，基层党委是领导核心，发挥政治导向、服务群众以及利益整合的领导功能。在治理过程中，政府不再处于主导地位，而是以平等的身份参与到社会治理中，通过引导、协调和监督等方式推进多元主体（如政府、经济组织、社会组织、公众等）之间互相合作。强调"人人参与、人人尽力、人人享有"的治理目标[①]，实现社会治理的共同参与和成果共享。这一模式体现了政府主导下推动全民参与社会治理的理念，彰显了多元主体合作共治的重要性。

城市基层社会治理的目标还包括满足城市居民对美好生活的向往，提高居民的生活质量。这一过程涉及提供更多的公共服务、改善居住环境、保障居民安全等方面的工作。[②]首先要提供高质量的公共服务。增加优质教育资源供给，推动教育均衡发展，确保每个孩子都能享受到良好的教育条件。构建覆盖全社区的医疗卫生服务体系，提供便捷的医疗服务，加强公共卫生事件的预防和应对能力，保障居民健康。完善社会保障体系，包括养老保险、医疗保险、失业救助等，确保居民基本生活有保障，特别是对老年人、儿童、残疾人等特殊群体的关注与支持。除此之外，还要丰富社区文化生活，建设图书馆、公园、体育场所等，满足居民精神文化需求和健康锻炼需求。其次，改善公众居住环境。推进住房制度改革，提供多样化的住房供应，包括公租房、经济适用房等，解决低收入家庭的住房困难。加强水电气供应、交通、通信等基础设施的建设和维护，提高居民生活便利性和舒适度。加强城市绿化，提升空气

---

① 蔡文成：《我国全过程人民民主的治理逻辑与治理创新论析》，《思想理论教育导刊》2023年第4期。

② 王志立：《以人民为中心的基层社会治理逻辑与实现路径》，《领导科学》2019年第2期。

质量，治理水体污染，减少噪声污染，创建宜居的生态环境。运用大数据、云计算、物联网等技术，提升城市管理智能化水平，如智能交通系统、智慧照明、智慧安防等，提高城市管理效率和居民生活质量。再次，保障居民安全。强化社区警务，提高治安巡逻频次，打击犯罪，保护居民人身和财产安全。建立健全应急管理体系，包括火灾、自然灾害、公共卫生事件等的预警和应对机制，提升应急处置能力。优化交通规划，加强交通安全教育和执法，减少交通事故，保障行人和车辆的安全。最后，促进社区参与和居民自治。鼓励居民参与社区事务决策，通过居民大会、业主委员会等形式，让居民对社区管理有更多发言权。发展社区志愿服务，鼓励居民互帮互助，建立邻里守望相助的良好风尚。建立有效的矛盾纠纷调解机制，及时处理居民间的矛盾，维护社区和谐稳定。

另外，通过城市基层社会治理，力图促进社会公平与正义，解决社区公共事务中的矛盾和问题，保障居民的基本权益。同时，鼓励和支持社区自治组织的发展，培育和发展社区社会组织，激活它们促进社区良性治理的内在活力。将基层治理全面纳入法治化轨道，通过法律手段规范和指导城市基层社会治理活动，确保治理活动的合法性和有效性。通过不断创新和改进基层社会治理方式，提升治理效能，以更好地适应社会发展的需求。

二 城市基层社会治理参与主体

城市基层社会治理中，主体构成呈现出多元化和复杂化的特点，涵盖了政府、市场、社会组织、公众和法治等多个方面，通过多方协同合作，共同推进基层社会治理的现代化和效能提升。

党的基层组织是社区治理的核心力量，通过建立多层级的正式党组织和区域化党组织架构，确保党组织深深扎根在基层。习近平总书记在党的十九大报告中明确指出，要以提升组织力为重点，突出政治功能，把基层党组织建设成为宣传党的主张、贯彻党的决定、领导基层治理、团结动员群众、推动改革发展的坚强战斗堡垒。[①] 这一指示为加强基层党组织建设提供了根本遵循，强调了基层党组织在社区治理中的政治引领作用和组织动员能力。近年来，党组织的领导作用在迅速提升，成为推动城市基层社会治理的重要力量。上海经过多年的探索实践，逐步构建起"区—街镇—居民区"三级联动、"专委会、街镇分会"纵横结合的区域化党建组织架构，不仅涵盖了街道党工委、社区党委等多层级正式党组织，还包括网格（或小区）党支部、楼栋党小组、党员中心户等区域化党组织。区域化党建的核心是以街道党工委为核心，社区党组织为基础，其他基层党组织为节点，形成一个网络化的体系。这种模式通过统筹设置基层党组织，统一管理党员队伍，通盘使用党建阵地，有效地推动了社区治理的现代化。通过建立多层级的正式党组织和区域化党组织架构，确保党组织深深扎根在基层，是实现社区治理现代化的关键。不仅需要加强基层党组织的政治引领力和组织动员能力，还需要通过创新路径探索和实践探索，不断提升基层党组织的组织力和服务能力，从而有效推进社区治理的发展。

政府及其派出机构，如街道办事处，是城市基层治理的重要主体之一。它们负责执行国家的法律法规和政策，为城市基层提供公共服务和管理，通过完善制度供给和加强监督检查来提升治理效能。街道办事处在城市社区治理中扮演着多重角色，并且随着社会经济的发展和政策的调整，其职能和管理范围也在不断变化和扩展。作为政府的派出机构，在连接政府与社区之间发挥着桥梁和纽

---

① 龚云：《以提升组织力为重点提高基层治理能力》，《中国党政干部论坛》2019年第11期。

带的作用。不仅是城市管理中的一种传统制度,而且在适应国家宏观政策变迁的过程中,需要进行有效的改革①,使街道办事处更好地履行其职能,包括但不限于社区建设的指导、公共服务的供给、社会力量的协同参与以及自治组织的监督等。街道办事处的职能和管理范围已经远远超出了原有的政治制度和法律规范定位②,随着城市化进程的加快和社会结构的变化,街道办事处的角色和功能正在经历重大的转变和扩展。此外,街道办事处面临的挑战和压力也在增加。为了更好地适应新的经济发展形势,街道办事处需要不断加强自身建设,寻找职责履行中存在的问题,并积极探索应对措施,以提高管理水平。然而,街道办事处改革的过程中也存在一些争议和挑战。有观点认为撤销街道办事处可以优化基层治理结构和改善公共服务供给,同时将社会秩序的维护和基层政权的稳定纳入改革议程。③

市场组织(如企业、经济组织等)也参与到城市基层治理中,通过提供商品和服务,促进城市基层的经济发展和社会进步。市场组织在城市基层治理中的作用不容忽视,市场机制和社会力量的引入对于加强和完善城市基层治理具有重要意义。政府主导的同时,市场力量的参与为社区服务提供了多样化的选择,满足了居民的多样化服务需求。④ 企业通过投资和经营活动,创造就业机会,增加居民收入,从而直接推动地方经济增长。它们还能带动上下游产业链的发展,促进产业结构的优化升级,为城市基层带来经济活力。

---

① 吴非、笪素林:《城市街道办事处职能定位及其体制改革:基于任务型组织的分析》,《南京工业大学学报》(社会科学版) 2013 年第 2 期。

② 饶常林、常健:《我国城市街道办事处管理体制变迁与制度完善》,《中国行政管理》2011 年第 2 期。

③ 田恒:《论城市基层治理分权化改革——基于撤销街道办事处的分析》,《中州学刊》2013 年第 9 期。

④ 杨宏山:《合作治理与城市基层管理创新》,《南京社会科学》2011 年第 5 期。

在某些情况下，企业会参与到公共设施的建设和运营中。比如，参与智慧城市项目、社区服务设施的建设和维护，以及教育、医疗等公共服务的供给，在提升城市基层的生活质量和便利性方面发挥重要作用。企业通过社会责任项目（CSR），如资助社区活动、环境改善项目、教育援助等，积极参与社区建设，增强社区凝聚力，利用其技术和管理优势，创新城市治理模式，通过数字化技术提高城市管理效率，引入市场化机制解决公共服务供给不足的问题。面对城市基层面临的贫困、失业等社会问题，企业能够通过提供职业培训、创业支持等方式帮助弱势群体，助力解决社会不平等问题。

社会组织，如社区社会组织、非营利组织等，在城市基层治理中扮演着重要角色。① 它们通过提供社区服务、组织社区活动等方式，增强社区居民的凝聚力和归属感。社会组织在城市基层治理中的作用是多方面的，它们作为政府与民众之间的桥梁，补充了政府公共服务的不足，促进了社会资源的有效配置，增强了社区的自我管理和自我服务能力。社会组织能够根据社区居民的实际需求，提供更加个性化、多样化的服务，如为老年人提供居家养老服务、为儿童开展课外教育活动、为低收入家庭提供经济援助等，这些都是政府服务难以全面覆盖的领域。通过组织各种社区活动，如文化节、运动会、志愿服务等，社会组织能够促进邻里间的交流与合作，增进居民间的相互了解和信任。社会组织代表社区居民参与城市规划、环境保护、公共安全等公共事务的讨论和决策过程，有效传达居民的意见和需求，促进政策的制定更加贴近民意，实现基层治理的民主化和透明化。作为相对灵活的组织形式，社会组织在解决社会问题时往往能尝试新的方法和模式，推动社会治理模式的创新。比如，利用数字技术提高服务效率，或是开发可持续发展的社

---

① 康晓强、陈力：《中国特色社会组织及其发展进路》，《理论探索》2024 年第 5 期。

区项目，这些都为城市基层治理提供了新思路。通过参与社会组织的活动，居民不仅能够获得服务，还能学习到自我管理、团队协作和社会责任感，从而提升整个社区的公民意识和参与度，为构建和谐社会奠定基础。

社区自治组织，如社区居委会、业主委员会等，是城市基层治理中的自治型主体。它们代表居民利益，参与社区事务的决策和管理，推动社区的自治和民主管理。社区居委会和业主委员会直接由居民选举产生，是居民利益的直接代表。它们负责收集居民意见和建议，确保居民的声音能在社区管理和决策过程中得到体现，保护居民的合法权益不受侵害。在涉及社区公共设施维护、环境改善、安全保障、文化活动组织等事务上，社区自治组织拥有参与决策的权利。它们可以就社区内的重大事项进行讨论，并与政府相关部门沟通协调，共同制定符合社区实际需要的管理措施和规章制度。通过定期召开居民大会或业主大会，社区自治组织为居民提供了直接参与社区事务讨论和决策的平台，实践基层民主，增强居民对社区事务的参与感和主人翁意识。这种自下而上的决策过程，有助于形成更加公平、透明和高效的社区管理机制。在社区生活中，难免会出现邻里纠纷、物业矛盾等问题。社区自治组织作为中立的第三方，可以发挥调解作用，及时化解矛盾，维护社区和谐稳定。[①] 通过建立有效的矛盾纠纷调解机制，减少法律诉讼，促进社区内部的和谐共处。社区自治组织还可以根据社区特点和居民需求，策划并实施各类发展项目，如社区绿化美化、公共设施升级、文化活动推广等，提升社区整体的生活质量和环境品质，推动社区的可持续发展。

---

① 廖永安、王聪：《人民调解泛化现象的反思与社会调解体系的重塑》，《财经法学》2019年第5期。

城市居民是城市基层治理的参与者和受益者，是基层治理的基石[1]，既是治理的对象也是治理的主体。他们通过参与社区活动、表达意见和诉求等方式，参与到城市基层治理中来，共同推动城市基层的发展和进步。居民通过参加居民大会、意见征询会等活动，居民可以直接或间接地参与到社区规划、项目决策等过程中，确保决策能够反映大多数人的意愿和需求，使政策和项目更具针对性和实效性。居民有权对社区管理、公共服务提供、资金使用等情况进行监督，通过反馈意见、提出批评或建议，促使社区自治组织和政府部门改进工作，提高服务质量与效率，增强治理的透明度和公信力。居民通过参与志愿服务活动，如环境清洁、助老助残、邻里守望等，不仅直接为社区发展贡献力量，也促进了社区内部的互助合作精神。同时，自我管理、自我服务的模式鼓励居民在日常生活中解决小问题，减少对外部依赖，增强社区的自主性和活力。居民通过组织和参与丰富多彩的文化、体育、教育活动，不仅能丰富自己的精神生活，还能增进邻里间的了解和友谊，营造和谐、包容的社区氛围，提升社区文化的认同感和凝聚力。利用社交媒体、社区公告板、意见箱等多种渠道，居民可以便捷地表达个人意见和集体诉求，促使政府和社区管理者及时回应社会关切，解决民生问题，实现治理的精准化和人性化。

第三节　中国城市基层社会治理模式演变

中国城市基层社会治理模式的演变经历了多个阶段，每个阶段都有其特定的社会背景和发展特点，经过不断地演变与优化，逐步

---

[1] 何雪松、侯秋宇：《城市社区的居民参与：一个本土的阶梯模型》，《华东师范大学学报》（哲学社会科学版）2019 年第 5 期。

形成了多元化、现代化的治理模式。演变过程反映了中国从高度集中统一的管理模式逐步向多元化、民主化、服务导向的社会治理模式的转变,旨在更好地适应经济社会发展的需要,满足人民群众日益增长的美好生活需要。

一 单位制时期（20世纪50年代至改革开放前）

在计划经济体制下,单位不仅是生产单位,也是承担社会管理和福利分配的主体,几乎涵盖了职工生活的各个方面,包括住房、医疗、教育等。这种"单位办社会"的模式,使得城市基层治理高度集中,政府通过单位对居民进行直接管理。①

在计划经济时代,单位为职工提供全方位的生活保障,单位通常负责分配住房给职工,根据职工的工龄、职务等因素决定住房的大小和位置,形成了独特的住房配给制度。单位里设有自己的医疗机构或与指定医院合作,为职工及家属提供医疗服务,包括免费或低成本的医疗保健。许多大单位还设有子弟学校,从幼儿园到中学,甚至是技校或职校,为职工子女提供教育机会。单位中还发放各种生活必需品补贴、节日福利、退休金等,确保职工的基本生活需求得到满足。

单位不仅是经济活动的中心,也是社会管理的单元,承担了部分政府的社会治理职责。职工的户籍与单位紧密绑定,单位在一定程度上参与职工及其家属的户籍登记和迁移管理。单位负责执行国家的计划生育政策,对职工的生育行为进行管理和控制。单位通过党组织和工会系统,对职工进行政治教育和思想引导,维护社会稳定。组织各种文化活动和体育比赛,丰富职工的业余生活,增强单

---

① 阎晓阳:《从单位制到社区制：城市基层治理的制度逻辑》,《实事求是》2022年第1期。

位的凝聚力。

在这种"单位办社会"的模式下,城市基层治理呈现出高度集中的特点。政府通过单位实现对城市居民的直接管理,单位成为政府政策实施的基层载体。居民生活几乎完全依赖于所在单位,单位成为居民获取资源和服务的主要渠道。由于单位系统的封闭性,社会流动受到限制,社会结构较为单一,个体与社会的关系主要通过单位维系。

二 街居制时期（改革开放初期至 20 世纪末）

随着中国经济体制改革的深入,尤其是从 20 世纪 80 年代末至 90 年代初开始,传统的"单位制"逐渐失去了其原有的全功能角色。随着市场经济的发展和国有企业改革的推进,单位不再能够全面承担职工的生活保障和社会管理职能。这一转变迫使政府寻找新的基层治理模式,以适应社会结构的变化和民众日益增长的多元化需求。在此背景下,政府开始重视社区建设,城市社区建设被提上重要日程,以街道办事处和居民委员会为基本组织形式的城市基层社区组织模式逐步确立起来。这一时期,街道和居委会承担起更多的社会管理和服务职能,如户籍管理、计划生育、社会治安等,这种变化反映了中国城市社区治理模式的发展趋势,即从行政型向合作型和自治型转变。[1]

街道办事处与居民委员会的角色得到强化,作为区政府的派出机构,街道办事处承担起了更多的直接面向居民的管理和服务职能。它们负责执行上级政府的政策,协调本辖区内的各项社会事务,包括城市管理、环境卫生、社区安全、社会救助等。街道办事

---

[1] 魏娜:《我国城市社区治理模式：发展演变与制度创新》,《中国人民大学学报》2003 年第 1 期。

处还成为连接政府与居民的桥梁，负责上传下达，反映居民需求，协助解决居民生活中的实际问题。① 作为居民自我管理、自我教育、自我服务的基层群众性自治组织，居民委员会的影响力和作用日益增强。它更侧重于居民日常生活中的事务管理，如调解邻里纠纷、组织文化娱乐活动、进行环境卫生监督等，同时也参与一些社会管理事务，如协助进行户籍管理、计划生育宣传、社会治安巡逻等。

社会管理与服务职能实现扩展。街道和居委会承担的社会管理与服务职能明显增加，虽然户籍制度依然存在，但部分管理权限下放至街道和居委会，它们协助进行户籍登记、迁移证明开具等工作。随着国家人口政策的调整，街道和居委会在宣传国家计划生育政策、提供计生服务、发放相关证明等方面发挥了重要作用。居委会通过组织志愿者巡逻、开展法制宣传教育、协助处理轻微治安事件等方式，参与维护社区秩序。这一时期，街道和居委会也开始承担起部分社会保障和福利分配的工作，如低保申请审核、孤寡老人照料、残疾人服务等。

尽管城市基层社区组织承担了更多服务职能，但在这一转型过程中，仍保留了一定程度的行政管理色彩。一方面，街道办事处作为政府派出机构，其工作具有较强的指令性和行政性。作为市辖区或不设区的市政府的直接延伸，街道办事处代表上级政府在街道层面行使管理和服务职能。这意味着其工作内容、目标和方向直接受到上级政府的指导和指令，具有明显的行政属性。街道办事处负责传达和执行中央、省（市）、区（县）的各项政策、法规和决定，确保上级政府的意志在基层得到有效落实，这其中包括经济、社

---

① 姚芳：《社区管理中街道办事处的角色定位与功能分析》，《辽宁行政学院学报》2010年第8期。

会、文化、环境等多个领域。同时,街道办事处承担着本区域内的行政管理职责,如社会治安、环境卫生、市场监管、应急管理等,并提供一系列公共服务,如社会保障、民政福利、公共卫生等,这些工作往往具有较强的指令性和规范性。另一方面,居民委员会虽为自治组织,但在实际运作中,很多时候仍需遵循上级政府的指导和要求,其自治空间相对有限。居民委员会是居民自我管理、自我教育、自我服务的基层群众性自治组织,理论上享有较高的自治权,旨在反映居民意愿,解决社区内部事务,促进社区和谐。虽然居民委员会具有自治性质,但在实际运作中,很多决策和活动仍需遵循上级政府(包括街道办事处)的指导和要求,特别是在涉及重大事项决策、资金使用、公共安全管理等方面,自治空间可能受到一定限制。居民委员会在资金、人员、物资等方面往往需要依靠上级政府的支持,这在一定程度上影响了其独立性和自治能力。例如,许多社区服务项目和基础设施建设依赖于政府拨款或资助。

三 社区制时期(20世纪末至今)

进入21世纪后,随着市场经济的快速发展和社会结构的变化,传统的"单位制"和"街居制"已难以满足日益复杂多样的社会需求,城市基层社会治理模式因此经历了重要的转型,社区制逐渐成为城市基层社会治理的主要模式,这一转变反映了国家对社会管理创新的重视,以及对提升社会治理现代化水平的追求。

市场经济的发展促进了劳动力的大规模流动,人口不再像过去那样固定于某一单位或街区,社会流动性逐渐增强,要求社会治理体系更加灵活,能够跨地域、跨单位提供服务。同时,居民对于教育、医疗、养老、文化娱乐等公共服务的需求日益多样化,单一的行政管理方式无法满足这种多元化需求,社区成为提供个性化、贴近居民需求服务的重要平台。

社区制强调政府、市场、社会三者的协同作用，鼓励多元主体参与①，包括社会组织、非营利组织、志愿者团体以及居民自己，共同参与社区公共事务的管理和服务。政府负责宏观指导和政策制定，市场提供服务供给，社会组织和居民则参与到社区治理中，形成多元主体共同参与的治理格局。社区治理更加强调居民自治，注重提高社区服务水平和居民生活质量，推动社区服务的专业化、精细化。在社区制下，居民委员会的自治功能得到强化，居民通过选举参与社区事务的决策过程，增强了社区的民主管理和监督，提高了居民的参与感和归属感。社区制更注重提供贴近居民需求的服务，包括社区养老、儿童托管、文体活动、心理咨询等，以服务促管理，提升了社会治理的温度和效度。② 随着信息技术的发展，社区治理开始利用大数据、云计算等现代信息技术手段，提高治理效率和智能化水平，实现精细化管理和服务。

为了适应社区制的发展，国家不断出台相关政策法规，明确社区的职能、权力边界和运行机制，保障社区治理的规范化、法治化，整合政府、企业、社会组织、志愿者等多方资源，构建资源共享、优势互补的社区服务体系。在推动社区自治的同时，如何保持与上级政府的有效沟通与协调，避免过度行政干预，保持社区治理的活力和创新性，成为持续面临的挑战。

四 社会治理现代化阶段

近年来，随着国家治理体系和治理能力现代化的推进，城市基

---

① 田舒：《"三社联动"：破解社区治理困境的创新机制》，《理论月刊》2016年第4期。
② 吴光芸：《论构建政府、市场与公民社会三者互动的有效公共服务体系》，《江汉论坛》2005年第9期。

层社会治理更加注重法治化、智能化和社会化。① 习近平总书记指出，要着力完善城市治理体系和城乡基层治理体系，树立"全周期管理"意识，努力探索超大城市现代化治理新路子。② 充分运用信息技术手段，如大数据、云计算等，提高治理效率和服务质量，同时推动社区治理向民主化、参与型转变，鼓励居民通过网络平台、居民议事会等形式参与决策，实现共商共建共享的社会治理格局。

随着信息技术的飞速发展，社会治理越来越依赖于大数据、云计算、人工智能等现代信息技术手段，不仅提高了治理效率，实现了数据的实时共享和精准分析，还促进了社会治理决策的科学化和智能化。③ 智慧城市建设成为推进社会治理现代化的重要抓手，通过数字化手段优化资源配置，提升公共服务质量，加强城市安全和应急管理能力。法治是社会治理现代化的基石。这一阶段强调建立健全的法律体系，确保社会治理有法可依、有章可循。法治化不仅体现在法律法规的完善和执行上，还包括公众法治意识的提升和对公正司法的信任，力求通过法律手段调节社会关系，保障公民权益，维护社会公平正义。社会治理的复杂性要求更高的专业化水平，包括培养专业的社会治理人才，运用社会科学理论和方法研究社会问题，制订科学合理的政策方案。专业化的社会治理能够更精准地识别问题、评估效果，提高政策的针对性和有效性。

面对社会矛盾和问题，现代社会治理强调系统思维，采取综合治理策略，即综合运用法律、经济、行政、文化等多种手段，多部

---

① 王华杰、薛忠义：《社会治理现代化：内涵、问题与出路》，《中州学刊》2015 年第 4 期。
② 王昊魁、李苑、王琎、靳昊：《"全周期管理"：探索城市现代化治理新路子》，《光明日报》2020 年 5 月 26 日第 7 版。
③ 张海波：《大数据驱动社会治理》，《经济社会体制比较》2017 年第 3 期。

门协同合作，形成治理合力。同时，注重源头治理，即从问题产生的根源入手，预防为主，减少社会矛盾的产生，从根本上改善社会环境。在现代化社会治理中，可持续发展理念被广泛采纳，注重经济发展与环境保护、社会进步的和谐统一。同时，更加注重人的全面发展，关注弱势群体，提升公共服务均等化水平，增进人民福祉，实现社会公平与包容性增长。在全球化背景下，社会治理现代化还体现为国际视野的拓宽和国际合作的加深。学习借鉴国际先进经验，参与全球治理议题，提升国家治理能力的国际竞争力，同时，通过国际合作应对跨国性社会问题，共同构建人类命运共同体。

总体来看，中国城市基层社会治理模式从单一的政府主导模式，逐步演变为政府、社会和居民多方参与的共治模式，并在数字化技术的支持下，不断探索和创新，形成了具有中国特色的现代社会治理体系。

第四节 中国城市基层社会治理基本内容

中国城市基层社会治理的基本内容是多方面的，目的是构建一个高效、有序、和谐的社区环境，通过多元主体的合作治理、政府的角色定位与职能发挥、社区自治的推进、治理体系与能力的建设、公众参与的深化以及社会管理体制的创新等多方面的努力，实现城市基层社会治理的现代化。

一 党的领导与制度建设

坚持党对基层治理的全面领导，强化党的基层组织建设，确保党的路线方针政策在基层得到贯彻落实。同时，加强社会治理制度建设，完善治理体系，提升治理能力。党的领导是基层社会治理的根本保证。在城市基层,党组织通过加强对社会治理工作的政治领导,确保党的路线方针政策和国家法律法规在基层得到贯彻执行,为社会治理提供正确的方向指引。加强基层党组织建设,是提升社会治理效能的关键。通过优化党组织设置,增强党组织覆盖面,确保每个治理环节都有党的组织存在,每个重要任务都有党员发挥作用,使党组织成为连接政府与群众、整合资源、凝聚人心的坚强堡垒。党的领导推动基层社会治理创新,鼓励探索符合本地实际的治理模式,如"红色物业""网格化管理"等,通过党建引领促进治理手段和方法的现代化。党员在基层社会治理中发挥先锋模范作用,通过设立党员责任区、党员志愿服务队等形式,通过教育培训、实践锻炼等方式,提升党员干部的政治素养、业务能力和群众工作水平,使其成为基层社会治理的骨干力量,带动群众参与社会治理,形成良好的社会风尚。

制度建设在城市基层社会治理中发挥着重要作用,建立健全城市基层社会治理的法规体系,包括社区自治、物业管理、公共安全、矛盾纠纷调处等方面的法规,为基层治理提供坚实的法律基础。制度建设需要明确界定城市基层各治理主体的权责边界,包括政府、街道办事处、居民委员会、社会组织等,通过制度安排实现权责一致,确保治理工作有序进行。同时需要建立多部门、多层次的协同工作机制,如联席会议制度、信息共享平台等,促进不同主体间的信息交流、资源整合和行动配合,提升治理的整体性和协同性。完善居民参与社会治理的制度安排(居民会议、听证会、意见征集等),也是制度建设的重要内容,保障居民的知情权、参与权、表达权和监督权,促进治理决策的民主化、透明化。制度建设过程中,通过建立科学的绩效评价体系和监督机制,对基层社会治理的效果进行定期评估,强化对治理过程的监督,确保各项制度得到有效执行,及时发现并解决问题。通过制度设计鼓励社会治理创新,对成功经验和有效做法进行总结推广，为基层社会治理提供持续动力。

党的领导与制度建设相辅相成，共同构成城市基层社会治理的坚固基石。党的领导确保了社会治理的正确方向和强大动力，而完善的制度建设则是实现科学治理、高效治理、民主治理的制度保障。通过二者的有机结合，推动城市基层社会治理迈向更高水平。

二 自治与共治结合

推动居民自治，强化居民委员会等自治组织的功能，鼓励居民参与社区决策和管理。构建政府、社会、居民等多元主体共同参与的社会治理格局，是当前中国城市基层社会治理改革的重要方向，旨在促进社会和谐稳定，提升治理效能，满足人民群众日益增长的美好生活需要，实现共建共治共享。

第一，要强化居民自治组织功能。通过培训、指导等方式增强居民委员会成员的管理能力和服务意识，确保其能有效代表居民利益，开展日常管理、协调矛盾、组织活动等工作。界定居民委员会在社区管理、公共事务、公益事业等方面的具体职责和权限，确保自治有章可循、有法可依。建立健全居民会议、居民代表会议等民主决策制度，确保重大事项能够广泛听取居民意见，实现民主决策。

第二，要鼓励居民参与。通过建立社区议事厅、线上社区论坛等形式，为居民提供便捷的参与渠道，讨论社区事务，提出建议和诉求。通过宣传教育、典型示范等方式，提高居民对社区事务的关注度和参与社区治理的责任感。对积极参与社区治理的居民给予表彰奖励，形成正向激励机制，激发更多居民的参与热情。

第三，构建多元主体共治格局。政府发挥引导与支持作用，转变职能，从直接管理转向服务与监管，为居民自治和社会组织参与提供政策支持、资金扶持和法律保障。鼓励非营利组织、社会团体、企业等社会力量在社区服务、公益活动、环境治理等领域发挥作用，弥补政府和居民自治的不足。建立政府、市场、社会和居民之间的沟通协作机制，通过项目合作、资源共享等形式，形成治理合力。最终实现共建共治共享，确保社会治理成果惠及全体居民，提升社区公共服务水平，改善居民生活环境，增强社区凝聚力。建立有效的反馈机制，及时收集居民对社会治理成效的评价和建议，不断调整优化治理措施，实现治理的持续改进和创新。

三 法治与德治并重

法治与德治的结合是构建社会主义和谐社会的基本形式之一。把依法治国与以德治国紧密结合起来是马克思主义国家学说在新时期的重大发展，也是我们党领导人民治理国家基本方略的升华和完善。[①] 表明在城市基层社会治理中，法治与德治的并重不仅是理论上的要求，也是实践中的必然选择。同时法治与德治的结合是实现国家治理体系和治理能力现代化的重要途径。习近平总书记提出的依法治国与以德治国相结合的创新理念与战略，不断丰富了依法治国与以德治国的时代内涵，强调了以法治保障德治、以德治支撑法治的重要性加强基层法治建设，推进依法治理，确保各项工作在法治轨道上运行。弘扬社会主义核心价值观，加强德治建设，提升居民道德素质和社会文明程度，这一模式既凸显了现代国家治理的法治化要求，又吸收了中华传统治理智慧，强调了道德在社会治理中

---

① 贺敏：《法治与德治结合：和谐社会之国家治理的基本形式》，《社会科学家》2006 年第 3 期。

的独特作用。

　　法治在城市基层社会治理中的基础地位。法治为基层社会治理提供了明确的规则体系和制度框架，确保社会行为有法可依、有章可循，是维护社会秩序的基石。例如，通过地方性法规、社区公约等，明确居民的权利义务，规范社区管理行为。法治通过独立公正的司法体系，保障公民的合法权益，解决纠纷和冲突，确保社会公平正义。在基层社会治理中，这意味着通过法律程序解决邻里纠纷、物业管理等问题，保障各方权益。法治限制政府及相关部门的权力边界，防止滥权和腐败，确保公权力在法治轨道上运行，提升治理的透明度和公信力。

　　德治具有辅助作用。德治通过弘扬社会主义核心价值观和传统美德，引导居民形成良好的道德风尚和社会责任感，提升社会道德水平。例如，通过道德讲堂、好人好事评选等活动，树立正面典型，营造崇德向善的社区氛围。德治强调内在的道德约束力，鼓励居民自我约束、自我管理，预防违法行为发生。在社区治理中，通过道德教育和社区自治，促使居民自觉遵守公共秩序，减少社会矛盾。德治还承担着文化传承和社区认同的功能，通过传承和弘扬本地文化、历史记忆，增强社区凝聚力，促进社区和谐。

　　法治与德治的融合实践。法治与德治在城市基层社会治理中相辅相成。法治为德治提供制度保障，确保道德规范的落实有法律依据；德治则为法治提供道德支撑，增强法律的遵从度和社会的和谐度。在法治与德治并重的框架下，推动政府、社会、居民等多元主体共同参与社会治理，形成政府依法行政、社会依法自治、居民依法行事的良好局面。同时在实践过程中，需要探索建立法治与德治相结合的新型社会治理机制，如在法治框架内融入德治元素，通过社区公约、居民自治章程等形式，将道德规范转化为社区治理的具体条款。法治与德治的结合还需要注意适度性。虽然法治与德治相结合已被确定为建设中国社会主义法治国家所坚持的重要原则,但其意蕴的含混性、道德泛化和法律扩大化等问题也不容忽视。①

法治与德治并重是推进社会治理现代化的重要途径,既体现了社会治理的规范化、程序化,又兼顾了人文关怀和道德引领,有利于构建既严格规范又充满温情的社会治理模式。

四 服务与管理并举

在城市基层社会治理中,服务与管理并举是一种重要的治理模式。这种模式强调政府、市场和社会力量的协同合作,旨在通过提供公共服务和商业服务以及公益服务,满足居民多样化的服务需求,同时规范社会行为、协调社会关系、解决社会问题、化解社会矛盾、维护社会秩序、促进社会和谐。② 在实际治理中,既要强化管理职能,确保社会秩序的稳定和各项规章制度的有效实施,又要注重提升服务质量,满足居民在教育、医疗、养老、文化等方面的多样化、个性化的需求,从而实现治理效果与民生福祉的双重提升。

管理为基础,确保社会运行秩序。通过规范管理,建立健全社区管理规章制度,明确社区管理的职责、流程和标准,确保基层社会管理有据可依、有章可循。加强社区治安管理,建立健全公共安全体系,包括消防安全、交通安全、治安巡逻等,保障居民生命财产安全。加强对社区环境卫生、公共设施维护的管理,提升社区居住环境,促进生态文明建设。建立健全矛盾纠纷调解机制,及时有

---

① 王淑芹、王娟:《法治与德治相结合的意蕴与适度性》,《新疆师范大学学报》(哲学社会科学版) 2018 年第 5 期。

② 杨宏山:《合作治理与城市基层管理创新》,《南京社会科学》2011 年第 5 期。

效解决居民间的矛盾，维护社区和谐稳定。

服务为根本，贴近人民生活。基层社会治理中要提供全方位的民生服务，如就业援助、社会保障、健康教育、养老服务等，满足居民基本生活需求。关注不同群体的特殊需求，如青少年成长辅导、老年人关爱服务、残疾人无障碍设施等，提供更加人性化的服务。利用"互联网+政务服务"，推行在线办事、移动支付等便捷服务，减少居民办事成本，提高服务效率。鼓励居民参与社区服务的设计、监督和评估，形成服务需求由居民提出、服务过程由居民参与、服务效果由居民评判的闭环机制。

注重管理与服务的融合。在提供服务的过程中融入管理要素。比如，通过提供垃圾分类指导、公共安全宣传等服务，引导居民自觉遵守社区规则。高质量的服务能够赢得居民的信任与支持，增加居民对社区管理的认同感，进而更愿意配合管理措施的实施。建立信息共享机制，整合管理与服务信息资源，通过数据分析优化资源配置，实现管理与服务的精准对接。

此外，网格化服务管理作为一种新兴模式，通过运用网格技术处理基层治理事务，体现了信息技术、管理方法和管理体制的创新与应用。尽管存在一些问题，如统一思想认识、理顺网格化工作的领导关系等，但通过强化宣传教育、建立上下贯通的管理体系、加强基层社会治理能力等措施，可以有效解决这些问题。①

五 资源下沉与权责匹配

城市基层社会治理中，资源下沉与权责匹配是两个核心要素。推动政府资源和服务向基层倾斜，合理划分各级政府及其派出机构

---

① 伊庆山：《基层治理中网格化服务管理的实践经验与问题破解》，《领导科学》2022年第2期。

的权责，减轻基层负担，提高治理效能。资源下沉主要指的是将政府和社会的资源向基层延伸和分配，以提高基层治理的能力和效率。权责匹配则是指在资源下沉的过程中，确保基层政府及其组织能够根据其职能和责任有效地使用这些资源。

资源下沉是解决基层治理能力不足的关键措施之一。通过将财政、人力资源和信息资源等有效整合到基层，可以提高基层治理的效率和效果。[①] 例如，网格化管理通过划分城市空间为网格，并实现信息化处理，提高了城市管理的清晰度和精细化水平。[②] 此外，专职网格党建指导员的下沉机制也体现了资源下沉的具体实践，通过党建引领基层治理，形成了新的组织、沟通和调节机制。资源下沉具体包括，增加对基层的财政转移支付，确保基层有足够的资金来开展公共服务和社会管理，如基础设施建设、社区服务项目等；推动机关事业单位干部、专业技术人员下沉一线，充实基层工作力量，提高基层团队的专业化水平和服务能力；将信息技术、智能化管理系统等现代科技手段引入基层，如智慧社区建设，提高治理的智能化、精细化水平；建立上下级之间高效的信息沟通机制，确保基层能够及时获取政策指导、市场信息等，提高决策效率和精准度。

权责匹配是指在资源下沉的同时，明确各级治理主体的职责权限，确保有权必有责、权责对等，避免职责不清导致的推诿扯皮现象，包括优化层级管理，建立有利于重心下移的层级职责体系[③]，以及通过法律法规形式固定条块之间的权责关系[④]。权责匹配的目

---

① 吴青熹：《资源下沉、党政统合与基层治理体制创新——网格化治理模式的机制与逻辑解析》，《河海大学学报》（哲学社会科学版）2020 年第 6 期。
② 陈柏峰、吕健俊：《城市基层的网格化管理及其制度逻辑》，《山东大学学报》（哲学社会科学版）2018 年第 4 期。
③ 刘小钧：《城市社会治理重心下移：内涵、动因和路径》，《江汉论坛》2022 年第 7 期。
④ 郭圣莉、张良：《实现城市社会治理重心下移》，《领导科学》2018 年第 31 期。

的是防止资源浪费和提高治理效能，如通过"三单"管理（资源清单、需求清单、项目清单）来实现资源与需求的精准对接。具体来说就是，清晰界定街道办事处、社区居委会、社会组织等不同治理主体的职责范围、权力边界和责任清单，确保各司其职、协同配合。在赋予基层更多自主权的同时，增强其决策能力和服务能力，允许基层根据实际情况灵活应对社会管理中的问题。建立健全监督考核机制，对基层治理主体的权力行使和责任履行情况进行定期评估，确保权力不被滥用，责任得以落实。通过奖惩机制，对表现优秀的基层单位和个人给予表彰奖励，对失职失责的行为进行追责，形成良性循环。

资源下沉与权责匹配是相互关联、相互支撑的两个方面，旨在通过优化资源配置和治理体系，激发基层治理活力，提升治理效能。资源下沉与权责匹配能够提升响应速度，更快响应民众需求，解决实际问题。增强服务能力，更能满足居民多样化、个性化的需求。居民在拥有更多参与渠道和资源支持的环境中，更易参与到社区治理中，形成共建共治共享的社会治理格局。

六 环境治理与改善

城市基层社会治理中的环境治理与改善，是提升居民生活质量、促进可持续发展的重要组成部分。它不仅关注自然环境的保护与恢复，也涉及居民生活环境的优化，通过一系列政策措施和技术手段，努力营造宜居、宜业的城市环境。

城市基层治理注重社区环境的治理与改善，具体包括环境卫生、公共设施维护、绿化美化等，营造宜居宜业的社区环境。在生态环境保护中，加大对大气、水体、土壤污染的防治力度，实施垃圾分类，推广绿色低碳生活方式，减少污染物排放。对受破坏的绿地、水体进行生态修复，如城市湿地恢复、河湖治理等，提升生态系统服务功能。增加城市绿地面积,如公园、绿道、屋顶绿化等,提升城市"肺活量",改善微气候,增强城市的生态承载力;在城市基础设施改造中,对老旧住宅区进行综合改造,改善排水、供水、供电等基础设施,提升居住环境质量。完善公共交通系统,优化路网结构,推广新能源交通工具,减少交通拥堵和汽车尾气排放。建立和完善垃圾分类收集、转运、处理体系,推广资源回收利用,减少垃圾填埋和焚烧带来的环境污染;公共卫生与健康管理中,加强社区、公共场所的清洁与消毒,防控传染病传播,提高公共卫生水平。开展健康知识普及活动,提升居民环保意识和健康生活习惯,如合理膳食、适量运动等。建立健全基层医疗卫生服务体系,提高应对突发公共卫生事件的能力。

七 文化建设与传承

城市基层社会治理中的文化建设与传承,是构建和谐社会、提升居民幸福感和归属感的重要方面,旨在通过保护、挖掘、创新和传播文化资源,形成具有地方特色和时代精神的文化生态,促进社会的全面发展。随着中国新型城镇化进程的稳步推进,城市社区的数量和规模都日渐增多,城市社区居民的文化需求也与日俱增。[1]城市社区文化建设不仅是满足居民群众的精神文化需求、提高居民群众的综合素质和文化品位的重要途径,而且是社会普遍关注的热点问题,也是城区现代化建设的必然要求。另外,文化现代化是城市现代化的重要内容和特征[2],加强城市文化建设对于构建和谐社区、推进现代化城市建设具有重要意义。城市基层社会治理中要重视社区文化的培育和发展,保护和传承优秀传统文化,丰富居民精

---

[1] 肖陆军:《对推进我国城市社区文化建设的思考》,《探索》2015年第6期。
[2] 赵力平:《论城市文化建设》,《浙江社会科学》2000年第2期。

神文化生活，增强社区凝聚力。

文化建设与传承主要内容有：保护和修缮历史建筑、文物古迹等，如古城墙、古村落、历史街区等，这是城市记忆和文化传承的载体；传承和发扬民间艺术、传统工艺、民俗节日等非物质文化遗产，通过记录、展示和教育活动，使传统文化活起来；建设图书馆、文化馆、博物馆、社区文化中心等公共设施，提供便捷的文化服务，丰富居民精神生活；举办文化节、艺术展览、读书会、讲座、培训班等多样化的文化活动，提升居民文化素养，促进文化交流。

另外，还要挖掘地方特色文化，深入研究和挖掘本地的历史故事、民间传说、风俗习惯等，形成独特的文化品牌，增强社区的文化认同感。结合现代设计理念和技术，开发具有地方特色的文化创意产品和服务，如手工艺品、旅游纪念品、文化体验项目等，带动经济发展。同时要关注文化教育与传播，在学校教育中融入地方文化内容，通过课程、课外活动等形式，培养学生的文化意识和家乡情怀。利用新媒体、数字平台等现代传播手段，拓宽文化传播渠道，让本土文化走向更广泛的受众，同时也吸引外界关注和参与。

城市基层社会治理中还要出台资金支持、税收优惠、知识产权保护等相关政策，为文化保护与传承提供法律和制度保障，建立表彰和奖励机制，对在文化传承、创新方面做出突出贡献的个人或团体给予奖励，激发社会力量参与文化建设的积极性。

八　风险防范与应急响应

城市基层社会治理中的风险防范与应急响应是确保社会稳定、提升居民生活质量的重要组成部分。这一领域的基本内容涵盖了风险识别、风险评估、风险控制、应急准备和应急响应等多个方面。

需要建立健全社区风险预警和应急管理体系，提高对突发事件的应对能力，保障社区安全稳定。

风险识别与评估中，首先，需要通过收集、研判、识别各类风险信息来及时干预、消除风险因素，规避风险事件的发生。[①] 对常规风险问题、复杂风险问题、不确定性风险问题、模糊性风险问题的识别和分类，建立风险监测网络，收集各类风险信息，包括自然灾害（如地震、洪水）、公共卫生事件（如疫情）、社会安全事件（如恐怖袭击、群体性事件）等。此外，社区微治理模式下的风险识别指标体系构建也是关键一环，涉及技术风险、制度风险、文化风险、环境风险、结构风险等多个维度。对收集到的信息进行分析，评估各类风险的可能性和潜在影响，确定高风险区域和脆弱群体。

提升市域社会治理的风险防控能力，包括风险预测能力、风险预防能力、风险预警能力与风险控制能力，是加快推进市域社会治理能力现代化的关键一环。要求科学构建市域社会治理风险防控能力的测量指标体系，注重完善制度体系、加强主体能力建设、打造责任共同体。

应急准备中需要建立应急物资储备体系，确保在紧急情况下能够迅速提供食品、饮用水、医疗用品等基本生存物资。组建专业的救援队伍，包括消防、医疗急救、心理干预等，定期进行技能培训和实战演练。确保在应急状态下通信系统的稳定运行，建立多渠道、多层次的应急通信网络。在此基础上，建立健全预警信息发布机制，确保信息能够迅速、准确地传达给公众。在突发事件发生时，立即启动应急预案，成立临时指挥中心，统一指挥调度各类应急资源。同时加强政府各部门之间以及政府与社会力量的协同作

---

① 陈成文：《论市域社会治理的风险防控能力》，《社会科学家》2020 年第 8 期。

战，形成快速响应的联动机制。在"危机治理"视野下，创建城市应急联动模式，强调政府系统内部相关部门的协同运作，同时发挥非政府组织和社会力量协同参与的积极作用。

城市基层社会治理中的风险防范与应急响应是一个系统性工程，需要多方面的努力和协调，有效提升城市基层社会治理的能力，保障社会稳定和居民生活的安全与和谐。

第二章

多元主体参与城市基层社会治理的理论依据

党的十九大报告提出,"加强和创新社会治理、打造共建共治共享的社会治理格局"。《中华人民共和国国民经济和社会发展第十四个五年规划和二〇三五年远景目标纲要》进一步提出,"发挥群团组织和社会组织在社会治理中的作用,畅通和规范市场主体、新社会阶层、社会工作者和志愿者等参与社会治理的途径"。激发各类主体参与基层社会治理的活力成为构建社会治理新格局的关键路径。多元主体参与城市基层社会治理的相关理论涉及多个学科领域,特别是政治学、社会学、公共管理学等,核心在于强调治理过程的开放性、参与性和互动性。本章从多元共治理论、协同治理论和可持续发展理论三个方面深入分析多元主体参与城市基层社会治理的理论依据,为更好进行基层治理提供理论支撑。

第一节 多元共治理论

多元共治是一种新的社会治理模式,是指多元共治主体在目标一致的情况下,为更好达到目标而进行的多主体合作共治,强调多主体(如政府、企业、社会组织和公众)合作管理、共同管理、共同治理，以实现社会问题的有效解决和社会利益的最大化。多元共治是治理方式的一种分化，是以形成"多元主体、多元平台、多元服务"为基本架构的多元共治治理体系。多元共治理论包含多元共治主体和多元共治治理体系。多元共治理论的核心在于通过多元主体的合作与协作，形成一个开放、复杂的共治系统，旨在通过对话、竞争、妥协、合作和集体行动等机制，推动社会公共事务的高效管理和公共服务的提供。①

一　多元共治理论缘起

多元共治理论的缘起可以追溯到20世纪后期，当时社会治理面临着许多新的挑战和变化。传统的政府单一主体治理模式已经难以适应复杂多变的社会环境，需要寻找新的治理模式和理论框架来应对这些挑战。在这一背景下，多元治理理论逐渐崭露头角，学者开始关注到社会治理中的多元主体和多元利益，强调不同主体之间的合作与互动。该理论并非由单一学者或在某一具体时间点突然形成，而是在不同的学科和实践领域逐渐发展起来的。

早期的思想根源可以追溯到民主理论、公共选择理论、社会学中的社区发展理论以及政策网络理论等。例如，罗伯特·达尔（Robert Dahl）提出的多元主义政治统治理论，强调权力分布的多元性，为后来的多元共治思想奠定了基础。此外，奥斯特罗姆（Elinor Ostrom）的多中心治理理论也是多元共治理论的一个重要组成部分，她通过研究公共资源管理，展示了非政府主体在治理中的重要作用。具体到实践层面，西方国家在面对社会问题时开始尝试打破政府单一主体的传统模式，转而寻求政府、市场、第三部门

---

① 王名、蔡志鸿、王春婷：《社会共治：多元主体共同治理的实践探索与制度创新》，《中国行政管理》2014年第12期。

（非政府组织、社会团体等）以及公民个人等多元主体的共同参与和合作，以期达到更有效的社会治理效果。这一过程在环境保护、社区发展、公共服务提供等多个领域都有所体现，并逐渐形成了较为系统的理论阐述和实践模式，这种模式不仅包括政府、社区、非政府组织和社会公民等多元主体的广泛交流和平等协商，还强调共同利益的追求。

随着社会治理实践的深入，多元共治理论在中国不断演变和完善。宁波市鄞州区通过补缺模式、协同模式和替代模式三种共治模式，展示了多元主体参与基层社会治理的具体实践。此外，上海松江区石湖荡镇在网格化视域下创新社会治理模式的实践也体现了多元共治理论的应用。近年来，多元共治理论进一步发展，提出了以社区党建为核心的"一核多元"治理格局，强调党组织在社区治理中的领导作用和协调作用①，这种新型治理模式超越了传统的多元共治，形成了更为复杂的治理结构。

二 核心要点

多元共治理论首先强调的就是治理主体的多元化。治理主体不再局限于政府机构，而是涵盖了企业、社会组织、社区组织、居民个体等多元行动者。每个治理主体都有一定的自主权，依据自身优势和特点，在治理活动中扮演不同角色，共同承担治理责任。多元共治模式中，政府依然是重要的治理主体，但其角色从直接管理转向更多的规划引导、政策制定、监管服务和环境营造。企业作为经济活动的主要参与者，在多元共治中承担着社会责任和行业自律的角色。社会组织以其专业性、灵活性和贴近基层的优势，在提供公

---

① 刘春湘、江润洲：《社区公益服务供给的"一核多元"模式研究——基于长沙市 H 社区的经验》，《中南大学学报》（社会科学版）2023 年第 4 期。

共服务、倡导社会公正、监督政策执行、促进公民参与等方面发挥重要作用，弥补了政府服务的不足，增强了社会治理的多样性和回应性。社区组织包括居民委员会、业主委员会等，直接扎根于民众之中，对社区内的公共事务进行自我管理、自我服务和自我教育。在多元共治框架下，居民不仅是服务的接受者，更是治理的参与者和监督者。通过投票、听证会、志愿服务、网络参与等多种形式，居民可以表达意见、参与决策、监督治理过程，真正实现"人民当家作主"。

多个主体间需要通过协商、协作形成合力，共同解决公共问题。强调不同利益相关者，包括政府机构、非政府组织、企业、社区团体以及普通公民等，通过对话和合作共同参与决策过程，形成一种合力来应对社会挑战。协商的过程不仅仅是简单的信息交换，而是在相互尊重和平等的基础上，深入探讨各方的需求、关切点及可能的解决方案。同时，还强调不同层级的治理主体之间的沟通与协作。这种跨层次的合作网络覆盖了从地方社区到国家政府乃至国际组织的广泛范围，旨在形成一个综合性的治理体系，以应对日益复杂且相互关联的公共问题。首先，在地方层面，基层政府、非政府组织、企业以及普通公民之间的紧密合作是基础。通过定期会议、公开论坛等形式促进信息交流和意见分享，确保政策制定能够反映当地居民的真实需求，并且得到广泛的认同和支持。上升至国家层面时，中央政府需与地方政府保持良好的沟通渠道，共同规划发展战略，协调资源分配。这不仅包括财政支持和技术援助，还涉及法律法规的统一与执行监督。同时，国家间也应加强合作，特别是在处理跨国界挑战如气候变化、公共卫生安全等领域，通过签署协议、成立联合工作组等方式增进互信与理解，共享最佳实践案例，从而实现全球性问题的有效解决。

治理机制兼具灵活性和适应性。多元共治理论中，治理机制的灵活性和适应性是确保公共事务管理有效性和可持续性的关键要素，体现在规则的设计、执行过程中的调整以及对新情况的响应能力等多个方面。不同地区或社区面临的挑战各不相同，因此治理规则需要根据具体情况来定制。同时治理规则不是一成不变的，而是应该随着社会经济条件的变化而逐步调整。为提高治理效率和服务质量，治理规则实施过程中，建立有效的反馈机制，收集执行过程中产生的数据和意见，并据此进行必要的调整，根据实际情况灵活调配资源，确保关键领域得到足够的支持。面对突发事件（如自然灾害、经济危机等），治理结构需要具备迅速反应的能力，利用新技术（如大数据分析、人工智能）来提高信息处理速度和准确性，从而更快地识别问题并采取行动，及时调整策略以减轻负面影响。面对复杂问题时，不同政府部门和社会组织之间通过打破传统的部门壁垒，形成合力[1]，共同寻找解决方案。多元共治理论还强调可持续发展的理念，不仅关注当前的利益，还考虑未来的影响，确保资源的合理利用和环境保护，实现社会的长期稳定和繁荣。

注重民主协商和共识构建。在多元共治框架下，民主协商成为决策过程的关键环节。通过平等对话、公开讨论，促进各主体间共识的形成，确保决策的透明度和包容性，增强政策的合法性和执行力。民主协商被视为社会主义协商民主的实践形式，对于社会治理共同体建设具有独特的优势和价值[2]，不仅有助于营造利益共同体、情感共同体，还能协调行动共同体，从而促进各主体间共识的形成。民主协商建立在平等对话的基础上，意味着所有的参与者，无论其背景、地位或代表的利益如何，都能在协商过程中拥有相等的

---

[1] 樊博：《跨部门政府信息资源共享的推进体制、机制和方法》，《上海交通大学学报》（哲学社会科学版）2008年第2期。

[2] 胡小君：《民主协商与社会治理共同体建设：价值、实践与路径分析》，《河南社会科学》2020年第9期。

话语权。① 这种平等性有助于消除传统决策模式中的权力不对称，鼓励边缘群体发声，确保多样化的意见和需求被听见并考虑进去。通过公开讨论，决策过程变得更加透明。信息的开放共享使得所有参与者都能够基于完整且准确的信息做出判断，减少了决策背后的信息不对称问题。公开性还增强了公众对决策过程的信任，因为每个人都可以见证政策是如何在讨论和协商中逐步形成的。民主协商的核心在于促进共识。在多元主体的交流互动中，不同的观点和利益诉求得以碰撞和融合，通过相互理解、妥协与调整，最终形成能够被广泛接受的解决方案。这种共识不是简单的多数决，而是深入探讨各种方案的利弊后，寻求利益最大化和损害最小化的平衡点。

基层党组织发挥引领作用。在中国特色的社会治理体系中，基层党组织被视为推进多元共治的关键力量。② 通过强化基层党组织建设，可以有效整合各方资源，引领多元主体协同运作，确保社会治理方向与国家总体目标一致。基层党组织需坚持党的全面领导，确保社会治理始终保持正确的政治方向。这意味着党组织要深入学习贯彻习近平新时代中国特色社会主义思想，通过组织生活、教育培训等形式，提升党员及群众的政治认同感，确保各项社会治理举措与党中央决策部署保持高度一致。同时，基层党组织应当发挥其在资源整合方面的优势，协调政府、社会组织、企业、居民等多元主体，形成治理合力。通过搭建平台、建立机制，促进信息共享、资源共享，推动各主体在基层治理中发挥各自优势，共同解决治理难题，提升社会治理的整体效能。除此之外，基层党组织应贴近群众，精准对接群众需求，创新服务方式和内容，如开展个性化、精

---

① 陈亮、王彩波：《协商治理的运行逻辑与优化路径：一个基于"话语、公共主题与协商过程"的分析框架》，《理论与改革》2015年第4期。
② 张爱艾：《中国共产党引领基层治理提升组织力的创新路径探索》，《西南民族大学学报》（人文社会科学版）2021年第9期。

细化服务项目，及时解决群众的急难愁盼问题。通过深化"最多跑一次"改革、推广"互联网+政务服务"等措施，提高服务效率和质量，增强群众的获得感和满意度。

创新制度与机制建设。为适应多元共治的需求，不断创新和完善相关制度与机制至关重要，包括社会治理组织架构的优化、资源整合机制的创新及社会力量参与渠道的拓宽等，以激发社会治理体系的内在活力。社会治理组织架构的优化是对现有的治理结构进行重新设计或调整，以促进跨部门合作，减少层级障碍，提高决策效率。[①]例如，建立横向联动机制，让政府、企业、社会组织、公众等多元主体能够在同一平台上沟通协作，共同解决社会问题。同时，推动"放管服"改革，即简政放权、放管结合、优化服务，增强基层治理能力，使治理更加贴近民众需求。鼓励和支持社会组织、志愿者团体、企业和公众等社会力量参与到社会治理中来，需要通过立法明确社会力量的参与权利与责任，建立公开透明的参与机制，如公众听证会、意见征集、社区自治等，确保社会力量的参与是有序、有效且可持续的。同时，政府可以通过购买服务、补贴奖励等方式激励社会力量的积极性和创造性。为了确保制度与机制创新的有效性，需要建立一套科学合理的评估体系，定期对社会治理的效果进行评价，并根据评估结果及时调整策略。

多元共治的理论基础和现实意义在于，它顺应了经济社会发展对转变基层政府治理的要求，对促进基层政府在治理中科学民主决策，推动基层政府简政放权、实现基层政府的"瘦身"以及增强基层政府的合法性和公信力具有重要意义。同时，多元共治也是对传统一元化行政管理模式的一种超越，它体现了社会管理创新的方

---

① 孙涛：《社会治理体制创新中的跨部门合作机制研究》，《云南民族大学学报》（哲学社会科学版）2016年第2期。

向，即通过多元主体的合作与协作，实现社会治理的现代化。这一理论不仅适用于环境保护、社会治理、城市社区治理等领域，而且对于推动社会治理现代化具有重要的理论和实践意义。

三 多元共治理论国内外实践案例

（一）国外实践案例——混合治理模式和自治型管理模式

日本的混合治理模式。日本的社区治理采用混合治理模式，政府提供规划指导和经费支持，官方色彩与民间自治交织。市级政府中设立有"社区建设委员会"和"自治活动课"等相应的机构，对社区实施间接管理，这些机构通过制定政策、提供经费支持等方式，指导社区的发展。社区内设立的"町内会、住区自治会、住区协议会"也有政府派员参加，实行参与式的动态管理，町内会（自治会）作为最底层的社区自治组织，具有社区自治和行政辅助的职能，是地方治理的重要参与者。这种模式下，虽然政府直接干预较少，但通过派员参与，确保了官方动作与民间自治在社区发展的许多方面交织在一起。社区居民参与社区活动是自发自愿的，参与率高达90%左右。[①] 各地政府采取了多种措施促进居民自治，如提供资金支持、设立联合会、利用数字工具等。例如，横滨市通过信息交流杂志、竞赛、ICT 讲座等方式提高自治会的参与度；新宿区则通过派遣顾问、举办讲座等方式提高自治会的参与率。

美国、加拿大等发达国家的自治型管理模式。这类发达国家的城市社区没有政府派出机构，城市社区的管理更倾向于"自治"，主要依靠社区自治组织机构行使社区管理职能，领导成员由居民选举产生。社区自治的最大特点就是"城市社区化、社区城市化"，持续开发其他社会服务团体的资源，以满足社区居民的物质文化需

---

① 李保明：《国外城市社区管理模式及其启示》，《中国行政管理》2013 年第 4 期。

求。与政府职能相比，社区自治管理职能权力重心下移，强调个性化，管理更加灵活，给社区公共管理之外留有更大的空间和主动权，把许多具体权责下放到社区专业和非专业团队以及社区居民身上。社区自治管理中，居民与政府间的沟通距离与沟通次数大幅减少，居民遇到的具体问题和实际困难能够得到及时解决。以美国为例，城市社区的建设更加注重与居民一起创建"共享型自治社区"，社区的界限划分或者居民的活动范围一般要超出某个具体的生活区，社区居民没有受制于特定生活区的感觉。美国把这个区域划分为"街"，普遍理解为"社区生活"。生活社区中需要商议的事情要在"街"中设立的董事会上举行听证会来进行讨论、评估和制订治理方案。经过 100 多年的发展，美国社区发展创建了一套比较系统的社区发展理论和方法，形成了比较完善和稳定的城市社区自治体制机制。

（二）国内实践案例——上海市"三驾马车"治理模式

上海市在城市基层社会治理中推行"三驾马车"治理模式，这一模式主要涉及居民区党组织、居委会、业委会和物业公司等多方主体的协同合作。通过党建引领，形成多方合力，共同参与社区治理，有效提升了社区治理效能和居民的生活满意度。"三驾马车"治理模式在多个区域得到了应用和推广。例如，2023 年，长寿路街道通过"三驾马车"联动，多元治理主体共同参与，有效解决了社区基础设施老化、停车难等问题，提升了为民服务水平和社区治理效能。在虹梅街道华悦家园，作为超大型动迁安置小区，"三驾马车"机制助力居民生活便利化。通过联通各部门协调，发动居民自治，打通居民出行"最后一百米"，并与中国电子科技集团公司第二十研究所合作，制订并推行错峰停车方案，满足了 25 个停车位的需求，提高了居民生活质量。此外，淮海中路街道也探索了国际社区治理模式，通过"1 + 5 + X"轮值制度、交叉任职等措施，进一步深化了"三驾马车"的协同治理。如意社区通过"一居一品"自治项目，建立了"1+3+X"社区自治共治模式，形成了"三驾马车"齐带头，居民自治有力量的小区氛围。上海市的"三驾马车"治理模式通过多方协作和党建引领，有效提高了社区治理的质量和水平，为城市的精细化管理和高质量发展提供了有力支撑。

第二节 协同治理理论

协同治理理论是一种新兴的交叉理论，它结合了自然科学中的协同论和社会科学中的治理理论。该理论强调政府与社会组织之间的协商合作，以共同管理社会公共事务。具体来说，协同治理涉及政府、企业、非政府组织和公民之间的跨部门互动，形成一种公共管理模式。

一 协同治理理论缘起

随着现代化和全球化的推进，传统的政府行政模式和治理方式面临挑战，难以应对日益复杂的公共事务。这一背景下，协同治理作为一种新型治理策略应运而生，旨在通过鼓励公民参与、多元协同提升公共服务的质量，以更好地应对复杂的社会问题。

协同治理理论的起源和发展可以追溯到20世纪70年代，其核心概念源自自然科学领域的"协同学"（Synergetics），由德国著名物理学家赫尔曼·哈肯（Hermann Haken）在斯图加特大学提出。哈肯于1971年首次提出了"协同"的概念，并在1976年系统地论述了协同理论，出版了《协同学导论》等著作。协同学主要研究远离平衡态的开放系统如何通过内部协同作用，在与外界有物质或能量交换的情况下，自发产生时间和空间上的有序结构，体现了系统自组织的原理。

随后，协同治理理论作为协同学与社会科学中治理理论的交叉融合产物，开始在20世纪末至21世纪初逐渐成形并发展。这一理论将自然科学中关于系统协同、自组织和复杂性管理的洞见，与社会科学中的治理理念相结合，旨在解决社会系统中多元主体如何协作以实现有效治理的问题。协同治理理论强调治理主体多元化、各子系统间的协同性、自组织的竞争与合作机制，以及共同规则的制定，试图为现代社会复杂问题的解决提供一种新的视角和方法。

进入21世纪，随着全球化、信息化的加速和社会问题的日益复杂化，协同治理理论逐渐受到更多关注并在实践中得到应用，尤其是在环境治理、城市规划、公共健康、危机管理等领域。理论研究方面，学者们不断探索协同治理的理论基础、实施路径、评估机制以及面临的挑战，力求在理论上深化并完善这一新兴交叉学科。在中国等国家，协同治理也被视为提升社会治理现代化水平、促进治理体系和治理能力现代化的重要途径，得到了政策制定者和学术界的广泛探讨与实践。同时，协同治理理论的发展也受到了信息技术迅猛发展的推动。信息技术的进步不仅改变了公共管理的环境，也为实现更有效的协同治理提供了可能，因此可知，技术进步是推动协同治理理论发展的重要因素之一。

在理论框架方面，协同治理理论通过整合不同的概念框架、研究发现和实践知识，形成了一个综合性的理论体系。这种整合不仅涵盖了政策制定、构建良好关系和善治实现方式等多个维度，还包括跨部门合作、地方性区域合作以及公私合作伙伴关系等多种形式。协同治理理论的起源和发展是一个多维度、跨学科的过程，它既受到自然科学和社会科学理论的影响，也与现代化、全球化背景下的公共管理需求紧密相关。信息技术的发展为协同治理提供了新的工具和平台，而理论框架的构建则进一步丰富和完善了这一理论体系。因此，协同治理理论是在不断变化的社会环境中，通过不断的实践探索和理论创新逐渐形成的。

二 协同治理理论基本特征

第一，主体多元化。协同治理强调治理主体不仅仅限于政府，还包括非政府组织（NGOs）、企业、社区组织、公民个人等。每个主体都有其独特的角色、资源和能力，共同参与公共事务的决策和执行过程。这种多元化增加了治理的包容性，促进了多方面资源和智慧的整合。

第二，协同性。协同治理理论核心特征之一是强调不同治理主体间的合作与协调。通过沟通、协商与合作，各主体能够整合资源、共享信息、互补优势，协同应对社会问题，实现公共利益最大化。协同不仅仅是简单的合作，更是基于相互理解、信任和共同目标的深度协作。各参与主体不仅要了解自身的角色和能力，还要深入理解其他主体的立场、需求和限制。明确且被广泛认同的共同目标是协同治理成功的关键。这些目标应当超越个别主体的私利，聚焦于公共利益的最大化，从而激励所有参与者共同努力。协同治理鼓励不同主体贡献其独特的资源和信息，通过共享和互补，创造出比单个主体行动时更大的价值和效果。

第三，动态适应性。社会系统如同自然界的生态系统一样，是高度动态和复杂的。这种动态性体现在外部环境的不断变化（如科技进步、全球化趋势、气候变化等）以及内部条件的持续演进（如人口结构变化、社会价值观变迁、政策调整等）。因此，传统的静态、僵硬的治理模式难以有效应对快速变化的社会需求和挑战。协同治理认识到社会系统是动态变化的，因此提倡构建灵活的治理架构，这种架构能够快速响应外部冲击和内部变革，意味着减少层级、增加网络化合作，使得信息传递更快、决策更高效。治理策略不再是预设不变的,而是根据实际情况动态调整,保持政策的时效性和针对性。同时,协同治理鼓励各治理主体间建立学习机制,通过经验分享、案例分析、持续监测和评估,促进知识的传播和创新的采纳。这种学习文化使得治理系统能够从实践中学习,及时吸收新知识、新技术,适应环境变化。

第四,网络化治理结构。协同治理倾向于形成网络化的治理结构而非传统的层级结构,促进不同主体间水平和垂直的联系,增强系统的连通性和互动性。去中心化是网络化治理结构的典型特征,网络化结构削弱了中心节点的绝对控制,权力和责任在多个节点(治理主体)间分散,促进了多中心决策,使得不同主体能在其专业领域内发挥更大自主性和创造性。通过促进水平和垂直方向上的沟通与合作,增强了不同治理主体间的互动。水平联系加强了同类或相关主体间的交流与资源共享,而垂直联系确保了信息和资源能够在不同级别之间有效流动。在网络化结构中,信息传递更为直接和快速,减少了信息层层传递的延迟和失真,使得系统能够更快地识别问题、收集反馈,并做出相应调整,提高了响应速度和解决问题的效率。面对外部冲击或内部变动,网络化结构展现出更高的灵活性和韧性。即使某一部分受损或失效,网络中的其他部分仍能继续运作,保证了系统的整体稳定性和恢复能力。

第五,共享责任与共同目标。协同治理框架下,所有参与者共同承担治理责任,围绕共同认可的目标展开工作。这种共享责任促使各主体超越个体利益,追求公共利益的最大化,形成协同效应。协同治理首先需要确立所有参与者都能认同的长远目标,这些目标通常超越单一组织或个人的利益,聚焦于解决社会面临的共同挑战,如环境保护、公共安全、社会公平等。共同目标的明确为各方合作奠定了基础,确保行动方向的一致性。在协同治理中,治理责任不再集中于单一主体,而是分布于所有参与方。这意味着每个参与者都需对其决策和行动负责，同时也对他人的表现有所期待。这种责任分配机制促使各方主动贡献资源、能力和智慧，共同面对挑战。共享责任促使参与者超越个体或局部利益，考虑更广泛的公共利益。在协同过程中，各方需进行充分的沟通与协商，寻求利益的平衡点，确保任何决策或行动都能惠及大多数，甚至所有相关方，从而实现共赢或多赢的局面。

第六，强调自组织与自适应能力。借鉴协同学的原理，协同治理重视系统内部的自组织机制，鼓励自我调整和自我优化的能力，使得系统能在没有中央指令的情况下，通过子系统间的相互作用达到更高层次的秩序和效率。协同治理认为，系统内的各个子系统（如政府机构、社会组织、企业、公民等）在相互作用中能够自发地调整行为，以适应环境变化和应对挑战。这种自组织能力允许系统灵活响应外部压力，自我优化，无须依赖中央集中的指令就能实现整体功能的最优化。同时，协同治理鼓励系统内部涌现出新的秩序和模式，这些不是预先设计好的，而是各子系统交互作用的结果。这种涌现可能表现为新的治理模式、创新解决方案或更高效的资源配置方式，是自组织机制的直接体现。

三　协同理论实践案例

（一）国外实践案例——新加坡"政府主导、社区参与"协同治理模式

新加坡在城市基层社会治理中采用"政府主导、社区参与"的协同治理模式。政府在城市规划和社区建设中发挥主导作用，同时注重培养社区居民的自治意识和参与能力。通过社区发展理事会等组织，引导居民参与社区治理和公共服务，形成政府与社区居民之间的良性互动。新加坡的社会团体不断增加，政府通过不断完善法律机制引导社区团体健康发展，由此，政府和社会逐渐形成了相辅

相成的力量。

社会声音的多元化不但没有导致社会分裂，反而促进了社会的稳定，社区发展的走向与政府的治理愿景达成一致。新加坡政府巧妙地构建了"硬件+心件"的治理结构，围绕其各自的核心组织建立政府与社会互联互通的机制，形成了双核联动的社区治理模式。"硬件""心件"之间的联动成为社区发展的动力，"心件"驱动下的社区力量能激活社区的实体空间（"硬件"），同时政府也能通过"心件"网络自下而上地传导了解居民的声音，社区的设施环境（"硬件"）便能基于居民的需求迭代更新。

在此模式的发展下，政府机构、社区管理组织、基层组织及社会团体之间职责分明，环环相扣，交织成一个有机、多层次、多元化、有法律依据的社区治理体系。通过设定符合国家发展的框架和边界，政府充分给予社会力量发育空间，社区团体不断蓬勃发展所产生的社区凝聚力加强了社区自助与他助的力量，在此过程中为政府分担了大量的管理和社区服务工作。最重要的是，政府与社会力量在迈向稳健的国家治理和社会发展的道路上形成良性循环。

（二）国内实践案例——深圳市"社区共建共治共享"模式

深圳市的"社区共建共治共享"模式以社区为平台，政府、社会组织、社区居民等多方主体共同参与社区治理和公共服务。政府提供政策支持和资源保障，社会组织发挥桥梁纽带作用，连接政府与居民，居民则通过自治组织参与社区治理。在这一模式下，深圳市各区政府与社区居委会紧密合作，推动社区居民自治。通过选举产生社区居民委员会，居民可以参与到社区治理的决策过程中。同时，深圳市还积极培育和发展社区社会组织，包括业主委员会、志愿者组织等，这些组织在提供公共服务、调解矛盾纠纷等方面发挥了重要作用。此外，深圳市还建立了社区共建共治共享的信息平台，实现了政府、社会组织、社区居民之间的信息共享和沟通协作。这一平台为各方主体提供了便捷的合作渠道，促进了资源的整合和优化配置。

深圳市的"社区共建共治共享"模式取得了显著成效。首先，通过政府、社会组织、社区居民的协同合作，社区治理水平得到了明显提升。社区环境得到了改善，公共服务水平得到了提高，居民的生活质量得到了提升。其次，这一模式有效激发了社会活力和创造力。社会组织得到了充分发展，居民自治意识得到了提高，社区内的创新实践不断涌现。这些创新实践为社区治理注入了新的动力，推动了社区的可持续发展。最后，该模式还增强了社会凝聚力和稳定性。通过共建共治共享的过程，政府、社会组织、居民之间的联系更加紧密，形成了良好的合作关系。这种合作关系有助于减少社会矛盾和冲突，维护社区的稳定和谐。

第三节 可持续发展理论

可持续发展理论是一个多维度、跨学科的理论体系，它关注的是如何在不损害未来代际的前提下满足当前人类的需求。这一理论的核心在于平衡经济发展、社会进步和环境保护三者之间的关系，以实现长期的全球福祉。

一 可持续发展理论缘起

从历史的角度来看，可持续发展的概念最早可以追溯到20世纪80年代初期，当时世界自然保护同盟（IUCN）、野生动物基金协会（WWF）与联合国环境规划署（UNEP）在其共同发表的《世界自然保护纲要》文件中首次明确提出了可持续发展的概念。1987年，布伦特兰女士在世界环境与发展委员会（WCED）的报告《我们共享的未来》中第一次正式使用了"可持续发展"这一术语。这标志着可持续发展理论开始受到国际社会的广泛关注，并逐渐成为全球性的议题。

可持续发展理论的基本认知包括其对代际公平和国际公平的重视。[①] 这意味着在考虑当前发展需求的同时，必须考虑到后代人的利益，以及不同国家和地区之间的发展差异。此外，可持续发展还强调了经济、社会和环境三个维度的均衡发展[②]，并提出了生态可持续性、经济可持续性和社会可持续性的概念。在实践中，可持续发展理论的应用涉及多个方面，例如，经济增长方式的转变、资源节约型和环境友好型社会的构建、社会主义和谐社会的实现等。这些实践不仅需要政策的支持和制度的创新，还需要社会各界的广泛参与和合作。

二　可持续发展理论基本特征

第一，多维度综合体系。可持续发展是一个包含社会、经济和环境三个要素的三维复合体系。这意味着，可持续发展的目标不仅仅是经济增长，还包括生态平衡和社会公正。经济可持续维度关注经济增长和发展的持续性，强调在不损害自然资源和环境的前提下，实现经济活动的长期繁荣。经济可持续性要求经济发展模式要高效利用资源，鼓励创新和技术进步，提高生产率，同时确保经济机会的公平分配，减少贫困和不平等。经济可持续性的目标是在满足当代需求的同时，不损害后代满足其需求的能力。社会维度着重于提高生活质量，促进社会公平与包容，确保所有人都能享有基本人权，包括教育、健康、安全、平等的机会和参与决策的权利。社会可持续性意味着消除贫困，减少社会不平等，保障弱势群体的利

---

① 张晓玲:《可持续发展理论：概念演变、维度与展望》,《中国科学院院刊》2018 年第 1 期。
② 王玉婧:《可持续发展理论探源及其经济学思考》,《经济问题探索》2004 年第 7 期。

益，促进性别平等，以及增强社会凝聚力和社区发展。社会公正与和谐是可持续发展的基石，确保发展成果惠及所有人，维护社会稳定。环境维度关注地球生态系统的健康和多样性保护，强调在自然资源使用、污染控制、气候变化缓解和适应等方面采取负责任的行动。环境可持续性要求人类活动减少对自然环境的负面影响，促进资源的合理利用和循环使用，保护生物多样性，以及推动低碳、绿色的发展模式。这不仅是为了保护自然之美和生态服务，也是为了确保经济和社会活动能够在一个健康的环境中持续进行。

第二，代内公平与代际公平。可持续发展理论强调代内公平和代际公平的重要性。[①] 代内公平指的是在同一代人之间，不论其国籍、种族、性别、经济状况、文化背景或其他差异，都应该享有平等的权利和机会，特别是在获取资源、享受环境福祉以及参与决策的过程中。这意味着要减少和消除不平等，确保所有人都能获得良好的生活环境和公平利用自然资源。在实践中，涉及缩小贫富差距、改善全球南方国家与北方国家之间的发展不平衡，以及确保边缘化和弱势群体的声音被听到。代际公平则是指在代际之间分配资源和环境责任的原则，确保当前的决策和行动不会剥夺未来世代满足其需求的能力。这意味着我们今天使用的自然资源和环境质量不应超出地球的再生能力和承受极限，以保障未来世代也能享有类似的生活质量和环境福祉。代际公平要求我们采取措施保护自然资源，减少污染，以及通过可持续的生产和消费模式来维护地球的生态平衡。这两个维度的公平性是可持续发展不可分割的部分，它们共同确保了发展的全面性和长期性。可持续发展不仅仅追求经济增长，而是要在不损害环境、不影响后代利益的基础上，实现社会的

---

① 方行明、魏静、郭丽丽：《可持续发展理论的反思与重构》，《经济学家》2017 年第 3 期。

整体进步和福祉。因此，各国政策、企业行为和个人选择都应体现对代内公平和代际公平的尊重，以共同推进一个更加公正、和谐且持久的世界。

第三，生态系统的整体性。可持续发展理论认为，人与自然的关系是核心问题，经济系统与生态系统的协调、共生是其基础。人类社会的发展不能以牺牲自然环境为代价，而是应当寻求人与自然的和谐共处。这意味着人类在利用自然资源以促进经济增长和改善生活质量的同时，必须尊重自然的承载能力，维护生态系统的健康和多样性。传统的经济发展模式往往导致资源的过度开发和环境污染，可持续发展理论则主张经济活动应当在生态承载力的范围内进行，推动经济系统向循环经济转型，提高资源利用效率，减少废弃物排放，实现经济发展与生态保护的双赢。[①] 可持续发展要求人类活动不应超越自然生态系统的恢复阈值，确保生态系统能够持续提供诸如清洁水源、空气、土壤肥力等生态系统服务，这些是支撑经济和社会发展的基础。鉴于环境问题的全球性，可持续发展要求国际社会的广泛合作，同时鼓励地方层面的创新和实践，以适应不同地区的具体情况，实现全球目标与地方行动的有机结合。

第四，长期性、全局性和根本性。可持续发展战略的全局性、根本性、长期性决定了它对未来发展具有深远影响，强调可持续发展不仅是短期的项目或计划，而是一种长期的战略规划，需要在各个层面和阶段上持续实施。可持续发展战略要求全球视野，认识到环境、经济和社会问题的相互关联性，以及这些问题在全球范围内的普遍性和相互影响。这需要国际社会的合作，共同应对跨国界的问题，如气候变化、生物多样性丧失和全球资源管理等，确保全球范围内的公平和可持续发展。可持续发展触及发展的本质，它不只

[①] 曹永辉：《生态承载力持续承载下的经济发展模式研究》，《生态经济》2013年第10期。

是对现有问题的修修补补，而是寻求改变导致不可持续发展的根本原因，包括改变生产模式、消费习惯、价值观念乃至社会结构，从根本上解决资源过度消耗、环境污染和社会不公等问题。可持续发展强调从长期规划的视角，超越短期政治周期和经济波动，关注未来几代人的福祉。这意味着在制定政策和投资决策时，必须考虑长远后果，避免短视行为，确保当前的行动能够支持长期的可持续性目标。同时，可持续发展战略需要跨部门、跨学科的整合，将环境、经济和社会目标纳入统一的规划和实施框架中。这种整合性确保了在不同领域和层面的政策与行动相互支持，共同推动可持续发展目标的实现。

三　可持续发展国内外案例

（一）国外实践案例——新加坡"花园城市"建设

新加坡作为一个资源有限的城市国家，其"花园城市"建设是可持续发展理论在城市规划和治理中的典范。新加坡通过大规模的城市绿化和生态修复工程，将城市打造成一个生态宜居的环境。从高空俯瞰，整个城市就像一座绿意盎然的花园，故得名"花园城市"。这不仅美化了城市景观，提高了居民的生活质量，而且有效地改善了城市微气候，减少了城市热岛效应。同时，新加坡注重环境保护与经济发展的平衡。通过科技创新和产业升级，实现了经济的高效、绿色和可持续发展。在社会治理方面，新加坡强调法治和社区参与，形成了政府、社区、居民共同参与的治理格局，确保了城市基层社会治理的有序和高效。

（二）国内实践案例——中国的"海绵城市"建设

中国近年来大力推广的"海绵城市"建设，是可持续发展理论在城市基层社会治理中的杰出实践。海绵城市是指城市能够像海绵一样，在适应环境变化和应对雨水带来的自然灾害等方面具有良好的弹性，也可称为"水弹性城市"。通过雨水花园、绿色屋顶、透水铺装等手段，海绵城市实现了城市雨水的自然积存、自然渗透和自然净化。这不仅有效解决了城市内涝问题，提高了城市应对自然灾害的能力，而且改善了城市生态环境，为居民提供了更加宜居的生活环境。

此外，海绵城市建设还促进了城市绿色基础设施的发展，拉动了相关产业链的发展，为经济增长提供了新的动力。同时，通过公众参与和社会共治，增强了居民的环保意识和社区凝聚力，推动了社会和谐与进步。

第三章

京津冀多主体参与城市基层社会治理现状及趋势

京津冀多主体参与城市基层社会治理实践丰富多彩，反映了多元主体参与城市基层社会治理的成果和价值。京津冀地区多主体参与城市基层社会治理经验启示和典型案例不仅可以为其他地区推进多主体参与城市基层社会治理提供借鉴，也为加强城市基层社会治理提供了重要依据。

第一节 北京多主体参与基层社会治理经验启示和典型案例

北京作为中国的首都，在基层社会治理方面积累了丰富的经验和典型案例，这些经验和案例对于其他地区的城市治理都具有重要的启示意义，也形成了一系列值得借鉴的实践模式。这不仅对于北京自身的城市治理有益，也对其他地区加强基层社会治理具有借鉴意义。

一 基本经验

以习近平新时代中国特色社会主义思想为指导，深入贯彻落实习近平总书记系列重要讲话精神，紧紧围绕首都城市战略定位，以加强党对基层治理的全面领导为统领，以加强基层政权建设和健全基层群众自治制度为重点，以深化吹哨报到和接诉即办改革为牵引，以赋权增能、减负增效和体制机制创新为抓手①，全面推进街道（乡镇）和城乡社区治理，推动党建引领、政府治理同社会调节、居民自治良性互动，提高基层治理社会化、法治化、智能化、专业化水平，为加强"四个中心"功能建设、提高"四个服务"水平，建设国际一流的和谐宜居之都奠定坚实基础。

（一）坚持党建引领

突出党的建设对接诉即办工作的引领，细化具体措施，着力把党的政治优势、组织优势、密切联系群众优势转化为城市治理效能。深化对接诉即办工作部署，定期听取相关情况汇报，由专项改革小组督促落实。相关负责人每月主持召开工作点评会，通报工作情况，进行月排名，奖优罚劣，形成"书记抓、抓书记、一级抓一级、层层抓落实"的责任体制。依托"街道吹哨、部门报到"工作机制，健全完善基层党建工作协调体制，将群众反映的基层治理难题纳入议事范畴，调动社区党建、单位党建、行业党建协同联动，实现基层党建共抓、基层管理共治。健全党组织领导下的居（村）民自治机制，通过居民议事厅、恳谈会等，听民声、汇民意、集民智。

（二）用好全周期管理

接诉即办工作流程主要包括受理、派单、响应、办理、反馈环节，对群众反映问题的办理形成了闭环。② 整合政务便民服务热线，

---

① 杨子强、孙琳、雷引杰：《聚焦群众需求提升城市治理水平——北京市探索"吹哨报到、接诉即办"改革的重要启示》，《人民论坛》2021年第7期。

② 杨积堂：《"接诉即办"：基层社会治理的机制革新与效能驱动》，《北京联合大学学报》（人文社会科学版）2021年第2期。

全部接入 12345 市民服务热线平台系统，全天候受理群众诉求，并搭建涵盖微信、微博等渠道的互联网响应矩阵。对受理的问题区分咨询、投诉、建议、应急等诉求类型，根据轻重缓急和行业标准，按照 2 小时、24 小时、7 天和 15 天分级处置，直派或双派至相关镇街和部门，在区级"过站不停车"。诉求办理时限期满后，12345 热线通过电话、短信、网络等方式逐一回访，由反映人对诉求反馈情况、解决情况、办理效果及工作人员态度做出评价，以响应率、问题解决率和群众满意率作为核心指标，对各区、镇街和部门进行考评，制定执行严格的奖惩办法。

（三）坚持问题导向

坚持系统思维和问题导向，用"治理"解决普遍性问题[①]，用"整治"解决突出问题[②]，用"改革"破解民生难题，以点带面、标本兼治。建立每月一题工作机制，聚焦诉求量大、涉及面广的领域，选定主题、重点领域开展专项治理，明确一个问题由一位市分管领导统筹，一个市级部门牵头主责，实行清单式管理、项目化推进、全过程督办。突出重点区域治理，将市民诉求集中、基层治理基础薄弱的镇街定为治理类区域，开展系统治理。实施未诉先办，通过入户走访、数据研判等方式，及时发现一些倾向性、苗头性问题，采取有效措施主动治理，把"办"挺在"诉"前。

（四）发挥数据赋能

依托互联网、大数据、人工智能、区块链等科技优势，推动数据治理场景化应用，促进基层治理精细化、智能化。建立统一规范的知识库系统，通过语音识别、语言理解等技术，实现智能受理、智能派单、智能回访，接诉即办更加便捷、高效。建立统一的社情

---

① 许晓东：《当前基层治理存在的突出问题与治理路径》，《国家治理》2020 年第 26 期。
② 原晓红：《治理向深行，瞄准群众痛点拓展基层整治》，《中国纪检监察》2020 年第 18 期。

民意数据库，汇集入库群众反映的所有记录、企业法人基础数据、社区村点位信息，建设以诉求量、类别、地域、考核排名、城市问题台账为主要内容的大数据分析决策平台，动态监测社情舆情，及时提供预警信息，围绕高频问题、高频区域，提高风险性问题主动治理能力。建立"日通报、周汇总、月分析"机制，定期汇总分析群众诉求情况，排查民生痛点、治理堵点，辅助领导决策，提供治理建议。

（五）政策支持体系

以党建引领基层治理创新，充分发挥党组织总揽全局、协调各方、服务群众的作用，立足基层服务管理，深化街道管理体制改革，构建党建引领、区域统筹、条块协同、上下联动、共建共享的街道工作新格局，建设新时代文明街道、活力街道、宜居街道和平安街道。坚持党委领导、政府主导、居民自治、多方参与、协商共建、科技支撑的工作格局。建立健全社区党组织领导下居民委员会、村民委员会、业主委员会或者物业管理委员会、业主、物业服务人等共同参与的治理架构。坚持党建引领，把党的领导贯穿基层治理的全过程、各方面。坚持以人民为中心，聚焦"七有"要求和"五性"需求，① 不断增进人民福祉。健全党建引领下的物业管理协商共治机制，引导业主委员会规范运作，有效发挥业主委员会作用。

（六）打造社区命运共同体

积极融入以社区党组织为"主心骨"、社区居委会为"组织者"、社区全体业主为"当家人"、物业管理公司为"大管家"、上级业务职能部门为"后援团"、其他志愿团体社会单位为"共建

---

① "七有"指幼有所育、学有所教、劳有所得、病有所医、老有所养、住有所居、弱有所扶，"五性"指便利性、宜居性、多样性、公正性、安全性。

者"的六方权责主体。明确六方主体职责权限、权责边界的社区治理新型合作伙伴关系,形成"党建引领、目标共建、诉求共商、责任共担、资源共享"的社区命运共同体。融入社区治理,紧紧依靠"主心骨",向"主心骨"社区党组织汇报,由社区党组织召开协调会。利用"议事决策机制",解决久拖不决的难题,参加合伙人机制工作例会、专题会议,积极利用"信息共享机制",线上线下同步推送经费开支、公共服务等重要信息,让各类信息在阳光下共享,让业主清晰了解小区物业运营情况。实现未诉先办,打通服务的"顺心路",摸索政府与市场、管理与自治、行政手段与经济手段的有效契合点,运用新机制解决群众关心、居民关注的难点焦点问题。

(七) 强化法治保障

将实践中证明行之有效的机制及时升级为法规条款,在法治下推进改革,在改革中完善法治。出台街道办事处条例,明确街道办事处职责定位,赋予其行政执法和组织协调职权,破解了权责脱节的基层治理难题。出台接诉即办工作条例,规范了全面接诉、分类处理、精准派单、诉求办理、考核评价、主动治理等全链条工作流程,将接诉即办成果及时以立法形式固化下来。聚焦群众反映的突出问题,完善相关法规制度体系,补齐法规制度短板,制定颁布和修订完善物业管理条例、生活垃圾管理条例等法规制度,基层治理更加有法可依。

二 重要启示

推进基层治理要强化政治引领。[①] 认真贯彻落实习近平总书记关于首都建设的重要指示,牢固树立"让人民生活幸福是国之大

---

① 陈延华:《如何抓牢党建引领与基层治理的结合点》,《人民论坛》2019 年第 34 期。

者"理念，结合发展实际，创新基层治理模式，选择小切口改革，狠抓接诉即办，取得显著成效。其中一个重要经验就是牢牢抓住了党建引领这条主线，充分发挥各级党组织在基层治理中的政治、思想、组织和制度引领作用，把党建优势转化为基层治理效能，有效提升了基层治理水平。

推进基层治理要坚持人民至上。接诉即办表面上是12345政府服务热线，本质上是坚持人民性，突出人民主体地位，践行全过程人民民主，让群众成为基层治理发现问题的"吹哨者"[1]、治理过程的参与者、治理成效的获得者、治理情况的监督者。这有利于消除党员干部精神懈怠、能力不足、脱离群众、消极腐败的危险，压缩官僚主义、形式主义生存空间，推动政府服务的供给侧结构性改革。

推进基层治理要突出问题导向。城市建设要以群众最关心的问题为导向，提出解决问题的综合方略。接诉即办以群众诉求作为推进基层治理的突破口，破解了"改革从哪里改、基层从哪里治"的问题，通过一个诉求解决一类问题、一个案例带动一类现象的治理[2]，体现了综合治理、源头治理的思路，与习近平总书记在福建、浙江工作期间提出的"马上就办""浦江经验"有相通之处，与新时代"枫桥经验"互为补充、相得益彰。

推进形成基层治理新样板。结合各街道、社区自身实践特点，按照基层民主协商标准体系，以灵活多样的方式开展协商工作，在社区环境、社区公共空间改造、社区停车等民生工作领域形成特色工作模式，通过实施标准体系，全区基层民主协商工作从不同层面

---

[1] 孙柏瑛、张继颖：《解决问题驱动的基层政府治理改革逻辑——北京市"吹哨报到"机制观察》，《中国行政管理》2019年第4期。

[2] 吴焰、游仪：《回应一个诉求 解决一类问题 提升一个领域》，《人民日报》2023年9月3日第4版。

得到提升。居民层面，促使基层社会治理中居民从"要我参与"向"我要参与"转变。社区层面，畅通了基层民意表达渠道，最大限度做到"让居民满意"，化解了矛盾冲突。社会层面，推动标准化创新发展，助推社会治理体系和治理能力现代化，探索中国特色社会主义协商民主建设的新模式与新路径。

推进"被动参与"到"主动参与"。充分发挥党组织在基层民主协商中的领导核心作用，明确规定了党员要发挥在社区治理中的先锋模范作用，把握协商的正确方向。规范协商参与者分类、四级协商参与者配置、各方职责、参与要求、促进居民参与措施等内容，夯实共建共治、治安和调解、公共卫生、社会福利（老龄）、文体教育及环境物业职责。依据基层民主协商标准体系中关于线上平台基本功能和使用规范等标准，完成网上议事厅模块设计和建设，作为线下社区议事厅的补充，与线下社区议事厅相呼应，促进线上线下融合发展，形成"线上线下"议事协商联动。

推进"有事想商量"到"有事会商量"。规范协商议事规则，聚焦开展协商活动过程中容易出现的问题，避免新矛盾的产生，提高协商活动的效率。增强居民的协商意识，逐渐培养社区居民的协商意识和规则意识，引导居民正确行使民主权利。提升基层组织开展协商活动的能力，明确协商议事主持人培训规范和能力要求，提高社工和居民带头人组织协商会议的能力，引导居民依法有序表达意见，促进达成"有事多商量、有事好商量、有事会商量"的目标。

推进基层治理要强化法治保障。习近平总书记强调，"在整个改革过程中，都要高度重视运用法治思维和法治方式，发挥法治的引领和推动作用"[1]。接诉即办围绕重点任务和关键环节，边实践边

---

[1] 沈国明：《"重大改革于法有据"：习近平法治思想的重要论断》，《学术月刊》2021年第7期。

总结，根据实践发展不断改进、完善和充实现行制度。对于群众反映的共性问题，注重完善相关法规制度，补齐基层治理中的短板。对在实践中证明行之有效的制度机制及时上升为法规条款，强化基层治理的法治保障。

三 典型案例

（一）探索"标准化+民主协商"，激活基层治理效能案例

1. 案例背景

党的十九大报告指出"协商民主是实现党的领导的重要方式，是中国社会主义民主政治的特有形式和独特优势。要推动协商民主广泛、多层、制度化发展"，并且把基层协商作为协商民主的重要组成部分。党的二十大报告中提出："全面发展协商民主。协商民主是实践全过程人民民主的重要形式。完善协商民主体系，健全各种制度化协商平台，推进协商民主广泛多层制度化发展。"

2015年，中共中央印发《关于加强社会主义协商民主建设的意见》指出："建立健全基层协商民主建设协调联动机制，稳步开展基层协商，更好解决人民群众的实际困难和问题。"随后，中共中央办公厅、国务院办公厅印发了《关于加强城乡社区协商的意见》。

2016年6月，北京市出台《关于加强城乡社区协商的实施意见》，推进了城乡社区协商制度化、规范化和程序化，目标是到2020年，在全市普遍建立主体广泛、内容丰富、形式多样、环节完整、规范有序、行之有效的"参与型"社区协商体系。

2021年4月28日印发的《中共中央国务院关于加强基层治理体系和治理能力现代化建设的意见》明确要求街道、社区层面要定期开展民主协商。中华人民共和国国民经济和社会发展第十四个五年规划纲要（简称"十四五"规划）和2035年远景目标也都对完

善基层民主协商制度做出了明确部署。

2. 实践举措

第一,多措并举推进基层民主协商标准体系建设。

搭建标准体系框架。将党的十九届四中全会、五中全会,"十四五"规划和2035年远景目标等精神运用到基层民主协商标准化试点工作中,充分借鉴现有人大、政协议事规则,体现党建引领的重要作用。对基层民主协商内涵、定位、发展现状、发展趋势等开展深入研究,提出中国特色基层民主协商制度化、广泛性、多层次的特点。构建以"民主协商通民心、基层治理社会服务零距离"为最高目标,以协商平台、协商程序、议事规则、结果应用等为主要内容的基层民主协商标准体系。探索和实践协商纵向联动、横向链接,以及与社会治理等其他领域结合等创新发展,着力形成"民主参与全程化、协商机制联动化、协商事项系统化、基层治理效能化"的社会治理模式。围绕基层民主协商全过程,聚焦协商全要素,在促进基层民主协商的程序化、规范化基础上,探索基层民主协商与解决重点民生领域问题相结合。践行"红墙意识",以党建为引领,充分发挥社区党组织在各环节作用。

构建全要素的标准体系。以民主参与全程化为主线,按照"谁来协商、在哪协商、协商什么、怎么协商"的思路,遵循目标明确、科学系统、突出特色、动态调整的原则开展设计。收集整理与基层民主协商相关的34项上级法律法规、规章制度,形成《法律法规规章制度目录》,明确基层民主协商依据。深入街道、社区、楼门院调研,全面了解掌握基层民主协商的特色、亮点和需求,梳理细化基层民主协商各方职责、协商事项、流程等内容,在标准体系框架基础上搭建完善基层民主协商标准体系。将整个体系分为指导层、核心层和操作层三个层级,指导层包括法律法规、政策、规划和方针目标;核心层包括协商通用标准、协商主体标准、协商平台标准、协商事项标准、协商程序与评价改进五个子体系，子体系中包含 19 项自制标准；操作层包括基层民主协商指导手册和基层民主协商案例集。

发布、实施标准体系。在标准编制过程中，注重基层街道、社区及居民的参与，充分结合基层实践和居民意见，多次组织专家讨论，通过邮件、微信、发放纸质版征求意见稿等多种形式在全区街道、社区广泛征求意见建议，对基层民主协商的全要素和全过程进行规范，在充分讨论、严格把关的基础上，经多次修改后定稿。

第二，多种形式宣传标准体系，开展培训推动工作落实。

为了提高街道、社区及居民群众对于基层民主协商标准体系建设工作的知晓度和参与率，营造人人知晓、广泛参与的浓厚氛围，对标准体系建设工作开展大力宣传。为了保证标准体系在基层顺利实施，对街道、社区等开展形式多样的培训。

运用多种宣传形式和宣传阵地开展宣传。试点建设期间，将宣传贯穿试点建设全过程。通过制作试点宣传动漫小视频、宣传折页等多种形式，宣传基层民主协商标准化试点工作，普及标准化理念、知识和方法，提升居民群众参与协商意识。通过网站、报纸、公众号等平台广泛宣传基层民主协商实践、试点推进情况及实施成效。

开展形式多样的培训。结合社区带头人培训、新社工入职培训、全科社工培训以及社会工作者职业水平考试考前辅导等培训，以模拟协商、互动讨论、案例分享等形式对街道及社区开展系统性培训，讲解基层民主协商标准化理念、方式、方法，推动基层民主协商标准体系成为基层治理的重要工具之一。在开展培训的同时，坚持每个月召开一次工作调度会，不断解决试点工作中存在的问题，推动试点工作落实。

第三，试点街道、社区引领，全面实施标准体系。

以试点街道全面实施标准体系，在社区开展协商活动时，应用标准体系并形成大量可复制的案例，在此基础上，将标准体系、指导手册等试点成果向全区街道、社区发放，各社区开始应用标准体系开展社区协商。各街道、社区牢牢把握标准体系的关键环节，以标准助力基层民主协商在基层落地生根、开花结果，有序推进标准体系在全区运行，形成全区社区全覆盖的格局。

（二）新时代普法"十二字诀"，走出基层社会治理新路案例

1. 案例背景

党的十九届四中全会提出加快推进基层社会治理现代化，十九届五中全会提出进一步加强和创新基层社会治理，提升基层社会治理现代化水平。习近平总书记多次强调，全面推进依法治国，推进国家治理体系和治理能力现代化，工作的基础在基层。[①] 要不断夯实基层基础，加强基层党的领导，引导群众积极参与，带动群众知法、尊法、守法。

北京城市副中心建设作为党中央决策和推动的千年大计、国家大事，基层社会治理能力在一定程度上决定了城市建设的水平。对此，以习近平法治思想为引领，坚决贯彻落实"在法治轨道上推进国家治理体系和治理能力现代化"的指示要求，立足北京城市副中心"基层治理年"这一定位，对普法与依法治理工作进行解构，有效统筹全区法治资源，充分发挥普法在基层社会治理中的基础性和先导性作用，构建出了普法与依法治理视角下的"六大治理体系"，"规范、溯源、精准、多元、引领、智慧"普法"十二字诀"探索出了具有副中心特色的基层社会治理新路。

2. 实践举措

第一，强规范，狠抓"关键少数"推动系统治理。

---

① 凌锋：《依法治国基础在基层》，《法治日报》2021年3月9日第1版。

带头学。严格落实党委（党组）理论学习中心组集体学法、政府常务会议学法、重大决策专题学法等制度，定期组织开展领导干部法治讲座、旁听庭审等活动，把法治教育纳入干部教育培训必修课程。

带头守。领导干部法治观念、法治思维、法治信仰的理论深度决定了区域法治国家、法治政府、法治社会一体化建设程度，更决定了基层社会治理的法治化水平。严格落实党政主要责任人履行推进法治第一责任人职责，深入贯彻领导干部学法述法制度。

带头用。坚持"应审尽审、全面审查、实质性审查、独立审查"四项原则，进一步规范区重大行政决策合法性审查程序，审核全区各部门出台的意见、方案、办法等，包括基层社会治理方面的规范性文件，从宏观上、系统上推进基层社会治理沿着法治化轨道向前推进。

第二，固溯源，筑牢"基层基础"推动源头治理。

加强法治宣传队伍建设，实施村（社区）"法律明白人"培养工程。定向遴选到"法律明白人"队伍，并构建"法律明白人"与"一村（社区）一法律顾问"对接机制，为"法律明白人"提供及时有效的业务指导帮助，在基层一线及时收集社情民意、普及法律常识、服务基层治理、化解矛盾纠纷。

夯实法治宣传阵地基础，推进"民主法治示范村（社区）"创建。列出"创建清单"，通过项目化运作推动"民主法治示范村（社区）"创建，创建国家级民主法治示范村（社区）和市级民主法治示范村（社区），孵化培育"村居流动法律服务车""老杜说事调解室"等一系列特色化基层社会治理模式。

优化法律服务产品供给，推动三大平台融合发展。基层社会治理的重点、难点、突破点都在村（社区）。在村（社区）一线加大法治宣传和法治实践力度，实现基层社会治理问题源头化防控。整合法治宣传、人民调解、行政复议、法律援助、公证服务等资源，打通服务群众"最后一公里"，让矛盾纠纷的焦点、社会治理的堵点全部消解于基层。

第三，重精准，注重"分类施策"推动专项治理。

深化基层依法治理。在全面覆盖式普法宣传基础上，开展"诉源治理"，特别针对互联网金融风险指数较高的重点区域，加大普法宣传力度，针对性开展"法律十进"活动。街道（乡镇）司法所长全部列席街道（乡镇）党工委（党委）会议，做到疑难复杂问题全程参与，及时提出法律意见建议。

深化依法治校。深入贯彻落实《青少年法治教育大纲》，指导各中小学校建立依法治校体制机制，积极开展"法治校园"创建，创新推出"百场法治讲座进校园"活动，通过师生"点单"、单位"买单"形式，组织普法责任制成员单位深入校园开展法治讲座，协调区法院与辖区学校签订法治共建协议。

深化依法治企。在全市率先建立"副中心小微企业法治体检中心"，创办"法治精品会客时间"，利用云端接受法治咨询、法律体检的企业家及劳动者。针对商务区、建设核心区、中小微企业聚集区等重点地区，大力推进"万所联万会"行动，联合区工商联、区律师协会等组织开展民营企业"法治体检"等活动。

深化社会应急状态下的专项依法治理。普法在服务社会治理过程中要准确把握复杂性和多样性，做到有的放矢、分类施策、精准普法。加强公共卫生安全、防灾减灾救灾、突发事件应急管理等社会应急状态下的专项依法治理，引导全社会依法行动、依法办事等。

第四，汇多元，聚焦"合力攻坚"推动综合治理。

以普法主体多元推动综合治理。社会治理具有多样性、复杂性和差异性，司法行政部门作为统筹推进普法守法工作的办事机构，要坚持协调联动，凝聚综合治理的强大合力。将"普法联盟"拓展为"普法与依法治理联盟"，有效破除部门壁垒，实现依法治理资源共享，针对重难点问题，及时进行集体性研判和针对性普法。

以普法责任落实带动综合治理。深入落实"谁执法谁普法"普法责任制，建立明责、督导、考核一体推进机制，明确普法主体责任，并将普法工作纳入平安建设考核，组织开展多轮次自查自评和集中检查，实现普法与依法治理工作由"软任务"向"硬指标"转变，涌现一批普法品牌，有效带动和推动基层依法治理工作。

以普法队伍夯实保障综合治理。结合副中心基层社会治理实际，打造"专职+兼职""专家+专业""社会+志愿"普法队伍，建立副中心普法与依法治理"人才库"，为基层社会治理工作献计献策，协助应对和解决社会治理过程中存在的重难点问题。

第五，增引领，繁荣"法治文化"推动目标治理。

以传统文化为基，"点"上抓培植。通过法治文化浸润，实现从"人管治理""制度强化治理"向"文化引领治理"的深度转变。在深入融合"以孝治村"文化基础上，精心孵化培育，狠抓民主法治和文化道德建设，走出一条"文化引领""法德共治""和谐发展"的新路子。

以运河文化为魂，"线"上抓延伸。以大运河（通州段）为轴，辐射带动沿线法治文化带建设。从南到北，结合城市副中心对各个区域的建设规划思路和目标定位，分别打造以健康、网络为主题的法治文化；以文创、生态为主题的法治文化；以文旅、演艺为主题的法治文化；以商务、经济为主题的法治文化；以治理、管理为主题的法治文化；等等。

以首善标准为要，"面"上抓拓展。推动法治文化与区域、行业特色文化有机融合，加强基层法治文化形象塑造，结合创城、创卫、创森、新时代文明实践活动等，深入开展"法律十进"，推动基层法治文化阵地建设从有形覆盖向有效覆盖转变，逐步形成全域性法治文化品牌，为平安副中心、法治副中心建设增添助力。

第六，掌智慧，坚持"数字赋能"推动科学治理。

依托"融媒体"普法拓宽科学治理广度。基层社会治理需要智治，普法服务基层社会治理必须探索数字化改革路径。结合基层社会治理需要，依托报纸、网络、微信、抖音等全媒体平台开展普法宣传，普法与依法治理进入融媒体时代。通过电视台、主流报刊等，围绕法治热点、新颁布法律法规，报道普法案例和普法动态，创新推出新媒体普法矩阵，吸纳优质普法类微信、微博、抖音、App等。

坚持"智慧化"服务提升科学治理效能。开发公共法律服务网络地图，群众获取法律服务的途径更便捷。在区公共法律服务中心等地设置法律服务终端机，实现简易公证网上办理、法律咨询网上解答、法律援助网上受理。指导辖区内热心公益的律师事务所开设"民法典云课堂"，内容涵盖群众关切的基层社会治理重点内容，群众通过"扫码"即可获取法律知识。通过"智慧化""云服务"，"抬头可见、举手可及、扫码可得"的公共法律服务逐步激活基层社会治理的"神经末梢"。

第二节 天津多主体参与基层社会治理经验启示和典型案例

天津市在基层社会治理方面具有丰富的经验和典型案例，对于提升城市治理水平、促进社会和谐稳定具有重要的启示意义。天津市在多主体参与基层社会治理方面取得了显著成就，能够为其他地区提升城市治理水平提供宝贵的借鉴和参考。

一 基本经验

习近平总书记在党的二十大报告中强调,要完善社会治理体系,健全共建共治共享的社会治理制度,提升社会治理效能,畅通和规范群众诉求表达、利益协调、权益保障通道,建设人人有责、人人尽责、人人享有的社会治理共同体。高效能基层治理与基层治理体系与治理能力现代化总体目标一脉相承。党的十八大以来,坚持以习近平总书记对基层治理的重要论述为指引,把实现高效能基层治理作为推进社会主义现代化大都市高质量发展的题中要义,在党建引领基层治理创新中积蓄高效能治理之力,持续创新高效能基层治理,为增进高品质民生新福祉、构建高水平改革开放新格局、跃步高质量发展新征程擦亮基层治理暖心底色。

(一)创新高站位机制,筑牢高效能治理之基

坚持把基层治理提升到加强基层党建、巩固执政之基的高度,着力把党的政治优势和组织优势转化为基层治理效能。

构建党建引领基层治理新模式。将"战区制、主官上、权下放"作为"一号改革创新工程",充分发挥街镇、村(社区)党组织基层治理"主战区"作用,建立街道社区"大工委""大党委",实行驻区单位党组织、在职党员到驻地"双报到"和机关在职干部下沉社区入列轮值;高质量完成村、社区"两委"历次换届,2018年、2021年连续全面实现"一肩挑";实行"红色细胞"工程,建立完善社区居委会、业委会、物业公司向社区党组织述职报告制度,确保党领导高效能基层治理"一根钢钎插到底"。

迈出深化街道管理体制改革新步子。坚持社会治理重心向基层下移,出台《中国共产党天津市街道工作委员会工作规则》《天津市街道办事处条例》,以党内法规和地方性法规的形式明确街道党组织和办事处管理体制及职责任务,构建"一委八办三中

心"组织架构，赋予街道党组织战区调度权、考核评价权、人事建议权等权限，清理各职能部门工作职责下派、一票否决、责任状等事项。

探索超大城市"飞地"治理新路子。把"飞地"基层治理属地化作为推进高效能基层治理重要切口，以机制建设释放治理动能，成立党建引领基层治理下的市级专项工作组及工作专班，建立"主体责任、整体联动、属地发起、吹哨报到"工作机制，实行"一地一册、一地一策、一地一专班"分类施治，涉及中心城区六个区、环城四个区的多处"飞地"平稳"着陆"，并调整拆分了多个人口规模较大社区，实现了基层党建和服务管理双覆盖，以解基层治理历史"难题"答好高效能发展时代"考题"。

（二）立足高标准定位，提升高效能治理之质

坚持把基层治理定位于"供给侧结构性改革"的深度，着力以"硬件完善"和"软件提升"缩小治理供给与多样化需求间矛盾，释放基层治理效能。

做好减负增能"加减法"。持续推进社区职能减负，压缩依法协助政府工作事项清单和社区达标项目，明确基层群众性自治组织出具证明事项"正面清单"和"负面清单"；加强对社区工作支持和资源保障，高标准完成村（社区）党群服务中心建设，社区公益事业专项补助经费每年每户标准从市级福彩公益金中提取，城乡社区综合服务设施水、电、气、热价格实施居民生活类价格，确保社区有资源有能力服务群众。

增强治理队伍职业化。持续深化社区工作者职业体系建设，规范社区工作者"4+N"模式，加强社区工作者"三岗十八级"等级序列管理，畅通社区工作者职业上升渠道，探索实行村（社区）考核激励管理，激发社区工作者、农村专职党务工作者干事创业活力，培养打造引领高效能基层治理骨干力量。

强化风险抵御可持续。提升"平战转换"能力，调整居委会办公经费和社区服务群众专项经费使用范围，助力防疫抗疫和常态化管理；制定村级"小微权力"清单规范权力运行，实现"天津村务公开信息平台"全覆盖夯实民主监督，开展"筑基工程"问计问需摸清基层底数，推行"四议两公开""六步决策法"等民主协商模式增强治理韧性，确保基层治理难题迎"韧"而解。

（三）服务高品质生活，夯实高效能治理之本

坚持把"以人民为中心"贯穿于基层治理全过程，以用心回应群众关切和有效服务群众诉求彰显高效能基层治理民生温度。

绘就多元治理"同心圆"。出台一系列政策文件规范村（居）民委员会及下属委员会建设，修订完善村规民约、居民公约和自治章程内容，组建万人"小巷管家"队伍，开展社区社会组织"公益行"活动，开通社区心理服务公益热线，打造"早看窗帘晚看灯"等邻里互助类社区志愿服务项目品牌，形成了以村（居）民代表、楼门栋长、党员、居民骨干、社区社会组织带动村（居）民广泛参与基层治理的共建共治共享模式。

精织品质社区"新画卷"。着眼社区统筹规划、环境优化、基础建设、多元参与，开展"美丽社区"创建，创造独具特色的"1346"美丽社区治理模式；实施旧楼区长效管理，旧楼区现场管理评估全覆盖，老旧小区换新颜；探索"智慧社区"实践，依托"津治通"推动实现高效能基层治理"一张网"，不断提升居民群众获得感、幸福感、安全感；加强社区协商，出台《关于加强城乡社区协商的实施意见》构建系统架构，突出区域特色，探索灵活多样的"线下""线上"社区协商模式，让"有事好商量"真正在基层社区落地开花。

联结示范引领"闪光点"。持续推进试点示范建设，和平区、河西区、河北区先后被确认为第二至第四批全国社区治理和服务创

新实验区；滨海新区被确定为国家智能社会治理实验基地，街镇服务能力建设经验入选第二批全国乡镇政府服务能力建设典型经验；北辰区双街镇双街村、武清区大孟庄镇杨店村、宝坻区牛家牌镇赵家湾村、蓟州区尤古庄镇邓各庄村获批全国村级议事协商创新实验试点单位；"五常五送""海颂约吧""居民说事坊"等一个个基层治理创新做法正在各个街道社区积极实践并取得了"以点带面"的丰硕成果，为建设更有质感、更有温度、更有力量的现代化都市提供高效能治理支撑。

二 重要启示

从加强党的领导入手，从维护安全稳定着眼，以为民服务为目的，下大力量抓好党建引领基层治理工作，在实践中认真学习贯彻党的二十大对党建引领基层治理做出的重要部署和十九届四中全会提出的构建"党委领导、政府负责、民主协商、社会协同、公众参与、法治保障、科技支撑"基层社会治理格局重要要求，探索形成了党建引领基层治理的工作机制，对于深入实施党建引领基层治理行动，巩固深化党建引领基层治理工作机制，促进党建引领基层治理提质增效，不断推动基层治理体系和治理能力现代化水平整体提升的举措和成效具有重大启示。

实践中突出区、街道、社区三个层级，不断严密基层党组织体系；突出赋权、减负、增效三个维度，不断激发基层党组织活力；突出政治引领、组织引领、能力引领三个路径，不断增强基层党组织功能，为提升基层治理能力现代化水平提供坚强组织保证。组织政法干警逐级下沉，通过进驻街道矛调中心、依法调处矛盾纠纷、做好法治宣传引导，与街道社区形成基层社会治理合力，同时赋权政法委员统筹，通过群众评议、书面考核、监督问责等形式，对下沉干警进行常态化管理，保证工作质效。在棚户区改造定向安置区域，在守正创新中践行新时代经验，形成了"街道统筹解纷力量工作法"，通过政法力量和社会力量相结合，有力推动矛盾在源头化解。

具体来说，突出"一根钢钎党建引领"。成立区党建引领基层治理体制机制创新工作领导小组，建立区、街道、社区三级党建引领基层治理联席会议制度，推动党的纪检监察、组织、宣传、统战、政法等工作直插街道、社区，落实到具体工作人员。强化"一套机制狠抓落实"。建立符合具体实践的党建引领基层治理制度体系，形成多个配套文件和附件，明确年度重点工作任务，确保落地落实。建强"一处阵地服务群众"。筹集资金对党群服务中心进行新建、改扩建、购置、租赁、置换等，实现全部达标，与提升改造前相比超过规定标准。坚持"一网多格全域覆盖"。建成四级网格体系，设置区级网格、街道级网格、社区级网格、基础网格，实现辖区内人、地、事、物、组织全覆盖、无缝衔接。打造"一座平台科技支撑"。建成 2.5 维半立体实景地图，将公安、教育、应急、民政、西站站区办等部门路技防设施全部纳入平台系统，实现对重点地区、单位、道路、河流实时监控，推动平台与 12345 政务服务便民热线深度对接。推动"一声哨响报到督办"。建立"哨源形成、街道吹哨、部门报到、监督考核、结果反馈"工作闭环，构建"两次哨"工作流程。聚焦"一个声音凝心聚力"。建强区级融媒体矩阵，全景、立体、多维宣传习近平新时代中国特色社会主义思想，组建党的二十大精神"千人宣讲团"，对象化、分众化、互动化宣讲。加强新时代文明实践中心建设，建成中心、所、站、点的四级组织体系，实现全覆盖。建设"一个中心为民解忧"。建成区、街道、社区三级矛调中心，形成区内矛盾纠纷一站式接收、一揽子调处、全链条解决的工作模式。促进"签约健康"。持续加强家庭医生签约服务，稳步扩大签约服务覆盖面。强化"一支铁军法治保障"。实行派出所所长进街道党工委班子、社区民警进社区"两委"班子机制,在街道建立社区法官工作站,每名员额法官每年至少到社区开庭或法治宣传1次。设立检察公益岗,选派富有办案和群众工作经验的检察官下沉各街道。

三 典型案例

(一)城市基层治理服务新型城镇化建设案例

1. 案例背景

天津市西青区人民法院李七庄法庭辖区为李七庄及津门湖两个街道,位于天津市外环城市发展带,该区域先行先试宅基地置换楼房、撤村建居,成立股份经济合作社,一直探索在城市化建设的最前沿,是西青区乃至天津市城市化建设的典范。

通过将区域优势与战略机遇相融合,以加强法庭自身建设为支撑点,以基层治理为切入点,以服务新型业态为核心点,以多元解纷为突破点,以家事审判为创新点,积极探索城区人民法庭在城市地区发挥审判职能、服务保障新型城镇化建设的新路径,为推动城市治理体系和治理能力现代化提升司法服务效能。

2. 实践举措

第一,以基层治理为切入点,管源头治未病。

系统治理体现新担当。主动融入街道党委领导的基层治理体系,深度融合乡村振兴工作,提升基层治理精细化、精准化水平。从涉辖区村、居、股份经济合作社及国有企业、集体企业案件入手,分析高发多发深层次原因,主动与街道党委沟通,提出多条针对性的司法对策,推动开展问题合同专项整治,从源头上预防和减少纠纷。

综合治理体现新作为。加强与派出所、司法所、矛调中心和群众自治组织的共建联建,整合社会治理资源,多次召开碰头会,推进基层党建创新与基层治理创新相结合,邀请社区村队干部到法庭参与纠纷调解、庭审观摩和座谈交流,促进基层干部依法解纷能力和法官群众工作能力共同提升,零距离融入综治网格。

依法治理体现新成效。充分发挥专业优势,以司法裁判树立行为规则,以法治精神培育法治文明,立足审判职能,加强裁判说理,在公正裁判中传递法治力量,建树法治权威,发挥"审理一案,治理一片"的效果。

第二,以多元解纷为突破点,延伸服务触角。

多元解纷展现新理念。坚持把非诉解纷机制挺在前面,积极回应群众司法需求和对公平正义的新期待,推动更多力量向疏导端用力,着力减少诉讼增量,在诉讼服务、法治宣传中提供非诉讼纠纷解决的前置指引,弘扬非诉解纷理念,积极回应,将纠纷化解在矛盾对抗发展的初期。

诉前调解跑出加速度。围绕诉前调解聚合力,初步形成以法庭为联络基站,组建由李七庄司法所、派出所、商事调解组织组成的解纷联盟,充分发挥人民调解的优势,激发商事调解的积极性,引领打造社会矛盾化解的第二道防线,法官与调解员一对一结对子,通过线上、线下开展调解工作,"1+3+N"诉前调解模式初见成效,调解各类纠纷均已全部履行。

延伸触角融入同心圆。辖区村、居、合作社并存的现实仍带有熟人社会印记,从乡村到城市,多数村居的调解组织作用不再显著。积极落实调解平台"三进"工作要求,让调解组织重新焕发活力,在重构"一社区一法律调解员"机制上发力,定期对调解员进行培训,借力司法所、村居党群服务中心及警务室,构建法律网格员体系,将服务触角向基层再延伸,推动矛盾纠纷就地发现、就地调处、就地化解,有序重构"调解优先"格局。

第三,以新型业态为核心点,聚焦经济社会发展。

关注集体资产保护，保护城乡居民合法权益。股份经济合作社系西青区城市化建设的新探索，围绕集体资产流转、村转居、股东权益保护等事项开展调研。在股份经济合作社设立法官联络室，为集体企业发展建言献策，为村转居的身份和权益保护提供法律支撑，平等保护城乡居民合法权益。

关注楼宇经济发展，提升司法保障效能。辖区楼宇经济发展程度较高，中小型企业较多，围绕楼宇经济发展制定重点企业、重点商圈、重点项目清单，组建服务楼宇经济专业团队，形成"一楼宇、一团队"工作模式，统一裁判尺度，优化诉讼流程管理，通过法官上门坐诊、诉前介入调解、诉中联动化解、判后答疑回访等方式，对接司法需求，努力将法庭职能与都市楼宇经济发展紧密结合。

关注行业特色，保护消费者合法权益。辖区有汽车城、商贸城等特色产业，针对汽车产业发展特点，研判涉汽车买卖及上下游产业的案件类型，重点关注消费者权益保护。

第四，以家事审判为创新点，打造和谐社区。

强化改革创新，打造特色品牌。以城市法庭建设试点为契机，创新审判理念，探索圆桌审判方式，引进家事、邻里纠纷观察员机制，引导当事人用更积极、更包容的心态化解家庭、邻里纠纷，着力培育和弘扬社会主义核心价值观。

强化法治温度，引领社会新风尚。以实质性化解家事纠纷为出发点，联合村居及妇联组织，加大调解力度，对矛盾纠纷分层过滤，形成化解合力，适时发出人身安全保护令，用好家庭教育指导令，坚决打击家庭暴力、高价彩礼等不良习气，引领社会新风尚，促使居民生活水平及法治意识双双城市化。

强化一站式标准，坚持司法便民举措。对于涉少、涉老、涉困、涉残等家事邻里纠纷案件，考虑当事人特殊情况，依旧坚持做好巡回审判，开通绿色通道，通过一次性告知等便民机制，让群众少跑路，同时开展庭长接待日及判后回访，为弱势群体纾难解困，提供即时诉讼服务。

（二）社区协商多元参与基层治理创新案例

1. 案例背景

随着天津西青区经济社会的发展和城市化进程的加快，居民群众的需求更加多样化、个性化。为及时、高效解决社区问题，回应居民需求，西青区积极搭建社区协商平台，通过"五社联动"实现社区共治，引导居民自我管理、自我服务、自我监督。

2. 实践举措

第一，科学设置协商议题，破解"协商什么"难题。

针对部分社区依旧存在对难解决的议题避而不谈、绕道处置的问题，先后制定出台《关于进一步加强和完善社区协商议事工作的指导意见》《关于进一步完善社区议事协商工作的通知》，从制度上规范议事协商。挖掘群众需求，社区党组织发挥"掌舵人"作用，通过入户走访、网格巡查、居民热线等方式收集问题，借助专业社会组织优势，采用问卷调查、座谈会等形式深入居民群体，通过综合评估社区发展现状和居民需求确立协商议题。围绕治安维护、基础设施完善、物业管理、环境整治四类议题开展协商，所选议题均是切乎实际、关乎民生、合乎民意的突出问题。

第二，激发多元主体活力，破解"谁来协商"难题。

针对社区协商过程中青年群体没时间参与、外来群体不愿意参与、老年群体不会参与、其他主体非必要不参与的问题，通过"三引导"提升协商主体的代表性、广泛性、多样性。引导社区居民参与，依托民情恳谈日、居民代表大会、社区开放日和网上议事厅等平台，利用周末、节假日等空闲时间，打破时间与空间的限制，解决社区居民没时间、没途径参与协商的问题。引导共建单位参与，利用"吹哨报到"机制,针对社区无法自行解决的难题邀请相关职能部门参与,推动由社区"单打独斗"向"整体作战"转变。引导社会组织参与,充分发挥社会组织"协同者""辅助者"作用,利用社会组织专业优势,配合社区党组织推动社区协商自治。

第三,促进协商成果转化,破解"怎么落实"难题。

针对社区居委会仅是基层群众自治组织,没有执法权和约束手段,对于协商议题的落实,大多只能以沟通劝导为主,存在协商结果难以贯彻执行的尴尬局面,搭建"社区共建你我他"项目平台,购买社会组织服务,采用开放空间技术、传授协商技巧等方法实地督导,解决协商成果落实过程中出现的各类问题。搭建"上下协同"治理机制,共建单位发挥资源优势,为社区协商成果的落实提供必要的政策指导和人力、物力支持,打造社区协商"命运共同体"。搭建"闭环管理"监督体系,运用"收集需求—提出议题—议事协商—推动落实—监督反馈"闭环处理机制,由居民对协商结果落实情况进行民主评议并公开公示,实现社区协商成果转化"全透明",实现社区需求居民表达、社区问题居民讨论、社区决策居民参与的良好效果。

第四,聚焦社区公共事务,提升了服务群众质量。

从各社区形成的协商议题来看,大多数都聚焦在社区公共事务或居民共性问题上,如社区停车难、环境整治、公共设施维修等,社区协商平台已然成为居民表达需求的一个重要渠道。社区通过协商不但解决了社区大多数人的困扰,同时,还统筹了居民、物业公司、社会组织、共建单位等各类主体的资源,使社区有能力协调解决更深层次、更有难度的社区问题,在一定程度上提升了社区治理水平。

第五,凸显居民议事主体地位,增强了协商民主性。

在社区协商议题的选择、协商主体的参与、协商成果的落实等各个环节均体现出"居民唱主角"的原则，协商流程具备简便性、科学性、合理性。居民主体地位贯穿整个协商流程，改变了以往居民看着社区做的局面，进一步扩大了居民的有序参与。社区协商主体日趋多元化，各类群体不但充分表达了各自的利益诉求，更从中找到了各类主体的利益平衡点，不断推动各方利用自身优势协同解决社区居民关心的热难点问题。

第六，丰富议事协商形式，调动了居民积极性。

通过开展社区议事协商，不断丰富议事协商形式，探索出五方议事会、线上议事、引入社会组织搭建协商平台等各类协商形式，并在此基础上探索网格协商，由社区工作者组织居民自发协商解决网格内的小微事项，对于网格内无法自行协商解决的事项再召开社区和谐议事会解决，实现"网格小协商，社区大协商"。通过长期、广泛、有效的协商，居民逐渐养成了关注社区事务和参与社区活动的习惯，居民自治意识得到了强化。

第三节　河北省多主体参与基层社会治理经验启示与典型案例

河北省作为京津冀协同发展的重要组成部分，重视多主体参与基层社会治理的实践探索，吸取了不同地区、不同行业的成功经验，在基层社会治理方面也形成了一系列丰富的经验和具有代表性的典型案例。这对于促进城市治理现代化、建设和谐稳定社区具有重要的启示意义。

一　基本经验

党的基层组织是党在社会基层组织中的战斗堡垒，是党的全部工作和战斗力的基础。做好基层基础工作十分重要，只要每个基层党组织和每个共产党员都有强烈的宗旨意识和责任意识,都能发挥战斗堡垒作用、先锋模范作用,我们党就会很有力量,我们国家就会很有力量,我们人民就会很有力量,党的执政基础就能坚如磐石。河北坚持以习近平总书记重要指示和党的二十大精神为统领,着力夯实基层基础,强化党建引领,凝聚治理合力,全面提升基层党建工作水平。

(一)大抓基层,增强基层党组织政治功能、组织功能

基层工作千条万条,第一条就是把党的旗帜高高举起来,提升政治功能和组织功能。基层党组织要用党的创新理论武装自身,并做好做实宣讲工作。将"组织群众来听"转变为"到群众中去讲",用家乡土话推动习近平总书记重要讲话精神在基层落地落实。坚持大抓基层的鲜明导向,切实增强基层党组织政治功能和组织功能,全面提升基层党建工作水平,以实际成效忠诚捍卫"两个确立"、坚决做到"两个维护"。党支部姓"党",政治功能是党支部最核心、最本质的功能。坚持把党的政治建设摆在首位,组织广大党员认真学习《习近平谈治国理政》第四卷、党的二十大报告原文、《习近平著作选读》等,全面建立实施各级党委(党组)"第一议题"制度,认真落实基层党组织"三会一课"、主题党日、组织生活会等制度,引导广大党员干部群众坚定不移听党话、跟党走。强化基层党组织整体功能,提升服务能力是关键。在农村,推动"四议两公开"议事决策制度落实,明确村级组织履行职责事项和协助办理事项。在城市,全面推开社区工作者职业体系建设,推进各领域党组织互联互动、党群服务中心体系扩面提质。攻弱项、补短板,着力突破基层党建薄弱环节,实现脱贫村、易地扶贫搬迁安置区、乡村振兴任务重的村、党组织软弱涣散村选派全覆盖。

(二)建强队伍,进一步提升党员干部执行力、战斗力

把乡亲们的事情办好,关键在于提升干部能力素质,增强村党

支部凝聚力。基层党组织坚强有力，就没有战胜不了的困难，就没有干不成的事儿。通过培训和学习，村"两委"干部理念更新了，能力提升了，谋划了"红色旅游、绿色振兴"的发展蓝图，带领群众心往一处想，劲往一处使，让群众腰包鼓起来，唱响未来发展新歌。基层干部队伍承担着为民服务的"关键一棒"。着力建强基层干部队伍，实施基层党组织"领头羊"工程，深化"万人示范培训"，激励干部敢于担当、积极作为。突出"选"。集中开展村"两委"换届"回头看"，对有问题的调整退出，将一批德才兼备、年富力强的优秀人选充实进基层班子。突出"育"。深化"万人示范培训"，举办省级示范班，培训村、社区党组织书记等基层干部。突出"管"。建立村干部管理监督"三审一谈"工作机制，对村干部定期开展违法犯罪常态审查、经济责任专项审计、履职表现综合审核和苗头问题提醒谈话，及时调整不胜任不尽职的村干部。突出"用"。选树表彰"千名好支书"，注重从优秀村党组织书记中选拔乡镇领导干部、考录乡镇公务员，让想干事的人有机会、能干事的人有平台、干成事的人有地位。

（三）党建引领，党员干部积极投身主阵地、主战场

党建引领，为"小巨人"企业高质量发展注入"大能量"。构建起以党组织为核心、以群团组织为支撑的党群工作体系。在诸多科技创新成果中，党员主持或参与的占比达到较高水平。坚持党建引领，引导广大党员干部积极投身经济社会发展的主阵地、主战场。在乡村，深入开展"乡村振兴党旗红"活动，打造集体经济发展乡镇示范片区。坚持以"组团式"帮扶赋能乡村振兴，向省级红色美丽村庄全部选派了以领导干部、第一书记等为主体的"党建加强班"，每季在村集中召开班会，研究解决制约乡村发展的难点问题，并提出具体推进举措。在城市，"小网格"推动基层"大治理"。不断健全"社区—网格—楼栋—单元中心户"党组织架构，

整合划定综合网格，根据实际情况同步建立网格党支部或党小组。一名党员，一面旗帜；一个基层党组织，一座战斗堡垒。高高飘扬的旗帜、坚强有力的战斗堡垒，凝聚起加快建设经济强省、美丽河北的磅礴力量。

（四）多方合力，化解矛盾纠纷促进和谐

群众日常生活中的矛盾纠纷，大多是家长里短、鸡毛蒜皮。但如果不及时化解，很可能会逐步演化发酵，让小问题变成大冲突。这不仅影响矛盾双方正常的工作生活，也会给社区和谐安定造成隐患。把矛盾化解在社区，让纠纷消弭于萌芽。化解矛盾纠纷，关键要抓早抓小抓苗头。加大调解员队伍建设，把调解组织建在基层，发挥他们的前方"探头"作用。一方面普及相关法律知识，另一方面讲述邻里和睦、家兴事旺的道理。面对复杂的矛盾和诉求，仅靠这些民间调解员"单打独斗"，很难将问题妥善解决。需要常年扎根基层，人熟、事熟、情况熟，与群众联系密切，能够及时发现可能引发矛盾纠纷的风险点。善于处理矛盾，不拒"小"，不畏"繁"，奔走在街头巷尾，悉心调解老百姓的"疙瘩事"。从疏导矛盾双方情绪和梳理争执焦点入手，缓解双方不满情绪，帮助厘清法律事实，释明诉讼成本，通过多轮次沟通，促使双方同意调解，协商处理。为切实增强基层矛盾化解能力，建立多元化解纠纷体系，推进法官、检察官、警官、律师进社区进乡村，让更多法治力量向引导和疏导端用力，将法律服务送到群众身边，依法及时就地解决群众合理诉求，推动实现"小事不出社区、大事不出街道、矛盾不上交"。

（五）数字赋能，打通服务共享美好

以推进基层网格化管理为切入点，依托智慧大数据中心和县综治中心，研发数字乡村综合管理平台，是网格员反映问题的平台。平台设置有"帮我办""立即办""码上监督""我要建议""我要投诉"等应用模块,供群众提出需求、反映问题、表达意见和建议。将公积金、医保、社区居民登记等部门服务事项及水电、热力、物业及手机充值等缴费事项集中上线,一揽子服务满足群众生产生活需求。让数据多"跑路",群众少"跑腿"。实施"互联网+基层治理"行动,完善乡镇(街道)、村(社区)地理信息等基础数据,根据服务群众需要依法依规向村(社区)开放数据资源。规范城乡社区公共服务和代办政务服务事项,推行"一站通办""一网通办",实现政务代办服务城乡社区全覆盖。社区数字化建设,不仅方便群众生活,还有利于提升群众的安全感。把智慧社区建设作为加快建设数字河北行动的重要内容,统一部署、整体推进,全面提升社会治安、应急管理、社区治理服务智慧化、智能化水平。汇聚民意、集聚民智、凝聚民心,共建共治共享的新格局正在逐步建立,激活了基层社会治理的末梢神经,打通了服务群众的"最后一公里",老百姓的获得感、幸福感、安全感不断提升。

二 重要启示

以基层党建为引领。社区治理得好不好,关键在基层党组织和广大党员。只有把基层党组织这个战斗堡垒建得更强,发挥社区党员、干部先锋模范作用,把社区工作做到位做到家,才能不断提升群众获得感、幸福感、安全感。建立健全村社管理评价体系,形成差异化百分制考评指标体系。同时制定了"头雁榜""奔竞榜",展示工作专班、区级部门、镇街和村社现代社区工作推进情况,分析成绩、优势以及存在的差距。

以共建共享为抓手。社区是我家,建设靠大家。加强社区治理,既要发挥基层党组织的领导作用,也要发挥居民自治功能,把社区居民积极性、主动性调动起来,做到人人参与、人人负责、人人奉献、人人共享。以"大网格"夯基垒台,以"网格"和"微网格"建设为载体,加强"微网格"队伍建设,优化志愿服务,鼓励群众参与基层治理,不断健全基层"村社—网格—微网格"治理体系。

以便民服务为导向。社区是党委和政府联系群众、服务群众的神经末梢。主动回应群众需求,找到"社区需要什么、群众期盼什么、我能做什么"的结合点,推动公共服务优质共享,有利于打造硬配套提级、软实力升格的品质单元。聚焦"一老一幼",深化国家级智慧健康养老示范基地创建成果,全面推广"健康大脑+小病慢病不出村"。建设具有辨识度的新时代文明实践活动,不断提升公共文化服务水平。

以构建城乡社区服务格局为目标。建立健全社区党建工作联席会议制度,加强党对城乡社区服务体系建设的全面领导。完善城市社区"六位一体"和农村"五位一体"城乡社区组织体系,强化社区党组织的指导和监督。健全社会力量参与社区服务激励政策,组织实施社会力量参与城乡社区服务行动,推进社区、社会组织、社会工作者、社区志愿者、社会慈善资源"五社联动"开展服务。

以扩大城乡社区服务有效供给为重点。加强城乡社区综合服务站建设,发挥综合服务平台和枢纽作用,推动供销、金融、邮政等各类服务入驻整合,实行"一站式服务"。加强城乡社区就业创业服务平台建设,优先为村(社区)居民重点群体提供服务。支持引导各类市场主体、社会力量发展城乡社区托育、养老等服务业态,支持相关企业在村(社区)设置服务网点,完善城乡社区便民利民服务网络,满足居民多样化需求。

以优化城乡社区综合服务设施布局为关键。结合智慧城市建设、城乡建设工程、老旧小区改造等,实施城市社区服务设施补短板工程,确保新建社区商业和综合服务设施面积占社区总建筑面积比例不低于10%,每百户居民拥有社区综合服务设施面积不低于

30平方米，新建城市社区综合服务设施面积不低于500平方米。围绕乡村建设，实施村级综合服务设施提升工程，完善村级综合服务设施网络，推进标准化建设。

以推动城乡社区服务数字化建设为路径。充分发挥全省一体化政务服务平台作用，推动"互联网+政务服务"向乡镇（街道）、村（社区）延伸覆盖。规范城乡社区公共服务和代办政务服务事项，以"大综合"统筹集成，加快推进一体化、智能化公共数据平台建设，实现"一网统管""一网通办"在城乡社区的综合集成，实现政务代办服务城乡社区全覆盖。加快部署政务通用自助服务一体机，完善村（社区）政务自助便民服务网络布局。

以建强城乡社区服务人才队伍为任务。综合考虑服务居民数量等因素，通过选派、聘用、招考等方式，选拔优秀人才充实社区工作者队伍。健全社区工作者职业体系，落实社区工作者薪酬待遇和社会保险待遇。鼓励有条件的院校开展城乡社区服务相关人才培养和城乡社区工作者能力素质提升培训，引导城乡社区工作者参加社会工作等各类职业资格考试和学历教育考试，接受专业社会工作能力培训，提高社区工作者专业化水平。

三 典型案例

（一）治出基层欣欣向荣，理出群众美好生活案例

1. 案例背景

针对基层工作多、任务重、人手少的现实情况，探索推行"包片联户、户组（巷）联保"基层治理模式，确保工作任务第一时间落实、群众关心问题第一时间解决，有效提升镇村两级党组织工作执行力，切实打通基层治理"最后一米"。

立足把支部、党员、群众的力量聚拢起来，以村庄街巷为单元划分网格，将党小组建在网格上，推选热心公益事业、威望高、能

力强的党员为街长巷长,形成"党委统筹干、支部领着干、党员主动干、群众跟着干"的工作局面。街巷长采取宣传、巡查、反馈、代办、发动、互助"六步工作法",带头实行人居环境家庭"门前包干"制度,及时发现和解决各种矛盾纠纷。针对发现的问题,做到简单问题化解在街巷,疑难问题迅速向村"两委"反馈,仍不能有效解决的,上报镇政府包片领导处理。推行"包片联户、户组(巷)联保",就是让群众互相监督,打造人人为我、我为人人的治理新格局。

2. 实践举措

第一,健全体制机制,打通基层治理"最后一米"。

打造横向到边、纵向到底的治理网络。群众利益无小事,一枝一叶总关情。通过"包片联户、户组(巷)联保"将基层治理工作推进到"神经末梢",切实打通基层治理"最后一米",从细微之处落实为人民服务。通过党委引领,把支部、党员和群众的力量聚拢起来,按照"居住相邻、从业相近、易于集中、便于活动"原则,推行"包片联户、户组联保"工作模式,形成"党委引领、群众参与、多方共治"的基层治理体系。

打造共建共治共享的治理模式。街头巷尾是居民实现互动的重要场所,是有利于营造良好村庄氛围、形成认同感的地点。通过街长、巷长这个联结纽带,将居民和政府之间的距离进一步缩短,通过共谋、共建、共管发挥居民主体作用,形成共建的良好局面。鼓励村民共谋,共建共治共享,就要让居民"多参与"。引导村民共管,做到发现在早、防范在先、处置在小。发动村民共建,互帮互助、互相监督,迅速摸底排查。

打造高效规范的考核管理机制。为进一步确保街巷长更好发挥职能,不断完善考核管理机制,确保权责明确、治理有效。设立"包片联户、户组联保"公示栏,细化工作职责。实行以每月评议、季度评定、年终考评为主要内容的考核方式,进行综合评分考核,监督权力行使。进一步激发街巷长担当作为的内生动力,提高乡村两级的执行力、落实力和服务能力,提升基层社会治理软实力。

第二,鼓励干事担当,激活乡村振兴内生动力。

打造和美乡村,齐心协力加油干。激活乡村振兴的内生动力,老百姓是实践主体,更是动力来源。只有广大村民群众凝聚起撸起袖子加油干的共识,才能汇聚成推动乡村振兴的强大合力。持续改善人居环境,建立人居环境评价制度,形成各方参与、齐抓共管的工作合力,创造更加优美、舒适、和谐的人居环境。浸润人心文明乡风,形成崇尚文明新风、破除陈规陋习,引导群众勤俭节约、崇德向善。激发乡贤"说事"活力,做到"村里大小事,村民共商议",既激发村民积极性,又凝聚团结向心力。

加强队伍建设,完善多重工作机制。"一竿子到底"是打通基层治理"微循环"的关键一招,以多重保障机制推动基层治理提质增效。加强底层设计,贯通顶层设计与底层操作,创新明确工作路径、模式等,为全面推广"包片联户、户组(巷)联保"夯实基础。加大财政支持力度,全面激发基层工作活力,有效提升基层的服务力、管控力、组织力。突出用人标准,从优秀党员中"挑"、从致富能人中"选"、从现任优秀村干部中"留",提升基层治理能力。

完善法治体系,强化科技支撑。通过法治从根本上引领和保障乡村社会公平正义的实现,从而确立和维护良好乡村社会秩序。建立完善法治体系,推进"一轴八员"体系建设,以综治中心规范化建设为依托,有效联动,形成合力,切实做到"小事不出村、大事不出镇、矛盾不上交"。不断强化科技支撑,做到"人在中心、网通各村",有效助力平安、法治、和谐建设。加强安全隐患排查,有效预防和控制各种不安定因素。

第三，坚持党建引领，把工作做到群众心坎上。

坚持党建引领，提升治理品质。不断加强基层组织、凝聚思想共识、奋力创先争优、锻造担当队伍，着力深化理论武装，着力夯实基层基础。积极探索"党建+"模式，推动基层党建与基层治理有机融合，凝聚大抓基层的合力，将基层党组织建设成最有效的坚强战斗堡垒，把党的组织优势转化为基层治理的效能。通过党建撬动群众的智慧和力量，打造出互相补充、互相配合的共建共享基层治理格局。

汇聚民心民意，凝聚党建力量。以党建为引领，问需于民，快速回应群众诉求，使老百姓的获得感、幸福感、安全感更加充实、更有保障、更可持续。搭建便民服务平台，健全完善应急值班值守、矛盾纠纷跟办等制度。强化日常走访入户，定期对辖区范围内的群众进行日常走访，确保群众诉求及时解决。开展结对帮扶工作，关爱儿童、心系老人，给予留守群体物质上的帮助和精神上的慰藉。

夯实群众基础，筑牢基层治理根基。基层党组织要充分发掘"治理能人"，搭建平台，让广大群众变"治理看客"为"治理能手"，夯实基层治理群众基础。依据城乡社区实际，加强群众的民主教育，增强主人翁意识，不断增强基层群众对城乡社区的归属感和幸福感，切实提升基层社区（村庄）的凝聚力和吸引力。要经常性走进基层、深入群众，真正了解群众所思所惑所盼，成为群众的"知心人"。

（二）创新实施基层社会治理"1+4"模式案例

1. 案例背景

在由传统工矿区向现代生态区转型的过程中，企地矛盾、城乡矛盾、发展矛盾"三大矛盾"十分突出，信访稳定压力日益增大。面对"三大矛盾"，坚持和发展新时代"枫桥经验"，积极探索

"1+4"基层社会治理模式,着力构建共建共治共享的基层源头治理新格局,实现了"小事不出村、大事不出乡、矛盾不上交"的社会治理效果。

2. 实践举措

第一,推进"三个下沉",架起"收音筒"。

以领导干部"三个下沉"为抓手,进一步搭建群众说事平台,拓宽群众说事渠道。由区级领导下沉到各自分包联系的乡镇、街道,面对面听取群众意见建议;乡镇、街道干部下沉到社区、村和群众家中,倾听群众诉求,化解矛盾、疏导情绪;社区、村干部下沉到户进行家访,及时掌握群众所思所盼所想,最大限度化解矛盾。通过面对面沟通、街头巷尾闲聊等不同方式,听取群众说事,广泛收集群众民意诉求。

第二,推进"三调联动",用好"调节器"。

建立健全人民调解、行政调解、司法调解的衔接联动机制,实现"三大调解"的优势互补,合力化解矛盾纠纷。推动人民调解网络化,加强区级调解专家库、乡办调解人才库、村级调解能人库"三库"建设。推动行政调解专班化,在教育、医疗、交通、劳动争议、环保等重点领域开展行政调解工作,及时化解本领域矛盾纠纷。推动司法调解前置化,拓宽法院诉调工作渠道,引导当事人优先选择非诉讼方式解决矛盾纠纷。

第三,推进"三单办理",规范"流程表"。

建立实行初信初访案件"三联单"办理责任制。初信初访案件由信访接待窗口当场受理,出具受理单,当日接访区级领导现场接办,全程负责该案件的化解。区联席办向责任单位下发交办单,一般简单案件要求当日化解,复杂案件要求一周内化解。对未在规定时间内化解上报的,由区联席办下发督办卡进行督办,经督办仍未化解上报的,移交区纠风办或纪委监委处理。

第四,推进"三措并举",消减"存量仓"。

坚持以"事要解决"为目标,突出"大排查""周会""大治理"重点举措,全力解决群众合理诉求,集中攻坚化解疑难信访积案。针对重点领域"大排查",进行分类施策、集中攻坚,确保重点领域持续稳定。召开信访工作"周例会",对重点疑难案件进行集中"会诊",研究破解方法。开展重复信访"大治理",按照"三到位一处理"要求,持续加强攻坚化解力度,力促案结事了、息诉罢访。

第四章

京津冀协同发展背景下城市基层多主体协同治理必要性和现实困囿

城市基层社会治理多主体协同的首要特点是多元主体的参与，包括政府部门、社区自治组织、企业、居民、社会组织等各种力量。不同的主体在治理过程中发挥各自的优势和作用，形成合力。多主体协同治理强调各主体在治理过程中的权责明晰，即明确各方的职责和义务，避免责任不清、工作重叠等问题，提高治理效率和效果。在协同治理中，各主体之间应该建立信息共享的机制，及时分享相关信息和数据，提高决策的科学性和准确性。[1] 多主体协同治理还需要各方共同整合资源，包括人力、物力、财力等，实现资源优势互补，更好地满足社会治理的需求。在面对复杂多样的社会问题时，各主体需要进行问题协商和共同决策，通过协商达成共识，形成合力应对挑战。协同治理要求各主体将责任落实到位，形成层层负责、协同推进的治理机制，确保治理工作的顺利进行。

第一节 城市基层社会治理多主体协同必要性分析

京津冀协同发展战略已经明确，以首都为核心构建起了高端城

---

[1] 李玮：《协同视角下政府数据共享的障碍及其治理》，《中国行政管理》2021年第2期。

市群的区域发展模式,对于推动环渤海及京津冀地区的深度合作与一体化发展起到了关键作用。在国家战略的有力推动下,京津冀地区积极响应并深化协作,秉持"功能互补、区域联动、轴线聚集、节点驱动"的发展策略,以"一核、双城、三轴、四区、多节点"为蓝图,特别是在非首都核心功能疏解、交通网络一体化、环境保护与协同治理、产业结构升级与区域合作、科技创新平台构建、公共服务均等化以及市场一体化改革等方面,已取得显著的阶段性成果:非首都功能的有序疏解减轻了城市压力[1];交通网络的整合提高了"1小时生活圈"效率;环保工作得到强化,跨区域防控体系日益成熟;产业转移与协同发展加速,产业布局趋于合理;创新平台建设稳步前行,创新活力显著提升;公共服务共享水平提高,地区发展不平衡状况有所改善;市场一体化进程全面提速,各类资源流动更加顺畅。尽管当前京津冀地区展现出合作趋势,但市场分割和政策制约仍然显著,导致协同效应未能充分发挥,其绩效提升仍有巨大的发展潜力有待挖掘。

一 创新驱动的需要

"互联网+"时代下的挑战,是如何推动创新驱动的新型常态,怎样更加高效地利用京津冀协作效果,要求新的概念定义、思考方式及智能化的解决方案。依据协同论的基本观点,京津冀都市圈是一个开放复杂的综合系统[2],虽然京津冀三个地区在功能定位上的角色有所差异,但在地区经济发展格局上起着相辅相成的作用。京津冀协同发展中的关键是建立起时空上的有序结构,通过政策主导

---

[1] 侯昱薇、李茂:《非首都功能疏解背景下北京经济发展新动能研究》,《价格理论与实践》2020年第6期。

[2] 郑敏睿、郑新奇、李天乐等:《京津冀城市群城市功能互动格局与治理策略》,《地理学报》2022年第6期。

来调整中心城市、主要城市与其所属地区的和谐交互状态，构建出协同创新的经济联合体；关注要素层面，特别是在交通运输一体化、环境保护、产业发展迁移等方面的发展，逐渐扩展至教育、医疗保健、老年护理、旅行等社会服务领域；应注重机制层面的变革，以深化京津冀三地的创新链、生产链、金融链、政策链之间的紧密联系；运用高新科技手段建设多方参与者的协同网络信息化生态体系，以此支持该区域的服务协同聚集模式。

目前，推动京津冀一体化的发展主要聚焦于优化科技创新要素分配及交流分享效率上，科学技术的制度变革被视为驱动一体化的核心驱力之一。① 鉴于此，构建并提升包括首都在内的高等级都市圈的技术智能化水平，是推进该地区协调进步的关键所在。综合运用如"云计算""大数据""互联网+""人工智能"等相关的新型信息化工具，打造新型的城市集聚区，也会助力京津冀一体化目标的达成。新型信息化策略有助于充分发挥出北京市的信息化影响力，对天津市及河北省等周边区域的经济发展产生积极影响，同时也能促使津冀地区城市群更好地融入一体化网络体系，达到信息的无缝对接和服务功能的一体化协作效果。

随着京津冀一体化发展的加速推进，智能化都市圈构建将会产生关键性的协作效果。智能化城市主要具备深入理解、深层互动及智能化的特性，构成一个自我认知、自我调整的复杂体系，涵盖了感知、传递与联系、智能分析与反应等环节，并涉及信息的流动、管理、学习和创造等方面。借助传感器技术，把可视化扩大至城市的每个部分，从而能够捕捉之前难以获得或者花费大量资源的信息来源。② 借助于各类高效快速的大容量通信网络，可以将来自个人

---

① 张茜：《科技体制改革点燃创新引擎》，《中国青年报》2022年4月20日第3版。
② Desirée Enlund and Katherine Harrison, "The role of sensors in the production of smart city spaces", *Big Data & Society*, 2022, DOI: 10.1007/978-3-030-77214-7_2.

的电子产品、机构和公共机关所存储的零散资料相互串联,实现跨越不同领域的、不同单位的时间空间上的交流分享。使用大数据分析工具、科学模式和强大计算能力对庞大的数据进行解析,提取出有用的信息,将其用于特定产业、情景和解决方法上。

为了达到将首都常住居民控制在 2300 万人内的目标,解决诸如"大城市病"这类迫切的大都市问题,需要建立起一套行之有效的区域一体化交通系统,以显著提升区域环境质量和产业发展水平,同时确保公共服务的共享与进步,推动协调发展的体制运行顺畅,并在一定程度上减缓地区间的经济发展差异,从而逐步构建出一种新的合作模式,即以创新发展为主导的京津冀三地协同发展的新格局。通过打造京津冀智能城市群,有望充分发挥其集中协作、广泛互动及资源共享增益的特点,给京津冀一体化带来创新发展的驱动力,有力支持京津冀协同发展的实施进程。

二 资源优势互补的需要

当今城市基层社会治理面临着多元化、复杂化的挑战,单一治理主体难以充分解决各种社会问题。城市基层社会治理多主体协同是一种适应当前社会发展需求的治理模式,能够充分调动各方积极性和创造力,形成合力以应对各种社会挑战,推动城市社会治理向更高水平发展。因此,多主体协同成为城市基层社会的必要治理模式。

城市基层社会治理多主体协同是指在城市基层社会治理过程中,各种社会力量和主体之间积极合作、协调配合,共同参与社会管理和公共事务的过程。[1] 这一概念强调了在城市社会治理中,政

---

[1] 张贤明、田玉麒:《论协同治理的内涵、价值及发展趋向》,《湖北社会科学》2016 年第 1 期。

府、社区、企业、社会组织等多个主体之间应该形成合力，共同推动社会治理工作的开展，实现共赢和共同发展。不同主体具有不同的资源和能力，政府具有政策制定和执行的权力，企业具有资金和技术优势，社会组织和居民了解社区需求和民生问题。多主体协同可以让各方共享资源，实现优势互补，从而更有效地解决社会问题。多主体协同治理能够提高治理效率。各主体在协同中发挥各自的优势，避免了工作重复、信息不畅等问题，提高了决策执行的效率和准确性。同时，多主体协同也能够促进资源的共享和整合，降低成本，提高综合治理水平。

三 满足民生需求多样性的需要

城市居民的需求具有多样性，涉及居住、就业、教育、医疗、文化等方面，需要不同层面、不同领域的主体共同参与治理。多主体协同可以更好地满足居民的多样化需求，提供更加个性化和全面的服务，提高治理的针对性和有效性。例如，社区自治组织了解居民需求，政府负责提供公共服务，企业则可以提供就业机会和经济支持。城市基层社会治理多主体协同有助于增强社会凝聚力和共识，促进社会稳定和可持续发展。各主体通过协同合作可以形成共同利益点，增强对共同目标的认同感，有利于社会的和谐与发展。

积极推进乡村居住环境的改善、违法建筑物清除、旧社区翻新、道路连接和交通安全管理、安全建设"五个智能项目"等特定任务，以确保居民生活的基本要素如房屋、教育、工作、健康护理和社会福利等方面得到切实有效的改进。为了缓解民众对医疗服务的渴望及费用问题，努力提高基础医疗服务机构的能力，并尽可能满足居民的医疗需要。同时，大力增加教育的投资，致力于消除大规模班级和入校困难的问题。行政审批制度改革。致力于提高审核效率，对审查过程进行了革新性的调整，把"实地考察"这项时间消耗最大且技术难度最高的步骤从整个审查过程中剥离出去，并计划设立一个整合所有检查项目的部门——综合调查部，使审查和检验的过程有所分隔。这使得长期困扰的问题得以完全解决，公众对于满足感和安全感的感受也大幅度增强。

把工作着眼点从"政府侧"向"企业侧"和"群众侧"转变。一是探索商圈党建促进商圈发展，实体化运作新商业城商圈党委班子，助推打造新商业圈。二是创新服务模式促进就业创业，就业是最大的民生，面对疫情影响街道将不断开拓思路、创新方法，鼓励用人单位吸纳就业的各项补贴政策、帮助协调创业者面临的问题，同时成立社区实践基地、打造"就创培"基地，为各类重点群体提供更多机遇。

需要调整"国家—社会—市场"之间的城市基础管理关联，提倡一种城市基础协作的管理方式，建立起这种协作的基础管理系统，以促进政府管理的自主性和社区自我的调适能力与居民自治能力的积极互动，并鼓励多元的主体参与到该协作中来，激发出基层居民的治理潜力，增强城市治理活力，显著提高对基层资源的整合和使用效率。

四 治理复杂性问题的需要

城市基层社会治理多主体协同强调各方的合作、协调和共享，旨在促进社会治理体系的完善和民生问题的解决，是构建和谐、稳定社会的重要路径之一。城市面临的社会问题往往复杂多样，单一主体往往难以独立解决，需要各方共同参与才能够全面解决。通过多主体协同，可以集思广益，汇聚各方智慧和力量，更全面地分析问题、制定政策，并实现有效的治理。例如，城市交通、环境保护、教育资源、医疗服务等问题，需要政府、企业、社会组织以及居民群体共同合作，形成协同治理的合力，才能达到最佳效果。

需要进一步强化基础建设的任务需求，持续推进党对社区管理的深入影响，确保党的指导贯穿于城市管理各个方面和所有阶段，激励更多的参与者加入进来，整合更丰富的资源，以便更好地推动社区管理现代化的进步，朝着构建人民的城市的愿景稳步前进。

注重建立健全区域化党建组织架构、不断完善运行机制、搭建共商共建平台，充分发挥多元主体在城市建设、区域发展进程中的作用优势。做优区域化组织体系，建强党群服务阵地，扩大区域互动效应，将党建联建与新时代文明实践、人民城市建设融会贯通，对接需求、统筹资源，推出"区域化党建+"项目，切实推动党建引领社区治理解难题、见实效、暖民心。

五 基层社会治理的需要

社会作为一个复杂且有组织的实体而存在，各个组成元素之间互相影响和依赖，唯有确保所有元素能够有效结合在一起，才有可能推动社会的良好运作以及和谐进步。党的十八届三中全会提倡革新管理体系，建立新的制度来满足政府管理和社会自发调整、居民自主管理的新型需求。应当把社区视为由基础行政机构、本地社群、地区经济等多种管理者构成的一个有机联合体。与此对应，社区管理的目标也可以理解为推广社区协作式管理模式的发展与改进。党的十八届三中全会更深入探讨了社区协作式管理的重要性，激发社区内各种因素的作用力，促使其融合到一起，从而达到社区管理体制的最优状态。简言之，社区协作式管理是指在一个社区内部，基础行政部门、商业领域、非营利组织和个人等涉及的各类利益方，经过交流、商谈、配合等方式，共同处理公共事务的一种方式。采用协作式管理作为社区管理的基本策略，必须打破传统的思维框架，重点关注以下几个方面。

调和并融合基层政府的各种资源元素。基层政府作为一个子系统必须消除信息障碍，从而推动各机构间的联合行动。当前存在于基层政府系统的明显的问题是条块划分及碎片化的现象，这常常导致上级政府部门之间的交流不足，使得基层政府面临巨大的管理压力、工作的冗余和效率下降。建立一种能促使各个部门内部分合与跨部门协作的新式治理方式已成为当务之急。实施基层政府内的协同治理的关键步骤在于改革现有的政府管理体系，由单向控制转向多样性的管控。各部门应明确梳理错综复杂的信息，才能在大数据环境下，有效地实现不同部门间的资讯共享，真正落实到多个部门共同参与、全面管理的全新思维上。

调动和培养社区元素。作为社会的分支部分，必须利用其特有的资源来解决公众对公共事务的不参与或者低参与的问题。大力推广并且激励居民积极参加当地的社会管理活动，居民享有社会福利的同时也承担着维护社会秩序的责任，其不仅是管理的主体，同时也是被管理的客体。当代的管理理念强调了居民的主导性和忠实度，唯有让居民真正投入到本地的社会管理中，充分运用居民的各种资源和社会资本的力量，才能够有效推动社会体系的自然融合。

协调和安排相关因素。社区政府和社会是社区的主要组成部分，需要有效的交互、理性的对话和合作的管理方式。国家的现代化进程要求从单个政府主导的社会管理模式转向多方参与的治理系统，这同时也引发了关于社区协作治理中的多种主体关系的问题。所以，社区协作治理的关键在于社区政府和当地社会间的融合，促进政府和社会的联合管理。在新的一元化的协同治理理论框架内，要充分发挥社区政府和本地社会的作用，推动社区的人本主义治理观念的发展，构建多样化的治理主体结构，完善交流渠道。

基层社区是完整的系统，协调管理在当前的社会进步过程中具有必要性。此类复杂体系包含了多种管理的实体，如基层政府、商业机构、社会团体和公众等，构建当代基层社会的管理模式需要以对基层政府单位融合、地域社群联合、多方参与的管理方式为基础，探索并实施适合基层社会协作管理的科学路线。

六　京津冀基层党建的需要

伴随着一系列政策的执行，尤其是关于强化城市基础党的建设的专门文件发布后，京津冀的基础党建设已经迈入了"由党领导的社会管理"的新时期。基于对基层党建体系的改革，从实际出发，需要在现有的党务工作中增加"管理"元素，强调党组织在社区多样化管理机构及管理因素中的主导与指导功能，旨在寻找一种能够实现全方位协调、多种力量互动、各个领域的整合的新型城市基础党建设模式。

更加强调对新型城市发展的治理方式革新，"党建＋治理"被视为基层试验与实施的核心词汇，这是目前阶段以党的领导推动社会管理的具体体现，包括社区管理、物业服务、民众团体的建立以及和谐邻里关系的构建等方面。因此，针对城市基础政治建设由"两项覆盖"转向实际效果的历史转型，应充分利用开放型政党的跨领域治理优势，借助完善组织结构的方式聚集党员的力量，促进基层多方参与者共同治理的新尝试，从而初步塑造出一种中共引导下基层社会的全新景象，即各方协商合作并分享资源的社会治理体系，这对于大型城市的基层政治改革提供了一个明确的路径规划，并且很好地满足了习近平总书记在党的十九大上所提及的新的时代背景下的中国共产党"新行动"的要求，展现出了基层党支部及其工作人员"坚守初心，铭记使命"的责任感和勇气。

七　新发展格局的需要

国家目前正在经历"两步走，一百年"的历史交叉点，面临着日益复杂的国内外形势和世界产业布局变革等重大挑战。为了应对这些问题并发挥巨大内部市场的潜力和需求能力，中央政府提出了建立以内部主导的大型环流为中心且内外互补的发展新模式的目标。未来的经济发展和社会进步的主要策略可概括如下：通过强化大型内部流动来推动新的增长方式；优化供应端管理作为主要路线图；提升国民的需求量级并且改善其产品组合；把科技创新视为关键驱力去升级中国制造业及其附加值体系；利用深度变革的力量推进各地区的平衡和谐共进。

京津冀一体化是中国重要的地区经济发展策略，处于新的发展模式下并且致力于支持这一模式的发展。自京津冀一体化发展以来，已在制定高级别的政策规划、推动首都双翼建设、推进改革创新及实现三地的协作制度上取得了显著成果，同时也在交通、生态环境和工业三大关键领域进行了深入探索。目前京津冀一体化的各个项目正处于关键时刻，在经济规模、地理分布、行业构成和管理协调等方面都面临巨大的挑战。在新的发展框架中，京津冀一体化必须应对新的环境和要求。在外部环境如全球经济疲软、国际市场收缩以及外部需求对中国经济的影响力下降的情况下，急需消除行政界线和市场隔阂以减少交易费用，建立区域共享的市场来刺激内部需求的增长和扩大市场的规模效应，从而为国家的大型循环系统搭建坚实的基石。此外，也必须关注全球产业链本土化的趋势，这对于重新塑造京津冀地区的产业链是一个巨大而紧迫的任务。因此，有必要利用这次科技革命和产业变革的机会，弥补产业链供应链上的不足，优化区域内的产业链配置，大力提升产业链、供应链的现代程度，增强供需系统的适应能力。中国的经济全球化趋势是不可阻挡的，京津冀地区急需挖掘海空口岸等战略资源的协同发展潜力，建立新的国际竞争优势，在全球价值链和产业链上占据有利地位，为实现国内外双循环互动提供强大支持。

第二节　推进京津冀城市基层多主体
协同治理的现实困囿

当前，京津冀三地已经建立起联合管理框架，各地区的地方行政部门也已共同作出巨大的努力。目前为止，这些努力已经在推动各项事务上取得了稳定的发展成果——然而仍然面临诸如产业发展规划、交通运输布局优化、环境保护措施实施等方面的问题。探讨如何改进现有的制度安排来实现更有效的资源配置方式，已成为当前亟待解决的关键议题之一。

一　产业分工差异

总体而言，京津冀地区的产业多样性和协作能力显著增强，尤其是北京与天津之间的紧密关系得到了进一步加强。例如，计算机、通信及其他电子产品制造，以及汽车工业等领域的协作水平逐渐上升。但仍存在重点行业地区划分比较模糊的问题，天津和河北的一些重点产业过于同质化。目前京津冀产业间虽已形成了明显的层级式协同创新网络，但在各个小组间的信息交流还有待改善。产业结构上的差异有助于推动京津冀协同创新网络的发展。找出京津冀在产业结构方面的不同之处，通过建立以产业链为基础的创新合作来促进产业链和创新链的整合发展具备可行性。

依靠技术创新作为支撑，需要增强科技实力。在面临严峻的世界级产业竞赛时，发挥出创新潜力的产业才能避免被淘汰。推进京津冀一体化，必须依赖于技术创新，才能有效提高区域经济的发展质量。要突破固有的"小天地"思想限制，建立共管共享的高新技术园区，推动创新资源的有效分配、公开分享及高效使用。同时，也应借助深化的科技制度变革的力量，构建能够引导全国其他地区乃至周边国家的创新发展的战略制高点，未来有可能成为向世界展示中国解决方案和中国模式的重点发展地区。此外，还需聚焦北京的中关村、河北省的雄安新区以及天津市的滨海新区这三个核心地点，致力于将北京市的科技创新力量同津冀两地的制造产业有机结合在一起，通过培养充满活力且有创造性的创新环境，创建出区域创新经济增长的新标杆，并且建成具备全球影响力的高科技研发中心。

二 环境治理利益目标不一致

克服挑战，强化生态环保底线的重要性不容忽视。由于其复杂性和重要程度，保持良好的自然生态环境成为推动京津冀一体化发展的关键难题之一。对京津冀的可持续增长来说，严格的环境法规能带来正面效益；同时创新科技手段及其所在行业的影响也可能间接提升当地的整体生产力水平。京津冀区域存在巨大的自然资源消耗和社会进步之间的冲突现象，必须坚定"只有拥有了碧海蓝天才能创造财富"的可持续发展理念，坚持走"既要有美丽山水，也要有富饶家园"的可持续发展道路。在此基础上，应深化法律制度建设工作来保障这一愿景实现的可能性。加速推进转型升级进程，大力培育清洁能源业态，如太阳能、风力发电、光伏发电项目或其他新兴能源领域，以此提高产品价值链上的高端部分产出的比率，减少过度依赖传统制造业的现象。与此同时，需要关注到京津冀地区各自不同的产业发展现状，并在处理各类工业废弃物的过程中制定详细的标准规范，以便达成共识，共同应对这些棘手问题的出现。尝试构建完善而细致的管理体系，用以平衡不同级别的政府部门之间因地理位置划分所产生的各种分歧，进而达到和谐稳定的目的。

三 公共服务水平差异

京津冀三地已初步构建以京津为中心、石保廊为节点的创新协作网络，区域内的创新分工和联系能力持续提升，整体上，京津冀区域公共服务质量有所增强。显著的社会福利差异已成为制约京津冀一体化进程的主要障碍之一。河北省的基本公共服务水平相较于北京市及天津市仍然存在较大的落差。教育资源的提升和社会福祉保障是需要关注的重点领域，也构成了构建完善的服务系统的关键部分。首先要平衡各类要素分配来弥补教学上的缺口；其次要加强科研领域的深度融合从而深化教育教学工作关系；最后还要强化自我修复的能力以便消除地区间的健康鸿沟，建立新的医疗机构或对现有的机构进行合理的管理升级，才能确保高质量的健康服务的普及率得到提高。

总的来说，京津冀地区的公共服务质量有所提高，但各个城市在需要改进的领域存在差异。统计京津冀2019—2023年基础教育、医疗卫生、社会保障三个公共服务领域情况，如表4-1所示。就基本教育的角度观察，根据全国高等院校录取情况看，北京市和河北省在这五年内的大学入学率呈现出稳步增长的态势，然而天津市的大学入学率却在2021年出现下滑，并在次年的数据中回升，这表明该地区的初级教育质量还有待提升。再者，对医疗保健来说，依据医院数量作为衡量标准，北京市及河北省在此期间都显示出了稳定的医院增设速度，而天津市则是在2020年出现了减少，但在接下来的两年里逐渐恢复并持续攀升，这也说明了"有病可治"的目标已经取得了显著进步。社会福利部分，通过对失业保险参保人员的统计分析，发现京津冀地区在这五年的时间里都有着稳定的人口增长，其中北京市的数据远超于天津市和河北省，意味着天津和河北地区需要加大投资力度来完善涵盖城乡的社会福利制度。因此，京津冀应该积极探索创新协作管理的新路径，建立起由多方力量构成且能互相支持的区域创新网络。借助主要的城市中心区和其他关键点位，改善整个区域的创新结构。同时，鼓励各个关键地点发挥自身的竞争优势，促进区域内部产业和技术的发展。此外，还需要创建一个京津冀公共服务的联盟，以便实现政府主导下的多种力量共融共享的管理方式。

表 4-1　　　　　京津冀 2019—2023 年公共服务水平　　　　　单位：分

	公共服务领域	2019	2020	2021	2022	2023
北京	基础教育	15.22	15.47	15.98	16.26	17.6
	医疗卫生	10336	10599	10699	10897	12518
	社会保障	1294.77	1318.37	1359.01	1391.44	1418.4
天津	基础教育	14.89	16.32	15.85	16.14	17.47
	医疗卫生	5962	5838	6076	6282	6801
	社会保障	335.51	349.12	372.3	392.2	403.59
河北	基础教育	46.09	47.43	48.28	50.22	58.3
	医疗卫生	84651	86939	88162	90194	92825
	社会保障	554.1	691.52	747.36	795.43	815.19

四　基层治理主体协作积极性不高

基层治理主体协作积极性不高的问题对推进城市基层多主体协同治理产生了一定的阻碍。各主体之间存在信息不对称的情况，导致信息共享不足，影响了协同治理的顺利进行。基层治理主体可能存在责任意识淡薄的情况，对于共同治理的责任和义务缺乏清晰认识，导致工作推进缓慢或不到位，社区自治组织可能认为某些问题应该由政府来解决，而政府则认为应由企业或社会组织来负责，造成责任推诿和协作不足。不同主体之间存在利益冲突的情况，导致合作意愿不足。另外，企业可能追求利润最大化，对于社会责任的履行不够积极，也会影响与其他主体的协同合作。基层治理主体之间缺乏有效沟通和协调机制，导致合作时信息传递不畅、理解不到位，影响了合作的顺利进行，政府部门和社区自治组织之间可能存在沟通障碍，导致政策执行不到位或效果不佳。不同主体之间资源分配不均，导致一些主体缺乏动力和积极性参与协同治理，某些社区自治组织可能由于经费不足而无法有效开展社会服务工作，影响了与其他主体的合作。

需要充分利用各个级别的党在社区管理的整体规划与协调的关键角色，与此同时增强各级政府对于社会管理职责的重要性。为了提高多方参与的城市社区管理的效果，有必要提升并优化各级党组织在社区管理工作中的指导能力，同时也需积极履行各级政府的社会管理责任，有效提供公共服务、行政管理及治安保障，以保证民众的生活稳定且和谐。全方位履行各级党的组织和社会管理部门在社区工作中的主要责任，并将加强社区管理作为地方政治领导团队及其干部绩效评估的重要标准之一。

鼓励公众主动参与公共事务，既符合现代化国家的管理需求，也有助于推动社会的健康进步和塑造积极健康的社会氛围。公众被视为社区管理的核心成员，需要指导其如何有效地利用自身的力量来组织并开发社会资源，这可以通过以下三个步骤实现。

增强公众对社区管理参与度的认识和提升交流逻辑思维能力是必要的。公众作为社区协作管理的核心部分应该主动承担起责任，然而在社区管理领域经常表现出缺乏存在感。地方行政部门需要重视公众对于参与管理角色的认知，并在这一过程中指导其建立有效的对话策略。这正是公众能够高效地参与到社区管理中的基础保障。

把观念转化为实际行动，构建公众互动场所。公共场所作为重要的社会交流平台，是普通民众互相交流信息、分享社会资源的重要场所。线上的对话环境和线下的对话环境应该互补存在，过去居民更倾向于在线下开展活动，而且主要是由年长的成员参加，随着网络科技的发展，建立线上的讨论区域能填补年轻一代对线下活动的需求空缺，并利用其所拥有的现代化信息资源来提升公众参与效果。同时，线下活动仍需持续保持其作为激发社群活力的关键角色。

构建适当的规定来约束公众的行为，这是达成理智对话的关键步骤。居民创建共享讨论场所并积极参加社区管理已经成为当前社会管理的热门方式，然而为了达到有效且合理的对话，必须有相关的法规指导。设立可持续发展和持久性的长期策略，设定让公众畅所欲言的渠道，还应创造出从基层向上传递信息的途径。

推进城市基层多主体协同治理需要加强信息公开与共享机制、加强责任落实机制、促进利益协调与平衡、建立有效沟通渠道和资源共享机制等，以提高基层治理主体协作的积极性，推动协同治理工作取得更好的效果。

五　城市发展不平衡

京津冀地区的城市发展不平衡，存在城市规模差异、经济发展水平不均等问题。不同城市之间在治理模式、资源配置、公共服务等方面存在差异，导致协同治理难以顺利推进。京津冀三地的政策衔接不畅，存在政策法规不一致、执行力度不足等问题。各地区有各自的政策制定和执行机制，导致协同治理的政策衔接困难，影响了治理效果。

都市圈能对各类资产实施最优分配策略，使各个城镇相互连接以实现各自的功能，采取协作和补充的发展模式来共同进步。目前来看，提升大区域内的经济社会一体化水平已成为国家发展的关键方向之一。对京津冀城市群来说，其综合实力正在逐步增强，已被视为新一轮的中国经济增速引擎。然而相较浙江或广东等发达省份来说，京津冀的城市群协同进展相对滞后，并且尚未达到能够充分分享优质要素、发挥自身特长的和谐状态，这使得其在实际运营过程中遇到了一些挑战及困难。具体表现为，京津冀区域不同城市间的经济社会发展状况差异巨大，尤其是在金融服务业、人口规模和社会福利方面差异较大。积极开展北京市区间的深度整合工作，不仅有助于提高整个华北甚至全中国的总体竞争力，还具备重要的现实价值。

城市基层多主体协同治理中，各主体之间资源分配不均衡。例如，社区组织或非政府组织由于经费不足、人力不足等问题，无法有效参与治理工作，导致多元治理主体互动性不强。京津冀地区的城乡差距较大，城市基层多主体协同治理在农村地区可能面临资源匮乏、管理水平不足等问题。农村地区的基层治理主体相对较弱，协同治理难以有效开展。

京津冀地区仍需要加强对生态环境污染问题的协同治理。大气污染和水污染等环境问题容易跨越城市边界，对其进行有效的治理需要京津冀三地共同协作。如图4-1所示，京津冀三地整体的PM2.5年平均浓度在2019—2022年间有所下降，但京津冀三地的PM2.5年平均浓度在2022年达到最低值后又在2023年有所回弹，其中北京回弹幅度最小，河北回弹幅度次之，天津回弹幅度最大。由于京津冀三个地区之间环境治理互动性仍有所欠缺，生态环境治理易出现利益分歧，且切实可行的协作机制仍有待完善等原因，京津冀环境治理进展放缓，使得推进京津冀城市基层多主体协同治理面临一些现实问题。

京津冀三地的货运量水平如图4-2所示，京津冀三地在2019—2023年间的货运量波动较为平稳，河北的货运量远远超过北京和天津，但三地货运量水平在5年间上升不明显，京津冀货运水平发展缓慢。由于河北省的城市发展不均衡，仍有部分地区的物流

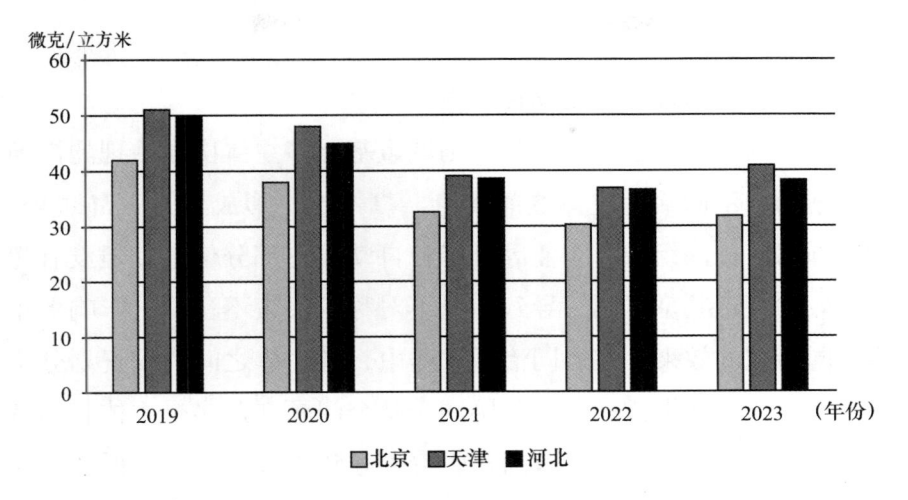

图 4-1 京津冀 2019—2023 年 PM2.5 年均浓度

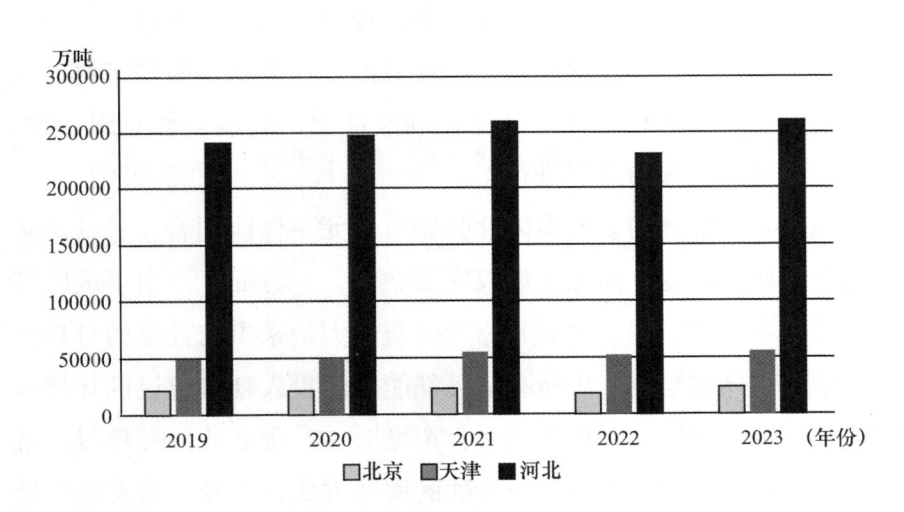

图 4-2 京津冀 2019—2023 年货运量

基础设施建设滞后，加之生态环保政策的限制也会影响货运行业的发展，如跨地区运输的政策限制、行业准入门槛提高等，都会约束京津冀三地货运水平的提高。河北占据京津冀三地货运水平的主导地位，其货运水平发展迟缓显示着京津冀三地城市的物流效率不高，同时也意味着京津冀城市的交通拥堵问题没能得到更进一步的改善。

六 多元治理主体互动性不强

多元治理主体互动性不强，则城市基层多主体协同治理的沟通交流不畅。不同治理主体之间信息共享不畅，形成信息孤岛现象，政府部门、社区组织、企业等可能各自掌握一部分信息，但没有建立有效的信息共享机制，导致信息不对称、决策不科学，影响多主体协同治理的效果。在协同治理过程中，各主体之间的权责划分不清晰，导致责任推诿和行动不协调，某个问题涉及多个主体，但各主体未能明确自己的责任范围和职责，导致治理工作效率低下。在城市基层，多个主体的协同治理可能存在着有效的合作方式和调整平台的缺失。不同主体之间缺少共享的议题和目标，也缺乏有效的交流途径和协作机制，很难建立起良好的互动关系，阻碍了协同治理的进展。多个治理主体之间存在利益冲突，导致合作意愿不足，也影响了协同治理的顺利进行。

城市基层治理的多元主体性强调将多元主体协同合作、共同管理与政府职能转变、简化、放权完美融合。一方面，政府下放的任务需要有主体来承担，领导并驱动公众的力量来参与社会的管理工作。治理主体应当创造出所有居民都能主动投入社区建设的环境氛围，革新现有的社交管理的策略，拓宽对公共服务的公开市场的准入范围。利用诸如由地方当局采购的服务方式，以及完善奖励制度等方式，激发企业机构、社会团体和普通民众的参与感，使之积极投身于城市的基层治理工作之中。同时也应重视社团组织的培养和社团组织指导功能的作用，明晰自身的职责义务并且遵守规则行事，按照法律法规自主运行并对其行为负责。将从保护居民基本权益的角度入手，提升人民的参政议政权利的同时，保证平等和公正等基本价值观念得到尊重执行，使居民在当地的社会工作中有机会进行自我决策，包括提供自身所需和服务他人，同时让其有机会评价基层治理工作的效果。

增强社区管理的系统构建，推进社会的管理重点从高层转移至基础层级。习近平总书记强调："社区是城市治理体系的基本单元。我国国家治理体系的一个优势就是把城乡社区基础筑牢。"[①] 社区若能够有效地提供服务与管理工作，则其对社会治理的支持将会更加坚固且稳定。因此，需要加速建立一种由各方合作共建共享的社会管理模式，包括优化以基层为主导，全民共同参与的基层社会管理的新框架，鼓励各类机构如民营企业、非营利团体、公益社团等主体积极参与其中，最大限度发挥社会资源的优势，进一步提高社区服务的质量和效率。尽可能将更多的资源、服务和管理职能放在基层，让基层拥有职责权力资源，更精准高效地满足群众的切实所需。此外，还需要加强城市管理，关注民众普遍关注的重大问题，着力解决城市管理中的重点难题，重视流动人员的安置与管理，利用市场化配置对流动人员合理安置。农村社会治理方面，治理主体也应采取主动，积极处理农村社会事务冲突，借鉴"枫桥经验"的学习成果，努力达到"小事情不在村里发生，大事件不发生在乡镇上，而矛盾也不会被带走"的效果。做到真正实现社会治理中心向基层移动，提高社区建设的水平，形成良好的政府管理和社会自我调整、居民自主管理三者之间的和谐关系。

建立信息共享平台和机制，明确各主体的权责，加强合作机制和协调平台的建设，促进各方利益协调和平衡，以及加强资源分配的公平性和合理性等，从而推动城市基层多主体协同治理工作取得更好的效果。

---

① 刘维涛、张洋、李昌禹、亓玉昆：《把城乡社区基础筑牢》，《人民日报》2022年6月30日第2版。

七 府际社区沟通机制不畅

府际社区沟通机制不畅,导致城市基层多主体协同治理的效果不佳。不同层级的政府部门和社区组织之间信息共享不畅,导致信息不对称。府际社区沟通机制不畅,导致沟通渠道不畅通。比如,市级政府部门和社区组织之间没有建立起有效的交流平台和定期沟通机制,导致信息传递不能及时、全面,这影响了合作与协同治理的顺利进行。社区居民或组织提出的意见和建议不能及时传达给相关政府部门,导致政策制定和实施时缺乏充分的民意参考,影响了治理效果和民生改善。府际社区沟通机制不畅可能导致责任界定不清,不同政府部门和社区组织之间责任推诿、协作不足。府际社区沟通机制不畅,信息传递可能失真或产生误解,导致沟通失效、合作困难。

加强跨地区政策协调,制定一体化的政策措施,解决政策衔接不畅的问题。加大对农村地区基层治理能力的培训和支持力度,促进城乡协同发展。强化环境治理协同机制,加强对环境污染的监管和治理力度。推进交通一体化建设,加快交通基础设施建设,缓解交通拥堵问题,促进经济社会一体化发展。这些措施需要京津冀各级政府、企业、社区组织等多主体共同努力,形成合力,共同推进京津冀城市基层多主体协同治理工作取得更好的效果。

针对府际社区沟通机制不畅的问题,可以建立健全社区参与机制和沟通渠道,建立定期交流会议或工作组,加强信息共享和反馈机制,明确各级政府部门和社区组织的责任和职能,促进多主体间更加顺畅、高效地沟通和协作,从而推进城市基层多主体协同治理工作取得更好的效果。必须坚定地依赖法律保护来最大化利用其指导与约束社会的功能。只有通过依法治国才能实现最理想化的社区管理方式。因此需要加强有关社团管理的法规更新及优化的工作流程，同时也要加速修改如《城镇居委会条例》或《农村村委会章程》等相关规定以促进建立一套完整的上至下达的管理体制框架。

作为重要的社区管理机构，地方行政机关必须消除其内的消息闭塞和效率低下的问题。第一步是设立信息融合中心，以突破各个业务单位的信息屏障。由于其都是社区管理的核心部分，其在制定和实施政策时常常难以高效协作，这导致了当地政府的管理难题。通过设置信息系统的端口，创建涵盖全局且信息互通的综合管理信息网络，有助于推动地区、街道（乡镇）及居民委员会三个层次的地方行政机关实现信息的交流和工作的互动，并在规章制度中进一步优化信息分配、指令传递和反馈监管等操作流程。

搭建交流与配合体系以促进各部门间的联合行动，各地区代表性的机构有必要互相协助管理。这种多层级的互动包括了从梅吉尔斯和斯蒂德那里学到的三类方式，即政策融合、政策调适和政策协作。地方政府是实施政策的关键环节，在社区的社会综合治理过程中，地方政府各个部门之间的协作包含了三种类型：在政策融合层面，必须创建有效的运作模式；在政策调适阶段，设立良好的沟通渠道；在政策协作部分，充分利用各种资源。

利用信息的综合整理来完成人力的优化分配和有效管理。应避免多个相关机构并行收集相似数据的现象，造成工作的冗余和人力成本的损失。为了提高社区管理的效率，需要对各个机关的工作责任做出明晰界定以防止功能上的冲突，并在确定了合理的劳动分割后合理安排工作人员的信息搜集任务，通过各方共同分享资料的方式建立起有效的沟通机制。

第五章 城市基层社会治理中各类主体职能分析与作用机制

城市基层社会治理是一个涉及多方面主体协同合作的过程,目的是通过有效的管理和服务提升居民生活质量,维护社会稳定和谐。各类主体在其中扮演着不同但互补的角色。

第一节 政府职能与治理行为分析

一 政府职能

政府作为一个国家的统治机构,是国家公共行政权力的象征、承载体和实际行为体。政府职能是指国家行政机关,依法对国家和社会公共事务进行管理时应承担的职责和所具有的功能。政府职能反映着公共行政的基本内容和活动方向,是公共行政的本质表现,简单来说,就是政府在公共事务中应该做什么、怎么做以及发挥什么样的作用。其属性表现为六个方面:(1)公共性。政府职能涉及国家大量日常公共事务的处理,根本目的是为所有社会群体和阶层提供普遍的、公平的、高质量的公共服务。(2)法定性。政府职能的法定性是指政府的一切活动都要在宪法和法律的范围内进行,宪法和法律规定了一国政府职能的边界,使公共行政有法可循。(3) 执行性。政府作为贯彻和执行国家意志的机关，其职能具有明显的执行性。(4) 强制性。政府职能的强制性是指其以国家强制力为后盾；行政相对人不得阻碍政府职能的正常行使。(5) 动态性。政府职能始终是变化的，取决于市场经济条件下政府与市场关系的动态性、政府与社会关系的力量对比以及政府与自然界的关系演变。(6) 扩张性。政府职能的扩张性是指随着现代社会中公共事务、公共问题日益增多且日益复杂，公众需求的日益个性化、多样化，政府承担了越来越多的职能，并逐渐扩展至社会各层面。

政府职能主要划分为四大职能：第一是政治职能。政治职能是指政府为维护国家统治阶级的利益，对外保护国家安全，对内维持社会秩序的职能；人民民主专政是中国政府最基本的政治职能。第二是经济职能。经济职能是指政府为国家经济的发展，对社会经济生活进行管理的职能。第三是文化职能。文化职能是指政府为满足人民日益增长的文化生活的需要，依法对文化事业所实施的管理。它是加强社会主义精神文明，促进经济与社会协调发展的重要保证。第四是社会公共服务职能。社会公共服务职能，即指除政治、经济、文化职能以外政府必须承担的其他职能。政府往往要履行多种职能，但在经济社会运行的特定阶段，由于发展重心的变化，政府会更加注重某一种职能或某几种职能的履行。这种变化主要有以下两种原因[①]：一是领导人对问题的重视程度。领导人若是在其任职期间更重视某一问题，那他将会投入更多精力在这一问题上。如美国特朗普执政期间，认为经济发展是第一要务，因而鼓励石油开采；而拜登执政期间认为环境保护更为重要，石油开采会造成环境污染，因此停止了石油开采。二是政府面对的大环境发生了变化。如 20 世纪 60 年代，美国因贫困和种族歧视问题引发了社会动荡，

[①] 竺乾威：《国家治理体系现代化与政府职能转变》，《求索》2023 年第 4 期。

当时的联邦政府由此提出"伟大社会"计划,将主要精力放在反贫困和反种族歧视方面;"9·11"事件之后,美国联邦政府又在一段时间内将主要精力放在反恐怖主义活动方面。又如,中国改革开放后的一段时间内,随着经济的发展,环境污染问题变得日渐突出并逐渐引发社会和政府的关注,因而环境整治就成了政府的当务之急。

当前针对政府职能的观点主要有三种。第一种主张二分法。即认为政府职能应划分为政府功能与政府职责,政府功能是指"有关政府职能相对原则",侧重于政府依托于国家应该承担的角色;政府职责是指"有关政府职能相对具体的界定",强调政府在承担的角色中应当完成的主要任务。第二种主张新的二分法。以王浦劬学者为主要代表,基于原来的二分法,认为政府职能由政府职权与政府职事构成,政府职权为实质根基,政府职事为现实表现,政府应"因职事设置职权,依职事配置职权"①,从更微观角度将政府职能进行分解,将政府实际职权(权与责的统一)和其对应的具体任务进行区分。第三种主张三要素论。与前两种主张思路不同,认为政府职能主要包括政府职能定位(政府要做哪些、不能做哪些)、政府职能重心(哪些职能更重要)和政府职能行使方式(怎么履行职能),三者互为一体,相互融合,将政府职能视为一个整体,具体强调其内部的价值取向、结构分层与实现方式,对政府职责的研究具有启发意义。

二 规范政府治理行为,建立"有为政府"

行政改革往往是价值理性与工具理性的统一,价值理性蕴含于工具理性之中,工具理性是价值理性的实现方式,转变政府职能是

---

① 王浦劬:《论转变政府职能的若干理论问题》,《国家行政学院学报》2015 年第 1 期。

深化行政体制改革的核心。当前由于行政改革存在"政府责任缺失""服务理念弱化""便民主体功能的错位与弱化"[①] 等不足，强调政府权力结构的调整而较为忽视责任的配置与落实，这就要求加快转变政府职能，优化政府职责体系，理顺部门职责关系，不断完善政府经济调节、市场监管、社会管理、公共服务、生态环境保护等职能，坚决克服政府职能错位、越位、缺位现象，构建并完善当前政府职责体系，规范政府治理行为，全面提高政府效能，既是通过政府职责的科学配置实现职能转变的技术过程，又是贯彻以人民为中心理念，建设服务型政府、数字型政府与法治型政府的价值过程，以纠正管理主义倾向改革及公共政策的偏差，助推国家治理体系和治理能力现代化。

（1）服务型政府。紧紧围绕建设人民满意的服务型政府加快转变政府职能。为人民服务是我们党的根本宗旨，也是各级政府的根本宗旨。当前，中国社会主要矛盾已经转化为人民日益增长的美好生活需要和不平衡不充分的发展之间的矛盾，人民对美好生活有更多新期待。与之相适应，政府治理行为亟须适应新时代要求，强化在民主政治、依法治国、教育文化、医疗卫生、社会治理、生态环境等方面的政府职责。[②] 这就要求把加快转变政府职能放在更突出位置，坚持以人民为中心的发展思想，不断优化政府服务，创造良好发展环境，抓住人民最关心最直接最现实的利益问题，大力保障和改善民生，促进社会公平正义，让人民群众有更多获得感、幸福感、安全感。

服务型政府作为中国行政改革与政府治理体系的发展目标与价

[①] 何修良、秦雨柔：《我国边境抵边村落空心化"治理陷阱"的实地调研及突破路径研究——基于政府治理行为分析》，《广西民族研究》2023 年第 2 期。

[②] 殷旺来、李荣娟：《新时代政府职责体系的研究进展、逻辑转换与展望》，《理论月刊》2023 年第 2 期。

值取向，党的十六大第一次将公共服务列入政府四大职能范畴，十六届六中全会明确提出建设服务型政府和强化公共服务职能，党十八大之后更是大力推进政务服务建设，坚持简政放权、放管结合、优化服务改革作为推动政府职能转变的"牛鼻子"，实施公共服务体制改革等，逐步实现从理念到体制的深刻变革，党的十八届三中全会将公共服务列为地方政府首要职责。服务型政府价值理念同样贯穿政府职责体系构建和优化的全过程，不仅要在过程维度凸显服务属性，更要在结果维度服务人民。要始终坚持目标导向、问题导向，拿出更大的勇气、更多的举措破除深层次体制机制障碍，以简政放权更大激发市场活力和社会创造力，以放管结合切实维护公平竞争市场秩序，以优化服务为市场主体和群众办事增添便利，加快建设国际一流营商环境。

　　尽管如此，服务型政府的建设中，始终伴随着一些需要解决然而一直很难得到有效解决的基本问题。[①] 一是经济发展和公共服务提供的关系问题。尽管政府的工作重心转向了公共服务，但难免会面临资源供给难题，因此如何平衡公共服务与经济发展之间的关系至关重要。二是就公共服务提供方式而言，政府资源是有限的，垄断式的公共服务提供无法在数量和质量上满足公众的需要，因而应充分发挥社会组织的力量，然而社会组织的成长一直处在一种不成熟的状态，它的能量并未得到完全的释放。三是公民权利的保护问题，一些公权力为发展经济和进行资源的配置，在土地征收、房屋拆迁、资源分配、均等地分享改革成果等问题上不惜侵害公众的利益，甚至引发大规模的群体性事件，不利于社会稳定。四是资源配置的合理性、公平性和公正性问题。政府的资源配置常常发生错配现象，造成资源的浪费。由于发展的不平衡和不充分，以及一些优

[①] 竺乾威：《服务型政府：从职能回归本质》，《行政论坛》2019年第5期。

质紧缺资源的配置不合理、不公平、不公正,引发社会矛盾,尽管有较多财政资金和公共资源投向了公共服务薄弱的农村、基层、欠发达地区和困难群众,但地区之间的差别依然较大。

积极推动现代化服务型政府建设。第一,坚持以人民为中心,以问题为导向,切实推进政务改革。一方面,抓重点、补短板、强弱项,着力解决一批居民部门最关切最直接最现实的民生问题。例如,推动教育经费进一步向困难地区和薄弱环节倾斜,实施健康中国行动,药品集中采购试点扩展到全国,高血压、糖尿病门诊药纳入医保。另一方面,同步记录和系统梳理中国治理的问题清单,并将之转化为国家治理的任务清单,努力为人民群众提供更具获得感、幸福感、安全感的"有感服务"。与此同时,凭借制度优势,总结正反经验,通过改革攻坚,集中力量、密集试点、循序渐进,逐步疏解改革开放探索过程中积留的深层次问题,主动回答开启全面建设社会主义现代化国家新征程对国家治理现代化提出的前置性问题。第二,坚持底线思维,创新政府治理方式,打赢防范化解重大风险攻坚战。政府遵循经济社会发展规律,积极应对结构性、体制性、周期性问题相互交织的"三期叠加"局面,不断适应转变发展方式、优化经济结构、转换增长动力的攻关期,集中解决发展不平衡不充分问题,始终保持对潜在风险的警惕性和紧迫感,着力保持经济持续健康发展和社会大局稳定。各级各部门深入践行新发展理念,在防范化解重大风险上把握"精准拆弹"与"举一反三"的关系,用大概率思维应对小概率事件。例如,不遗余力推动政府治理的体制机制创新。把问题导向、危机驱动视为系统发展、创新机会和革新动力,努力提升制度化水平,消除由于放、管、服任何一个环节不到位而可能造成的治理风险和稳定压力。第三,坚持以服务为核心,整合系统资源,强化系统功能。面对经济发展进入新常态等一系列深刻变化,坚持"全面"和"深化"改革,并着力处理好以下几对关系。其一,改革的顶层设计和分层对接的关系。注重从系统论出发推进各项改革,协调不同部门、不同政策在国家治理体系中的定位和功能,加强"一盘棋"观念,防止顾此失彼,在多重改革目标中寻求动态平衡,把制度优势转化为治理效能。其二,培育改革动能和增强改革动力的关系。倾听各方利益主体声音,寻求改革的最大公约数,汇集改革的澎湃动能,把蛰伏的发展潜能激活。其三,谋划长远和立足当下的关系。既立足中华民族伟大复兴战略全局、世界百年未有之大变局,着眼千年大计谋划国家大事,又注重从经济社会发展需要出发,从老百姓身边事改起,不失时机推出一批切口小、见效快的政策性创新,倾斜解决民生领域的操心事烦心事,增强人民群众的获得感、幸福感、安全感。第四,坚持以经济改革为重点,充分赋能放权,鼓励和尊重基层首创精神。习近平总书记强调:"要使各方面体制改革朝着建立完善的社会主义市场经济体制这一方向协同推进,同时也使各方面自身相关环节更好适应社会主义市场经济发展提出的新要求。"[1] 改革进程中,着力处理好政府和市场关系,努力解决市场体系不完善、政府干预过多和监管不到位的问题。基层一线处在市场经济前沿,遇到问题和困难最早,发现改革路径也最早,认真汲取改革开放40多年的经验,鼓励和尊重基层创新,各级政府根据创新案例和实践,形成战略构想、发展规划、政策举措和改革方案。第五,坚持优化营商环境,构建企业家参与涉企政策制定的体制机制。新时代,为了进一步构建亲清政商关系,增强微观主体活力、推动高质量发展,应坚持"两个毫不动摇",营造各类市场主体公平竞争的市场环境、政策环境、法治环境,并注意增强涉及民营企业政策的科学

---

[1] 习近平:《切实把思想统一到党的十八届三中全会精神上来》,《人民日报》2014年1月1日第2版。

性、规范性、协同性，提高政策的稳定性、透明性和可预期性，推动政策落地、落细、落实。坚持"客户导向"思维，搭建经常听取企业家意见建议的渠道，建立健全企业意见处理反馈的闭环机制，同时还构建多层次的政策宣传解读体系，健全政策评估调整程序等。第六，坚持以推进国家治理体系和治理能力现代化为目标，优化政府职责体系。中国特色社会主义进入新时代，政府职责体系也必须与时俱进，与新时代中国发展的要求相适应。中国政府扭转以GDP为主要衡量标准的政绩观念，牢牢把握和践行新发展理念，并在激励机制上下功夫，防止"文牍主义"、形式主义与腐败行为，激活潜藏在每一个社会成员身上的创造精神。同时，各级政府还不断夯实经济社会监测预测预警责任体系，健全各司其职又密切协同的政策协调落实机制，进一步提高治理的科学化现代化水平。

（2）数字型政府。紧紧围绕以数字化改革助力政府职能转变。《关于加强数字政府建设的指导意见》（以下简称《指导意见》）是党中央从战略和全局的高度抢抓数字化时代浪潮，擘画以数字化改革助力政府职能转变的宏伟战略蓝图。随着新技术革命和新产业革命的兴起，人类逐渐进入数字化时代，以大数据、人工智能等为代表的新一代信息技术给政府治理体系、治理方式、治理能力等带来了深刻影响。[①] 在数字化时代，政府治理呈现出治理主体的开放性、治理任务的多重性、治理手段的多样性和治理场景的复杂性等特点，对政府治理能力现代化提出了更高的要求。一方面，数字技术的兴起提高了政府治理效率。随着新一代信息技术的发展，政府积极推动数字经济、数字政府与数字建设，数字治理优化了传统社会治理模式，通过"互联网+政务服务"建设，各层级、部门孤立的

---

① 林善炜：《制度型开放视域下的政府治理变革：机理、挑战与对策》，《中国行政管理》2023年第11期。

政务系统被整合至统一的信息共享平台中，政务数据资源实现共享整合，以"一网通办"为代表的线上业务保证了各部门之间的信息共享，打破了"信息孤岛"状态①；"互联网＋政务服务"建设使政务服务的数字化、智能化水平大大提升，线上服务突破了办事相关方的地点、时间限制，"数据多跑路"缩短了民众办理业务的等待时间，重塑了业务流程；数字平台使政府治理更加公开透明，相关政策通过线上传递直达基层，消除了信息壁垒，创新了政府组织结构，提升了公共服务质量，为解决政府的顽固问题和提高政府治理效率提供了新的视角和范式。另一方面，政府治理模式的数字化转型倒逼政治治理变革。数字技术的快速发展，要求政府部门改变传统的治理结构、治理方式和方法，推动组织结构、业务流程和行为关系的优化，实现政府治理的数字化转型。数字技术为政府内部管理、公共服务供给、政府规制和公共政策等方面的优化提供了技术赋权，它重塑了政府治理的环境、能力、结构、模式、绩效和文化，从而实现了政府治理范式的转变。②

数字政府建设应处理好三大关系。一是处理好中央和地方的关系。客观上要求中央和地方形成"一盘棋"、奏响"大合唱"。这就意味着中央和地方应统分结合、相互衔接、协同高效，推动一件件具体事项落到实处、取得实效，各部门同频共振，形成改革合力。二是处理好改革引领和数字赋能的关系。高效是数字政府建设成效的"显示器"。如果缺少强有力的改革举措，企业和群众需要办理的"一件事"很难跳出传统政务服务固有的窠臼，要充分发挥政务服务平台支撑作用，着力提升政务数据共享实效，持续加强新

---

① 贺晓宇、储德银：《政府治理数字化转型与城市创业活跃度提升》，《上海经济研究》2023 年第 9 期。

② 张占斌、孙飞：《改革开放 40 年：中国"放管服"改革的理论逻辑与实践探索》，《中国行政管理》2019 年第 8 期。

技术全流程应用等。三是处理好分步实施和远景目标的关系。数字政府建设需要久久为功，各地区各部门发展基础不同，面临的困难也不一样。针对政务服务发展不平衡、不充分等现实问题，制定了2024年和2027年两个时间节点分"两步走"的发展目标，由上而下推进，由点带面延伸，从而逐渐提升整体改革成效。

数字政府建设发展趋势。一是突出泛在可及，着力构建优质便捷的公共服务新模式。"坚持以人民为中心"是数字政府建设的出发点和落脚点。要坚持以人为本，坚持问题导向、需求导向和效果导向，围绕"打造泛在可及、智慧便捷、公平普惠的数字化服务体系"目标，用数字化理念、技术和手段破解企业和群众"急难愁盼"问题，着力提升公共服务数字化、智能化水平。让服务泛在可及，突破时空的束缚，通过构建全时在线、渠道多元、全国通办的一体化政务服务体系，让企业和群众随时随地享受到政府提供的服务。让服务智慧便捷，"智慧便捷"是指依托数字化手段，通过政务服务集成改革，打造"掌上办事"服务新模式，实现服务一站式集成、精准化直达、智慧化体验。让服务公平普惠，政府通过提供普惠性、兜底性服务，消除"数字鸿沟"，让老弱妇幼群体也能够通过数字化手段公平享受到政府提供的服务。二是突出整体智治，着力构建公平公正的新型执法监管机制。2021年中央经济工作会议强调，要"正确认识和把握资本的特性和行为规律"，"依法加强对资本的有效监管"，大力推行智慧监管，提升市场监管能力。要运用数字技术支撑手段构建新型监管机制，加强线上线下一体化监管和智慧监管，加快建立全方位、多层次、立体化监管体系，以有效监管维护公平竞争的市场秩序。强化一体监管，深化"互联网＋监管"改革，实现部门和地方监管类业务系统的一网集成，构建全方位、多层次、立体化的数字监管体系，推动政府监管领域全覆盖、多部门联合监管常态化，行政检查、行政处罚、行政强制等监管执法事项全程网办、无缝衔接、自动留痕。浙江省通过"互联网+监管"平台建设,形成横向到边、纵向到底的统一行政执法监管格局,实现省市县一线执法人员全覆盖。聚焦社会关注、群众关切的高频率、高需求、高综合监管事项,推行"综合查一次"组团执法,运用部门联合"双随机、一公开"和信用监管等机制,通过数字化再造监管流程,减少重复执法和扰民扰企。三是突出全域智慧,着力构建贯通一体的协同治理新体系。强化经济运行大数据监测分析,提升经济调节能力;推动数字化治理模式创新,提升社会管理能力;强化动态感知和立体防控,提升生态环境保护能力。运用云计算、大数据、物联网、人工智能等数字化手段,构建即时感知、科学决策、主动服务的新型政府治理形态,实现经济治理、生态保护、应急管理等领域的全过程可视可控,推动治理更加一体化、精准化。以数字化手段推动就业、产业、投资、消费、贸易、区域等经济治理领域数据的汇聚与连接,全面感知经济社会发展态势,对苗头性、倾向性问题及时预警预报,对经济发展趋势进行精准研判,深化"碳达峰碳中和"集成改革,推动社会生产方式、生活方式绿色化、低碳化发展。聚焦生态环境监测、山水林田湖草沙全要素生态治理、自然资源高效利用、耕地保护、生态价值转换等关键领域,以空间治理平台"一张图"为基础,强化动态感知和立体防控,构建全域感知、精准监管、高效协同的生态治理体系。四是突出效能变革,着力构建协同高效的政府运行新形态。坚持改革引领,以数字化改革助力政府职能转变,加快数字机关建设,对政府运行的体制机制、组织架构、方式流程、手段工具进行全方位系统性重塑,再造政府运行流程和治理模式,推动政府运行方式的数字化、智能化,进而提升政府行政执行能力、行政监督能力、辅助决策能力。集成即时通信、支撑组件、工作门户及政务应用等功能,纵向覆盖省市县乡村五级,横向联结党政机关、人民团体、企事业单位，高效支持重要工作指令"一键触达"、跨部门跨区域重大任务协作，推动政府组织从分散化向整体化、层级化向扁平化转变，显著提高政府多跨业务的协同效率。加强政务信息公开。推进政府网站集约化建设及功能升级，通过一体化在线政务服务平台，统一政策查询、民生服务窗口，实现政府信息"一网可查、一网可答、一网可办"。畅通新媒体政企民沟通渠道，动态在线收集民情民意民需，构建"群众提、政协商、部门研、人大定、政府办、群众评"的全流程量化闭环机制。建立健全大数据辅助决策机制，加强无感监测、机器视觉、语义理解、语音识别、算法模型等辅助决策新技术应用，有效提升政府决策预警能力、预测能力和战略目标管理能力。五是突出数据驱动，着力构建一体智能的数字政府建设新底座。数据资源、平台支撑、安全保障是数字政府体系的重要支撑。按照"四横四纵"整体架构，建设省、市、县三级一体化智能化公共数据平台，推进政务数据、应用、组件、算力等数字资源高质量供给、高效率配置和安全稳定运行。加强基础资源集约建设，实现省、市、县乡四级行政机构全覆盖，有效保障政务外网全面互联互通。加快数据资源共享开放，实现各行业各领域系统互联互通和数据共享汇流，推动公共数据精准、高效、权威共享。

（3）法治型政府。紧紧围绕深入推进依法行政加快转变政府职能。各级政府作为国家权力机关的执行机关，承担着实施法律法规的重要职责，必须坚持依法行政，推进法治政府建设，让权力在阳光下运行。这就要求加快转变政府职能，推进机构、职能、权限、程序、责任法定化，推进各级政府事权规范化、法律化，强化对行政权力的制约和监督，进一步提高政府工作人员依法行政能力，做到法定职责必须为、法无授权不可为，坚决纠正不作为、乱作为，坚决克服懒政、怠政，确保政府各项工作在法治轨道上全面推进。

在中国语境中，法治政府的政府职责体系蕴含着多重价值内涵。

第一，依法全面履行政府职能。强调政府要依法履职，各级政府要"严格依照法定权限、规则、程序行使权力、履行职责"，做到法定职责必须为、法无授权不可为、法定职权职责依法为。严格依法行政，切实履行职责，该管的事一定要管好、管到位，该放的权一定要放足、放到位，坚决克服政府职能错位、越位、缺位现象。强调政府要全面履职，现代法治政府应当深化行政审批制度改革，简政放权，大力推行权力清单、责任清单、负面清单制度并实行动态管理，理顺政府与市场、政府与社会的关系，优化政府组织结构，切实转变政府职能。强调政府要积极履职，法治政府不是机械地依法办事，不是"消极政府"，而是蕴含着服务政府、便民政府、高效政府等多个维度。即在法律规定范围内，保持政府与市场、社会的合理边界，行使职责，践行"有限政府"。在法定职责体系下积极作为，满足公众需求，践行"有为政府"[1]。

第二，完善依法行政制度体系。依法行政是各级政府活动的基本准则，也是法治政府建设最重要最基本的要求。强调依法行政制度的全面性。习近平总书记指出，"要把国家各项事业和各项工作纳入法制轨道……实现国家和社会生活制度化、法制化"[2]。强调依法行政制度的系统性，构建系统完备、科学规范、运行有效的依法行政制度体系，使政府管理各方面制度更加成熟更加定型，为建设社会主义市场经济、民主政治、先进文化、和谐社会、生态文明，促进人的全面发展，提供有力制度保障。强调通过多种举措提高行政立法质量，依法行政不仅指依法执法，还包括依法制定行政法规、规章和规范性文件等，行政立法质量直接影响法治政府建设，

---

[1] 石佑启：《以转变政府职能为纲推进法治政府建设》，《学术研究》2019年第10期。
[2] 习近平：《在首都各界纪念现行宪法公布施行30周年大会上的讲话》，人民出版社2012年版，第8页。

必须重视行政立法的民主性、科学性问题,如完善政府立法体制机制、加强重点领域政府立法、提高政府立法公众参与度、加强规范性文件监督管理及建立行政法规、规章和规范性文件清理长效机制。

第三,推进行政决策科学化、民主化、法治化。行政决策是行政过程的起点,行政决策科学民主合法,是法治政府建设的衡量标准之一。严格健全依法决策机制,构建决策科学、执行坚决、监督有力的权力运行机制,完善重大行政决策程序制度,明确决策主体、事项范围、法定程序、法律责任,规范决策流程,强化决策法定程序的刚性约束。提升决策质量,增强公众参与实效、提高专家论证风险评估质量、加强合法性审查、坚持集体讨论决定等。严格决策责任追究,决策机关应当跟踪决策执行情况和实施效果,根据实际需要进行重大行政决策后评估。违法决策、不当决策、拖延决策直接影响行政决策公信力和执行力,从而阻碍法治政府建设进程,因而应当严格落实决策法定程序、提高决策质量、保证决策效率,推进行政决策科学化、民主化、法治化。

第四,坚持严格规范公正文明执法,公正执法。合法行使自由裁量权,维护社会公平正义,保护行政相对人合法权益。习近平总书记对坚持严格规范公正文明执法的重要论述分三个层次。一是深化行政执法体制改革,合理配置执法力量,整合行政执法队伍,继续探索实行跨领域跨部门综合执法,推动执法重心下移,提高行政执法能力水平。二是全面贯彻严格规范公正文明执法,行政机关是执法主体,要带头严格执法。"要严格执法资质、完善执法程序,建立健全行政裁量权基准制度,确保法律公正、有效实施。"三是加强行政执法保障。推动形成全社会支持行政执法机关依法履职的氛围。对妨碍行政机关正常工作秩序、阻碍行政执法人员依法履责的违法行为,坚决依法处理,不得让行政执法人员做不符合法律规定的事情。

第五，强化对政府职责的监督。权力是一把双刃剑，在法治轨道上行使可以造福人民，在法律之外行使则必然祸害国家和人民。一是健全权力运行制约和监督体系，有权必有责，用权受监督，失职要问责，违法要追究，保证人民赋予的权力始终用来为人民谋利益。二是加强对政府内部权力的制约，改进上级机关对下级机关的监督，建立常态化监督制度，完善纠错问责机制，健全责令公开道歉、停职检查、引咎辞职、责令辞职、罢免等问责方式和程序。完善审计制度，保障依法独立行使审计监督权。三是增强监督合力和实效，要加强党内监督、人大监督、民主监督、行政监督、司法监督、审计监督、社会监督、舆论监督，努力形成科学有效的权力运行和监督体系，增强监督合力和实效。四是全面推进政务公开。要推进权力运行公开化、规范化，完善党务公开、政务公开、司法公开和各领域办事公开制度，让人民监督权力，让权力在阳光下运行，践行"责任政府""廉洁政府"。

第二节 推动社会组织参与城市基层社会治理

一 社会组织

社会组织被联合国定义为在地方、国际或国际级别上组织起来的非营利性、自愿发起的公民组织。在中国是指脱离于政府体制部门之外的人们以特定的兴趣爱好和共同目标组建的有规范章程的合法合规社会群体，主要包括具有非营利性、志愿性、公益性等特征的社会团体、基金会和民办非企业单位等。

2021年7月发布的《中共中央 国务院关于加强基层治理体系和治理能力现代化建设的意见》明确指出，"基层治理是国家治理的基石，统筹推进乡镇（街道）和城乡社区治理，是实现国家治理体系和治理能力现代化的基础工程",“十四五"规划更是将"发挥群团组织和社会组织在社会治理中的作用,畅通和规范市场主体、新社会阶层、社会工作者和志愿者等参与社会治理的途径"作为国家城市基层社会治理的远景目标之一。

"基层强则国家强,基层安则天下安。"城市基层社会治理通过治理主体、治理方式等的创新,努力构建共建共治共享的基层社会治理共同体,实现城乡社区的协调发展,社会组织在此过程中,凭借其公益性、灵活性、自愿性与民间性等特点,逐渐成为推动社会各阶层交流互动、构建城市基层社会治理共同体的关键节点。

二 社会组织参与城市基层治理中的理论视角

(一)利益相关者理论视角

该理论最早由弗里曼(Freeman)提出,其主张"与社会组织发展联系紧密的一切个体及团体"均与社会组织的发展绩效相关,满足其各方的利益诉求、平衡其各方的现实冲突是社会组织实现发展目标的前提。米切尔(Mitchell)基于上述理论针对利益相关者进行整合并将其划分为三类,分别是确定型利益相关者、预期型利益相关者和潜在型利益相关者,第一种是指集"合法性""紧迫性""权力性"三点于一身的利益主体,第二种是具备其中两点的利益相关者,第三种则是仅具备其中一点的利益相关者。该理论指出利益相关者对于参与城市基层社会治理有着共同的演进逻辑:从"影响"到"参与"再到"共同治理"[①]。城市基层社会治理并非政府单方面职责,离不开社会各界的共同参与,社会组织凭借其社会力量,无疑是城市基层社会治理的"确定型利益相关者"。社会组

---

① 王身余:《从"影响"、"参与"到"共同治理"——利益相关者理论发展的历史跨越及其启示》,《湘潭大学学报》(哲学社会科学版)2008年第6期。

织参与城市基层社会治理,既是权利,也是义务;既是治理趋势,也是现实需要。多方利益主体共存的异质化公共社会中,彼此之间既有合作也有资源竞争,社会组织在参与城市基层社会之中,应求同存异,实现多元主体间的良性互动,不断明确社会组织的治理主体地位,促使其由"被治"走向"共治"①。

(二) 网络治理理论视角

该理论是"共治"理念下的产物,索伦森(Sørensen)认为,在利益相关者之间建立一套完善的治理网络,明确治理主体的责任与义务,通过法律法规与社会规范将其分工制度化、灵活化与系统化,构建国家治理格局。该理论主张多元主体平等共治,倡导民主化的治理模式与多中心治理结构,实现治理主体端点化、治理路径模式化、治理责任均等化,是一套自上而下的科层制治理方式。由于社会组织的治理手段存在失灵的风险与不确定性,网络治理理论认为复杂情景背后势必存在复杂的潜在资源,如果将其全部纳入治理网络,将会形成巨大的城市基层社会治理的合力。社会组织具有防止政府市场失灵的低成本优势,在满足各方诉求、增进社会凝聚力方面发挥着重要作用,不仅辅助政府承担了一部分公共服务职能,最大限度释放社会力量,还在一定程度上激发了市场活力,是"政府—市场—社会"三元框架中不可或缺的关键纽带。

(三) 元治理理论视角

元治理又称"治理的治理",在鼓励社会组织参与治理的同时强调国家的核心地位。"掌舵、效益、资源、民主、责任、合法性"是元治理理论的六个关键词,"纵横结合""一核多元""软硬兼施"是其三大特征,该理论主张权力下放的过程中各方权力职责的

---

① 黄家亮、刘伟俊:《社会组织参与基层社会治理:理论视角与实践反思》,《杭州师范大学学报》(社会科学版)2022年第4期。

平衡，旨在寻求国家治理与社会治理的最佳结合点。在城市基层社会治理中，治理主体多元化、治理过程民主化、治理体系横向化，从而忽略了治理的整体性，落入过分强调分权的"陷阱"。社会治理具有"善政"和"善治"两面，前者是由党和政府主导，后者是由社会力量主导。善治被日益重视的同时，善政也在不断发展和完善。因此，该理论强调社会组织参与城市基层社会治理坚持党的领导，发挥党的"领路人"作用，以良好的制度设计优化监管策略与制约机制，在实践中激发社会组织的公益性、服务性与互助性，坚定在基层社会治理中政治方向和时代发展方向。①

（四）数字治理理论视角

卡斯特（Castell）将数字技术引入城市基层社会治理之中，进而提出数字治理理论。该理论具有"以问题为中心设定治理目标""高效参与不同部门的跨界合作""灵活运用信息技术""重视整合与协同运作"四大特点②，强调社会组织应当充分利用信息技术，以信息技术为基础、以网络治理结构为支撑，向公众提供智能化、便捷化的公共服务，推动城市基层社会治理民主化、科学化，简化政务手续，增强治理主体的透明性与回应性，实现治理方式创新。数字技术是一把双刃剑，一方面，当今社会高速的信息流通，使得每个人都成为信息接收与输出的节点，虚拟世界对现实世界的"强曝光"使社会组织的一言一行都备受关注。例如，极端事件将会在短时间内通过网络迅速传播，触发网络敏感神经，形成不当言论。另一方面，基于数字治理理论，合理利用信息技术，在扁平化的网

---

① 郑杭生、邵占鹏：《治理理论的适用性、本土化与国际化》，《社会学评论》2015年第2期。

② 翁士洪：《数字时代治理理论——西方政府治理的新回应及其启示》，《经济社会体制比较》2019年第4期。

络治理结构中，充分发挥信息技术的效能①，社会组织参与城市基层社会治理的过程中，实时共享沟通信息，极大地提高资源配置效率，向社会提供更优质的公共服务。

（五）多维理论视角

上述四种理论从多维度剖析了社会组织参与城市基层社会治理的内在逻辑，具体而言，利益相关者理论从整体性视角出发，表明社会组织参与城市基层社会治理的合理性，强调社会组织承担社会治理职能的可行性。网络治理理论凭借扁平化的治理模式，明晰了社会组织参与城市基层社会治理的职责与义务，指出其灵活性与公益性的治理优势。元治理理论通过"纵横结合""一核多元""软硬兼施"的行动策略，确保了社会组织参与基层社会治理方向上的正确性，并为其政策激励和权力规制问题的解决提供了思路。数字治理理论基于新时代背景，为社会组织参与城市基层社会治理提供了新的治理工具，有利于大幅提高公共服务供给质量与水平。多维理论视角则是综合上述理论，从整体性视角出发，结合时代背景深入考察社会组织参与城市基层社会治理的困境与发展路径。

三 社会组织参与城市基层治理中的矛盾

社会组织在党中央的领导下发展迅速，《民办非企业单位登记管理暂行条例》和《基金会管理条例》的相继出台，有力推动了中国社会组织的发展。2005 年底，全国共有社会组织 32 万个，而据《社会组织蓝皮书：中国社会组织报告（2023）》显示，截至 2022 年底，中国共有 89.13 万个社会组织，其中社会团体 37.01 万个、民办非企业单位 51.19 万个、基金会共 9319 个。随着社会组

---

① 黄家亮：《社会治理既要有"力度"更要有"温度"》，《中国党政干部论坛》2018 年第 9 期。

织力量的发展壮大，整合了社会资源，积极广泛参与城市基层社会治理议题，涉及医疗社保、环境保护、乡村建设、扶危济困等多个社会领域，社会组织不仅有效弥补了政府失灵，还充分释放了社会善意、动员了社会力量、回应了社会需求、降低了社会沟通成本。既是社会政策的"沟通者"和社会资源的"链接者"，又是治理活动的"承载者"和治理评估的"参与者"。[1] 在很大程度上起到了表达利益诉求、调和社会矛盾，提供公共服务、推动社会福利，整合社会资源、促进社会参与，强化民主监督、完善民主决策的作用，社会组织在参与城市基层社会治理中呈现出规模化、制度化、国际化、数字化、专业化和透明化的发展趋势。

尽管社会组织在参与城市基层社会治理中的作用凸显，但受历史观念、制度发展等的限制，社会组织的发展水平还不够成熟，依然存在以下发展矛盾。

（一）社会组织发展迅速与制度支撑不足之间的矛盾

社会组织因其功能多元、形态灵活，吸引了广泛群众的参与，然而社会组织参与城市基层社会治理仍尚未建立系统的战略规划，使得治理效果协调性不足、覆盖面不广、关联度不高，与"共同治理"的目标仍有较大距离。

一是社会组织在国家治理体系中的地位尚不明确。厘清政府、市场与社会三系统之间的职责，在合理分工的基础上实现城市基层社会治理的良善法治。[2] 以公共产品为例，政府应当以完善社会福利与救助等相关社会保障制度为主，旨在为社会公众提供基础性、普遍性的公共产品；而社会组织则应在政府提供的基础性服务外，

---

[1] 章晓乐、任嘉威：《治理共同体视域下社会组织参与农村社会治理的困境和出路》，《南京社会科学》2021年第10期。

[2] 陈友华、詹国辉：《中国社会组织发展：现状、问题与抉择》，《新视野》2020年第5期。

从政策难以触及的"角落"中入手，做补充性公共产品服务。

二是政府扶持力度有待加强。《民政部关于大力培育发展社区社会组织的意见》《培育发展社区社会组织专项行动方案（2021—2023年）》等文件的制定，表明社会力量的壮大引起了国家的重视，印证了国家发展城市基层社会组织的决心。以北京市政府疫情后"复工复产"的支持政策为例，政府政策的制定多倾向于企业和个人，而针对社会组织的支持相对较少，仅在《民政部办公厅关于调整优化有关监管措施支持全国性社会组织有效应对疫情平稳健康运行的通知》和《关于北京市社会组织申报2020年中央财政支持社会服务项目工作的通知》中提及了政府对社会组织的资助与税费减免事项。

三是监管体制亟须完善。简政放权，给予了社会组织更多权力与自主空间，降低了社会组织参与城市基层社会治理的门槛，在细则上加强了事中事后监管，但并未改变其监管主体、方式单一的局面。一方面，当地的民政部门的社会组织管理局主要负责对社会组织的监管，而来自第三方监管机构与社会公众的监督力度较为薄弱。另一方面，监管手段创新不足，现有对社会组织的监管方式更多以规范、清理、整治、打击等硬性惩罚措施为主，说服、教育、表扬等柔性激励手段则鲜少涉及。

（二）社会治理新要求与合作机制不完善之间的矛盾

城市基层社会治理最基本的两个要求：一是畅通社会各方利益诉求机制，合理化解社会矛盾与冲突；二是满足社会各方的公共需求，保障群众基本生活生存权利。进入新时代，社会主要矛盾发生转变，人民群众对于美好生活的需求变得多样化，但"政府—企业—社会"治理主体的合作机制尚未建立，社会组织难以解决人民群众对于城市基层社会治理不断提出的新诉求。

一是合作意识不强。一方面，政府与社会组织缺乏沟通，对社会组织的具体工作了解不深，社会组织对于政府下发文件的具体条款理解不足，双方仅在部分场合有所交涉，信息不对称，导致合作治理的效率低下。另一方面，社会组织内部存在"各自为战"现象，某一项服务的社会组织之间也缺乏相应的治理经验交流沟通，难以形成一条完善的治理链，城市基层社会治理水平低下。

二是职责边界不清。在参与城市基层社会治理的过程中，由于政府与社会组织之间缺乏信任机制，政府对于社会组织的治理能力既支持又质疑。在这种矛盾下，政府虽下放权力，通过购买一定的公共服务转移至有能力的社会组织，但对于其治理能力与服务质量又存在质疑。内心"想放又不敢放"的矛盾使得在实践中表现出分权不清，双方职责不明确，导致缺位、越位、错位现象频出。

三是信息交流不畅。随着数字时代的到来、信息技术的引入，中国城市基层社会治理正经历线下政务治理到数字智慧治理的转型，特别是当前基层社区层级日益复杂，难以实现信息共享，大数据平台的出现弥补了此项不足，在城市基层社会治理中的作用日益明显，治理主体积极探索信息技术与城市基层社会治理的结合方式，不断创新治理模式。但依然存在数据平台不统一、信息实时共享机制不健全等现象，社会治理可能存在一定的盲目性。

（三）公共需求扩张与社会组织服务能力不足之间的矛盾

社会组织既要扮演政府的"减负者"，又要成为社会公众的"服务者"，甚至还承担着政府与社会之间"黏合剂"的职责。简单来说，社会组织不仅要为政府分担部分治理职责，补充性地为公众提供高质量公共服务与公共产品，还需要整合社会资源、动员社会力量与反馈社会心声。但现实中，社会组织常因自身能力不足、权力受限等，导致治理效果不理想，背离政府预期与群众需求。

一是内部治理机制不成熟。外部数量扩张仅能反映社会组织蓬勃发展的态势与国家政策支持，内部治理机制的健全才是衡量社会组织成熟的重要标志。高质量发展阶段不仅要求经济高质量发展，社会组织的发展也不应过度追求速度，过快的发展速度带来较低的发展水平，更应注重社会组织的内部治理质量。现阶段，中国的社会组织数量较多，但起步较晚、规模较小、运营年份较短，仍属新生力量，真正为社会治理赋能、发挥社会治理效应的更是凤毛麟角。① 当下众多小型社会组织人员较少、结构简单，在其治理内部难以形成民主化、科学化的决策机制，不合理的权力配置造成内部监管不完善，恶性循环导致其城市基层社会治理的服务质量与服务效率低下。

二是社会认同度不高。在中国，社会组织广大村民对社会组织的认可度与信任度不高，对其地位了解甚微，甚至有些村民根本不知道社会组织的存在，因此缺乏群众基础，使得社会组织的存在和发展空间大打折扣。② 此外，社会组织与政府是密切相关的，受政府"行政吸纳社会"策略的影响，社会组织的任何行动都是依附在政府的政策之下③，其服务的开展并非"自力更生"，通过向政府部门靠拢获取更多的体制资源，使得社会工作对社会组织的产品与服务缺乏深入清晰的了解，甚至与政府提供的服务混为一谈，权责分工不明确导致社会组织参与城市基层社会治理渠道有限，社会认同度不高。

三是专业人才匮乏。由于社会组织的薪资水平和职业前景远不如政府企业，社会地位和工作环境等方面都不具备优势，外加居民生活水平的提高，城市基层社区的需求也在横纵双向全面增长，对于社会组织工作人员的选取标准也有所拔高，其对高素质专业化人

---

① 万玲：《社会组织参与基层治理的动因、困境与实践路径——基于对 J 社区的观察与分析》，《领导科学》2022 年第 6 期。
② 张晓玉：《社会组织参与乡村治理的困境及路径分析》，《农业经济》2023 年第 12 期。
③ 康晓光、张哲：《行政吸纳社会的"新边疆"——以北京市慈善生态系统为例》，《南通大学学报》（社会科学版）2020 年第 2 期。

才的吸引能力也呈现劣势，甚至面临人才流失的困境。专业人才的缺失制约了社会组织的健康发展，社会组织的难以为继又导致对人才的吸引力降低，从而陷入恶性循环。①

四　社会组织参与城市基层治理中的路径

解决社会组织参与城市基层社会治理的发展矛盾，破解现实困境，公共政策的设计、执行与评估要与时俱进，适应时代发展的新趋势，社会组织也应积极调整自身运作模式，拓展与外部利益者的联系，适应经济发展与社会环境的变革。因此，社会组织应在制度环境、行动策略与治理工具三个角度完善城市基层治理模式。

（一）推进社会组织嵌入基层社会共治网络

基于利益相关者与网络治理理论，社会组织应考虑多方主体利益，拓宽表达诉求的渠道，提升参与基层治理成效。参与城市基层治理离不开各种社会组织的广泛参与、完备的组织结构及与群众的充分交流、相互信任，政府应为社会组织提供完善的制度环境、良好的动员激励机制，焕发社会组织的时代魅力。

一是简政放权，积极转变政府职能。利益相关者的异质性对于组织会产生不同的影响效果，社会组织因自身的特殊性质，具备与政府市场的特殊功效，是城市基层社会治理不可或缺的关键节点。政府应下放部分治理权力，赋予社会组织更广泛的独立自主权，强化社会组织整合社会资源、协调社会冲突、弥补政府失灵、宣传治理政策等作用，激发社会组织的枢纽作用，动员社区与村民积极参与城市基层社会治理，形成包含物质利益与精神需求在内的利益共同体，寻求更广泛的价值认同。

---

① 何荣山、杨易川：《区域一体化过程中社会组织的发展模式创新——以成渝双城经济圈社会组织的发展为例》，《中南民族大学学报》（人文社会科学版）2023年第11期。

二是完善相关法律，健全法律法规。政府应完善相关政策法规，保证社会组织参与城市基层社会治理的正当性与合法性，通过建立多种激励政策鼓励其积极参与社会治理，保证社会组织的主体性与积极性，提高公共资源的使用效率。例如，根据国务院出台的相关政府向社会组织购买服务的文件，举行数量众多、规模庞大的公益性"广交会"。同时，制定一系列符合时代发展的扶持政策，加大政府、企业与社会组织的交流力度，为社会组织积极参与城市基层社会治理营造一个健全的法治环境与良好的社会氛围，保障社会组织参与的正当性、权威性与主动性。

三是创新监管方式，改革管理体制。立足网络治理理论，广泛引进并充分利用信息技术，创建政府牵头、社会组织参与的统一资源信息共享平台，畅通信息沟通渠道，建立以政府监督为核心、自我监督为主、第三方监督为辅的城市基层社会监督网络，完善社会各界监督机制，拓宽监管权力，加大事前事中事后监管方式，确保在不破坏社会组织参与城市治理的积极性与自愿性的前提下，其治理权力在"阳光"下运行，提升补充性公共产品与服务的质量。

四是实施分类管理，建立分类体系。由于社会组织类型多样性、内部功能多样化，使得其在城市基层治理中扮演的角色、发挥的功效也有差异，因此应更加注重政府针对社会组织分类化的治理策略，若采取"一刀切"方式，将会造成政府与市场资源配置浪费。基于类型、规模与功能的不同社会组织应实行不同的管理方式，大力扶持基层自治类、文体娱乐类等社会组织的发展，从制度上打破统一的规则壁垒，通过分类化的规则协同降低政策实施效果上的差异。

（二）下沉治理资源，延伸社会组织的基层服务触角

社会治理的重心在于城乡社区。社会组织参与城市基层治理的根本目的，是切实解决好人民群众的操心事、烦心事，满足人民群

众日益增长的多元化的美好生活需要。这应从以下三点着手。

一是扎根基层，明确定位。社会组织产生于民间，集合了来自政府、市场与社会公众的大量资源，具有不可替代性，自身所拥有的多样化资源渠道与强大的资源再分配能力，凭借其灵活性与多样化特性明确其基层治理的权责边界，防止组织功能异化。社会组织在参与城市基层治理的过程中，应以人民为中心，明确自身职责，扎根基层、回馈基层，提升基层治理能力，拓宽社会治理领域，促进公共服务的细致化、专业化，提升社会组织公信度，增强社会组织认可力。

二是优化内部治理能力。健全的内部治理结构是社会组织提供高质量公共产品与服务的基本保障，社会组织应根据自身类别、规模、功能等现实情况，在组织内部制定一套自上而下具体的组织章程，采取"决策—执行—监管—评估"的分权分工机制，明确各组织各部门的职责与义务，各司其职。同时，社会组织应完善行业规范，制定立体化长远化的发展规划，并将财务信息以报告形式定期向社会进行披露，保障社会工作的知情权与监督权，完善行业规范，强化内部治理机制。

三是培养治理专业人才。在人才培养方面，社会组织内部对于管理岗到基层服务岗的招聘应严格把控，社会工作者皆应通过职业技能考试，具备职业证书；加大投入培训力度，定期接受专业技能培训，完善社会工作人才培养的职业制度体系，并在组织内部设立一套完整的考核制度，增强社会组织人才的荣誉感；在人才吸纳方面，社会组织应积极与各高校对接，建立长期稳定的人才传输机制；而面对社会工作参与者人才流失问题，成立专业性较强的社会组织，引导社会精英与高质量人才积极参与城市基层治理，改善社会工作人才的瓶颈问题。

（三）明确治理核心，构建党建引领的融合共治模式

基于元治理理论，结合新时代发展实际，坚持实施"一核多元"的城市基层治理模式。即治理结构是多中心的，党和政府必须保持自身对社会组织的治理管理权与调控权，简言之，社会组织参与城市基层治理，必须坚持党的领导，合作共赢。

一是强化基层党委的党建引领功能。坚持党的领导，引领社会组织、自治组织等，打破行政壁垒，实现组织内部人员下沉、资源下沉与服务下沉，加强党建工作，始终坚信"工作开展到哪里支部工作就要覆盖到哪里，党员走到哪里教育管理监督就要跟进到哪里"，坚持重心下移，进一步理顺体制、完善机制、强化监督，不断净化社会组织政治生态、营造风清气正的社会环境。发挥党委"一线指挥部"的统领作用，为社会组织参与城市基层治理制定整体规划、提供方向引领与强力保障，确保社会组织有序参与。鼓励支持社会组织运用"一讲两坛三会"、报刊网络等载体，围绕经济社会发展和民生等重点难点问题，深入研究，建言献策，发挥担当表率作用。

二是完善社会组织内部的党政建设。加强新经济组织、新社会组织、新就业群体党的建设，在社会组织内部积极开展党内教育，规范党组织生活，紧密结合社会组织实际落实"三会一课"、组织生活会、民主评议党员等制度，聚焦主责主业、内部治理、项目活动等重点工作，真正实起来、见成效。建立政府、企业、社会组织与人民群众四部门之间互动的党建格局，破除领域、层级、单位、系统、链条间的阻隔，推动社会组织与上级政府及城市基层间的优势互补。完善基层党建协商机制，以政府为中心，多方主体协商共治，把基层党建融入基层社会治理的各个方面、各个环节。同时，积极宣传和执行党的路线方针政策，在领导工会、共青团等群团组织上用力，在教育管理党员、引领服务群众、推动事业发展上用

力，切实把广大人民群众组织起来、凝聚起来，增强内部堡垒的战斗力和组织力。

三是把握发展规律，推动党建机制创新。构建党政引领机制，加强党的廉政教育，促进政府与社会组织合作治理共识，民主协商，提高治理效率。注重党内激励驱动机制，鼓励社会组织深度参与党建活动，推动社会组织内部党组织建设，如表彰、评优评先、授予荣誉称号等。立足元治理理论与网络治理理论，构建网络整合机制，凭借数字技术，依托党建网络构建跨组织协同机制，以社区为单位建立共治共享平台，激发城市基层社区治理合力。如湖南长沙咸嘉湖街道社会组织坚持党建引领，组建网格共治合作社，积极参与城市基层治理。[1] 以党组织引领社会组织调动人民群众自治的积极性与主动性，党员牵头建立群众网络自治组织，实现自我管理、自我教育。

（四）借力智慧平台，创新多元治理主体合作机制

数字治理理论将城市基层治理理念与信息技术结合，以技术创新驱动基层治理实践的发展，推动城市基层治理扁平化，加强治理网络的分权化。智慧治理实现基层数字治理与网络治理融合[2]，凭借数字技术搭建大数据平台，科学整合各种社会资源，充分调动全社会的力量，探索多元化的社会治理机制，实现政府、市场、社会组织三者之间信息的实时共享，推动社会组织城市基层社会治理创新。

一是加强政社沟通，发挥纽带作用。在基层社会治理中，考虑到多元主体间的利益需求差异，治理者往往顾此失彼。社会组织作为政府与群众之间的桥梁与纽带，上承政府机关，下接基层群众，

---

[1] 黄晓春：《党建引领下的当代中国社会治理创新》，《中国社会科学》2021年第6期。
[2] 颜佳华、王张华：《数字治理、数据治理、智能治理与智慧治理概念及其关系辨析》，《湘潭大学学报》（哲学社会科学版）2019年第5期。

源于社区、扎根社区、服务社区。"帕累托最优"理论认为，资源共享和资源互补是组织之间合作的动力，政府与社会组织建立合作伙伴关系则是整合双方独特资源和优势力量解决复杂问题的有效方式。社会组织应凭借其得天独厚的治理优势，在参与基层治理时，应与政府优势互补、良性互动，借助网络大数据平台，实时向基层百姓传达党政行政动态与政策规划，向政府实时反馈人民群众的利益诉求，建立新型伙伴关系，推动社会治理共同体。

二是挖掘数据价值，提供动态精准服务。构建多中心、开放型的网络治理结构，数智赋能下的社会治理结构引导社会组织、数据开发利用的商业机构共同参与社会治理，向政社协作、政企联动、政民互动的社会治理联动机制发展。互联网大数据平台的建立将城市基层社会的每个群体、个体进行"信息化"转码，并将其存储于网络之中，为治理者及时掌握信息提供便利。与此同时，社会组织利用庞大的大数据网络，在提供公共服务时精准掌控需求群体，提供及时性、准确性服务，实时跟踪受服务群体。

三是构建智慧社区，构建靶向治理模式。"社区、社会组织、社会工作者、社会资源和社区自治组织"五社联动基于平等原则，利用专业方法进行协作互动，下传政府政策，上传群众诉求，满足社区居民多样化需求，实现城市基层善治。互联网技术将政企提供的公共资源呈现于网络之上，信息的透明化推动了社会组织间的良性互动、竞争与监管，帮助形成"资源整合、多方参与、自由竞争、共同治理、监管健全、服务优化"的基层社会治理格局，构建基层服务网络，打造智慧社区。同时，应用区块链技术形成一个共享、开放的"块数据池"，集聚形成点、条、面数据，精准靶向"社情民意"，提前挖掘民众的隐性公共服务需求，从根本上解决数据独立运行、分散管理问题，破解传统社会治理中政府部门间的数据烟囱、信息孤岛等难题，实现社会治理从"粗放管理"模式转向

"靶向治理"模式。

第三节 提升公众参与城市基层社会治理能力

群众既是基层社会治理的参与者，也是基层社会治理的受益者，公众的广泛参与是基层治理的动力源泉，离开了公众的有序参与，基层治理体系就失去了反馈机制，其效果评估就失去了客观标准，在基层治理过程中，应充分体现人民群众的主体地位，发挥人民群众的主体作用，推动建设人人有责、人人尽责、人人享有的社会治理共同体，是国家城市基层治理的改革目标。

一 公众参与城市基层治理的历史背景与执政意义

从古至今，人民群众通过挖掘调动自身力量为构建美好理想家园付出努力，无论是中国古代乡村治理还是古希腊城邦自治模式，都是人民参与基层自治的初步尝试。但以理论形式总结公众参与城市基层治理的相关研究，始于现代西方的公共政策理论，该理论将公众参与基层治理与西方民主观连接起来，并让治理者有意识地运用技术手段让公众参与城市基层治理并提供有效的理论指导。

公众参与城市基层治理伴随着改革开放的伟大成就逐步实现从理论到实践、从自发到顶层设计的制度化、法制化历史转变，大致可分为两个阶段，分别是社会管理与社会治理。2004年9月，党的十六届四中全会首次提出"建立健全党委领导、政府负责、社会协同、公众参与的社会管理格局"，截至党的十八大，都将公众参与社会管理作为完善社会管理制度的重要指导方针。党的十八大报告进一步强调："加快形成党委领导、政府负责、社会协同、公众参与、法治保障的社会管理体制。"党的十六届四中全会到党的十八大这一阶段的社会管理仍以政府为主，公众参与社会管理仍处于附属地位。但随着时代的发展，原有的社会管理理念、模式不符合时代发展需要，党的十八届三中全会首次将中国改革的总目标定位于"完善和发展中国特色社会主义制度，推进国家治理体系和治理能力的现代化"。自此，"社会管理"被"社会治理"所取代，二者虽一字之差，却是党参与基层治理执政理念的新飞跃，体现了国家治理体系的系统治理、依法治理、源头治理、综合施策，反映了对国家发展规律的深刻认识与精准把握。2015年10月，党的十八届五中全会再次提出："要加强和创新社会治理，完善党委领导、政府主导、社会协同、公众参与、法治保障的社会治理体制，推进社会治理精细化，构建全民共建共享的社会治理格局。"这是中国第一次系统阐述新时代社会治理的目标格局，指明了中国城市基层的治理方向，也是中国第一次明确了公众参与城市基层治理的价值所在，使城市基层社会治理模式由单一行政主体治理向多元主体共治转变，社会公众也由被动接受型客体向主动贡献型身份转变。[①] 党的十九大进一步提出"加强社会治理制度建设，完善党委领导、政府负责、社会协调、公众参与、法治保障的社会治理体制"，此次会议从打造共建共治共享的社会治理格局目标出发，重申公众参与城市基层社会治理的重要性。党的十九届四中全会又强调："必须加强和创新社会治理，完善党委领导、政府负责、民主协商、社会协同、公众参与、法治保障、科技支撑的社会治理体系，建设人人有责、人人尽责、人人享有的社会治理共同体。"逐渐完善群众参与城市基层治理的制度化渠道，推动社会治理的重心向基层延伸。在总结以往城市基层社会治理经验的基础上，2021年4月中共中央正式印发《关于加强基层治理体系和治理能力现代化建设的意见》，

---

① 王大广：《公众参与基层社会治理的实践问题、机理分析与创新展望》，《教学与研究》2022年第4期。

提出用5年时间，建立起党组织统一领导、政府依法履责、各类组织积极协同、群众广泛参与，自治、法治、德治相结合的基层治理体系目标。从上述治理理念发展脉络中，调动公众参与城市基层社会治理积极性的主基调始终未变，自始至终围绕共建共治共享这一治理目标展开，既是对过去城市基层社会治理规律的精准把握，也是对未来城市基层社会治理的主动适应。

首先，公众参与城市基层社会治理是推进国家治理体系和治理能力现代化的应有之义。"基层强则国家强，基层安则天下安。"基层社会治理是国家治理的基础，与群众利益休戚相关。步入新时代，受信息化、网络化及全球化的影响，人民群众对生活环境、利益诉求等呈现出多样化、个性化趋势，对社会治理提出更高要求。党审时度势，于十八届三中全会创新性提出社会治理新方向，全面深化改革的总目标是完善和发展中国特色的社会主义制度，推进国家治理体系和治理能力现代化。这就表明要创新城市基层社会治理模式，改变政府单一治理现状，通过公众参与，形成政府、社会团体、公众等多元主体协商共治的良好局面。推动社会治理重心下移，有利于党和政府随时联系人民群众、了解人民群众、服务人民群众，切实为人民群众办实事，公众参与城市基层社会治理不仅帮助政府化解群众与政府之间难沟通窘境，还帮助政府缓解繁杂的社会管理压力，为政府建言献策，避免政府随意、盲目决策。

其次，公众参与城市基层社会治理是践行全过程人民民主的必然要求。谱写全过程人民民主发展恢宏篇章是中国式现代化的本质要求。习近平总书记指出，人民民主是一种全过程的民主，[①] 党的二十大报告再次指明"基层民主是全过程人民民主的重要体现"，必须"拓宽基层各类群体有序参与基层治理渠道，保障人民依法管

---

① 陆宇峰：《发展全过程人民民主》，《人民日报》2021年7月8日第9版。

理基层公共事务和公益事业",全过程人民民主坚持以人民为中心,以强调民主的真实性与有效性为根本,能够持续激发人民群众参与基层社会治理的内生动力,切实推动基层治理的制度、过程和政策有效呈现,回应和满足人民群众的美好生活需要,实现基层社会民主、秩序和效能等要素有机统一、协调发展,为基层治理现代化提供价值导引、强劲动力和重要保证。

最后,公众参与城市基层社会治理是提升人民幸福感的重要途径。公众能否参与城市基层社会治理,是衡量国家民主化进程的一个重要标准,也是保障人民利益的重要途径。当前城市基层社会治理实践中,形成了很多高效的治理经验,如"三治融合的'枫桥经验'""问计于民的12345热线""济南模式"等,均让公众以不同形式参与基层社会治理,让群众经历事前—事中—事后全过程,了解事前—事中—事后全部信息,增强了社会治理共同体的包容性、社会责任感,同时公众参与城市基层社会治理有利于公众直接充分表达自身需求,直击人民群众最关心的现实利益,更好地权衡公众的权利与义务、个人利益与集体利益,达成社会共识,减少社会冲突矛盾,实现长治久安,回应人民对美好政治生活的期待,确保人民群众与政府公共利益最大化,从而提升人民群众的幸福感、获得感与归属感。

二 公众参与城市基层治理的现实困境

尽管中国非常重视公众参与城市基层治理工作,也拥有了很多治理经验,开创了城市基层社会治理新模式,但依然存在参与意愿不强、参与渠道欠通畅、参与广度深度不够、参与效果不佳等治理问题。

(一) 参与意识不强

公众通过自下而上的信息传递渠道参与城市基层社会治理,既是公众的一项基本权利，也是一项基本义务，但由于人民群众的参与意愿不强，还存在一定的困境。从发展历史来看，中国经历了几千年的中央高度集权的封建专制统治，再加上新中国成立初期"计划经济"时期的全能政府管理模式。尽管改革开放以来，民主化观念不断深入人心，但由于长期以来强政府、弱社会的现状，普遍形成了依赖政府的惯性思维。[1] 从公众自身来看，参与主体范围狭窄，目前城市社区治理中的公众参与多是以居民个体为主，诸如企事业单位或驻区机关等参与较少。缺乏"公民精神"，缺乏主动参与性，导致部分公民不关注国家公共事务，存有事不关己高高挂起的心理，而且公众对社区的观念存在偏差，参与基层社会治理会占用公众较大时间精力，自身又不能从中直接受益，与公众的利益关联度较低[2]，于是便热衷于"作壁上观"。因此，公众参与意识较弱，使得参与度较低，多元治理主体缺失，造成公共事务中"公地悲剧"或"邻避效应"出现。

（二）参与渠道欠通畅

当前中国公众参与城市基层社会治理主要有三种渠道，但仍存在渠道不畅、亟须优化等问题。一是全国人民代表大会和政治协商会议。人民代表大会保证人民依法行使国家权力，政治协商会议是中国民主政治的独特形式，但由于没有形成收集民意的完整机制，二者在日常公共服务中效果并不显著，基层群众甚至不知道当地人大代表、政协委员是谁，难以向上反映困难及意愿。二是基层领导接待日、政府服务热线、信访、各类听证会、决策论证会等，其对于资讯类问题具有明显优势，极好地解决了公众疑惑，但对于处理

---

[1] 郝丽、王波：《我国公众参与基层社会治理的实现机制探究》，《理论学刊》2023年第1期。

[2] 王德新、李诗隽：《新时代公众参与的社会治理创新》，《哈尔滨工业大学学报》（社会科学版）2022年第2期。

基层矛盾与事项，需要层层审批上报，不仅浪费时间还效率低下。三是各类社会团体组织。非政府组织日益成为城市社区治理中不可或缺的主体，当前社会组织数量众多，导致一些自发性组成社会组织没有固定的机制模式，组织内部公众都是社区根据临时需求临时安排，缺乏治理经验与操作规范，因而没有得到政府等的扶持，使得部分公众只是一时志愿参与，无法长久发展。

（三）参与广度深度不够

公众参与城市基层社会治理的程度受两方面因素影响：一是对公共信息的获取程度。从信息不对称角度出发，政府与公众对于公共资源与信息占有是不对称的，政府相关部门通过新闻发布会、官方网站、政务服务网站等途径向公众发布信息，因此所提供的信息具有迟滞性，而面对政府发布的海量信息，公众获取信息的途径与时间是有限的，尤其是对公共事务事前—事中—事后的知情权也是有限的。二是公众参与的制度化保障程度。当前中国公众参与城市基层社会治理相关制度建设滞后于发展速度，甚至个别地区治理理念落后于硬件建设，理念的滞后限制了公众的积极参与，且没有明确规定公众参与的程序、程度、权利与义务，致使部分公众在参与城市基层社会治理时行为不规范、渠道不合法。由于上述因素，当前基层社会治理聚焦于医疗养老、文娱、垃圾分类等方面，而针对法规政策的制定、执行与监管、公共产品与服务的提供等公众参与利益性较低，公众参与城市基层社会治理的广度深度存在不足。

（四）参与效果不佳

公众参与城市基层社会治理开展过多项活动，但效果欠佳。一是部分公众自身受教育程度较低，对所参与的公共服务缺乏专业知识，而且当前部分社区的治理宣传工作仍采用传统手段，主要依靠法律咨询、法制讲座、文艺会演等方式进行，缺乏全面系统的引导，导致提出的建议合法性不足。二是公共事务部门工作开展不够细致规范，公众参与城市基层社会治理由多个环节组成，邀请专家是否匹配、公众是否真正表达其内心意见、如何将其传递给决策部门及决策部门面对多样化意见如何裁决、反馈等，均会影响公众参与效果。现实中，公众参与期望与参与结果之间存在较大鸿沟，公众参与小微事件等具有一定成效，但针对基层社会治理的社会矛盾化解、公共政策制定、生活环境优化等长远性的全局问题时，所发挥的效果较为有限，导致有价值的决策、管理和监督等参与行为较为匮乏，公众参与城市基层社会治理的效能并未实现最大化。

三 公众参与城市基层治理的推进路径

党的十八大以来，宏观层面社会治理体系逐步完善，社会治理强度不断提升，但在公众参与城市基层社会治理中还存在较大问题。坚持党建引领，是公民深度参与的前提与保障，只有不断完善公众参与城市基层治理的规范化渠道，不断健全公众参与城市基层社会治理的制度化机制，才能不断提升城市基层社会治理的效果。

（一）完善公众参与城市基层社会治理的利益机制

城市基层社会治理与公众利益息息相关，为完善公众参与城市基层社会治理利益机制，更好激发公众参与热情，积极开展公民参与城市基层社会治理的教育培训，引导公民参与社会实践，培育公民治理文化、塑造公民治理意识、完善公民治理制度，使公众参与城市基层治理的利益机制深入人心，可采取以下两种措施。

一是提升人民群众的幸福感获得感。党的十八大以来，党提出了"以人民为中心的发展思想"，城市基层社会治理应以人民为中心，人民立场是党和国家制定治理策略与治理目标的依据，始终坚持以提升人民群众的幸福感获得感作为衡量党和国家工作开展是否顺利的标准。党的十九届六中全会，基层社会治理从解决群众急难愁盼的实际问题入手，做精做细每一件小事，努力将学习成果转化为服务人民、创新治理的动力，始终坚持以改善人民生活、增加人民福祉作为一切工作的出发点与落脚点，不断满足人民日益增长的美好生活需要。"治国有常，利民为本"，坚持发展为了人民、发展依靠人民，不断激发人民群众参与城市基层社会治理的热情，共享治理成果，提升人民群众获得感与幸福感。

二是完善利益表达机制、利益监督机制、利益调节机制、利益保护机制。首先，针对利益表达机制，每个利益个体利用互联网、媒体、标语等广泛宣传社会主义核心价值观，培育公民精神，提升公民素养，营造良好氛围，完善利益表达渠道，鼓励人民群众通过恰当的方式表达利益诉求，为基层治理建言献策。同时，调动人大代表、政协委员联系群众的积极性，与所代表区域的群众，特别是农民阶级定期开展交流，及时征集民意，妥善处理政府与公众之间的关系。其次，健全利益监督机制，增强党员领导干部的监督意识、提升党员领导干部的监督质量、完善党员领导干部的利益反馈机制，调动第三方利益监督积极性。截至2023年6月，中国网民规模达10.79亿人，互联网普及率达76.4%。面对如此庞大的网民群体，充分利用信息化的数字技术，有针对性地提升网络监督能力，对城市基层社会治理的相关数据进行梳理归类，深度挖掘治理群众主体利益的诉求与偏好，提升参与基层社会治理的精准性与科学性。再次，健全利益调节机制，通过宣传教育帮助公众树立正确的价值观与治理观，帮助人民群众统筹个体利益与集体利益、短期利益与长期利益等，不断提升公众的治理理念，切保各项工作的开展合乎人民利益。最后，健全利益保护机制，让人民群众深度参与社会治理，坚持发展为了人民的治理理念，切实保护好人民群众的根本利益，将教育、医疗等公共服务的改革成果更多惠及人民群众，严厉打击危害人民群众利益的行为。

(二) 打造公众参与城市基层社会治理的决策机制

决策机制即政府公共决策机构，是公众参与城市基层社会治理的基本前提，完善的公众参与决策机制是保证公众参与治理效能顺利实现的坚实基础。构建公众参与基层社会治理的决策机制可从以下三方面着手：一是完善政府行政重大行政决策机制。重大行政决策程序是依法治国的重要体现，而决策质量的高低直接影响人民群众的切实利益，政府重大决策程序必须严格遵守公众参与、专家论证、竞争审查等环节，注重流程严谨、程序规范等问题，提升决策的科学性。二是完善决策征询的公开机制，强化公众参与治理的程序公开化、制度化、程序化建设。大力宣传公众治理的原则与目标、认真规范公众治理的内容与形式、建立健全公众治理的监督与评估，扩大重大决策公开制度的宣传力度，提升公众参与社会治理的参与度，优化专家咨询制度、公示制度与听证制度，确保决策咨询的效用最大化。三是拓宽公众参与基层治理渠道。搭建多元化协商平台，并以制度化的方式固定下来，有利于改变基层社会治理手段单一、资源匮乏的状况，进一步拓展群众参与的广度和深度。

(三) 建立公众参与城市基层社会治理的监督机制

监督机制是确保公众有效参与城市基层社会治理的外部动力，完善的内外部协同监督机制能够保障公众参与基层社会治理的有效性与有序性。一是积极引导公众进行民主监督。厘清权责范围，公开各项办事流程，完善基层群众信访举报制度、"两代表一委员"联系群众制度、舆论监督制度等，形成治理合力，拓宽民主监督渠道、创新民主监督模式，提升治理效能。二是鼓励公众依法监督。每个公民都是国家的主人，拥有政治权利，理应行使监督主体权利，对法律涉及范围内的活动进行合法监督，因此依规依法、按流程办事，让基层干部更习惯在"放大镜、聚光灯"下行使权力，也有效保障了基层群众的知情权、监督权，同时需要不断完善相关法律法规，对打压和报复公民行使监督权利的行为依法进行处决，切实保护公众的监督主体权利。三是保障公众进行舆论监督。舆论监督是指人民群众通过传播媒介对相关的公共权益、道德人物与事件等提出建议，网络化的舆论媒介加速了舆论传播的速度，具有新特点与新优势，但也可能破坏了舆论的真实性，因而要重视运用网络监督的规范性，推动网络监督的法制化，构建健全的全方位监督网络。

（四）构建公众参与城市基层社会治理的组织机制

坚持在党的领导下，健全党政、企业、社会组织与群众之间相互协作的治理体系，竭力打造公众参与城市基层社会治理的组织机制，发挥基层社会治理的制度优势与治理效能。一是发挥基层党组织的组织领导力。中国实现的两大历史性飞跃离不开党的领导，充分显示了党强劲的号召组织能力，党员作为优秀分子，对周围群众具有引领示范作用，有着很强的社会影响力。因此公众参与城市基层社会治理离不开基层党组织的引领，要健全基层党组织，加强党员队伍管理、完善党员管理制度，充分发挥党员带头模范与战斗堡垒作用。二是完善责任政府建设。健全行政问责制、首问责任制、服务承诺制、限时办结制等，不断完善责任政府建设，让基层政府切实扎根人民，做有为政府，向服务型政府转变。三是规范基层民主协商机制。增强民主协商意识，强化民主观念，让基层民主协商理念深入人心，格外针对农民的切身利益问题进行协商；推动基层民主协商制度不断完善，协调有序推进基层民主协商。四是优化社会协同机制。在基层党组织的统一领导下，完善社会协同的科学决策机制、信息共享机制、纠偏纠错机制、组织保障机制、资源保障机制、评估评价机制等。五是拓宽公民参与主体的范围。公民既是参与者，也是基层治理的受益者，要增强公众参与的主体意识，提升公众参与的主体能力，完善公众参与的反馈机制。六是健全基层群众自治制度。健全以职工代表大会为代表的民主管理制度，加强法制保障，推动政府依法行政、公民个人守法诚信、违法者承担法律责任等。

（五）健全公众参与城市基层社会治理的协调机制

在充分发挥治理主体多元性、治理过程协同性的基础上，健全公众参与城市基层社会治理的协调机制，就是要深化社会力量，健全公众参与城市基层社会治理的信息整合机制，及时发现人民群众的需求与建议，解决城市基层社会矛盾，提升公众参与社会治理的主动性与有效性。

一是建立信息整合平台。始终将顺民意、解民忧、惠民生作为公众参与城市基层社会治理的出发点与落脚点，在畅通线下参与渠道的同时，把大数据、人工智能等现代科技手段与基层社会治理深度融合，运用大数据平台对收集的信息进行整合，按解决类、咨询类、意见建议类等进行分类汇总，以便及时了解公众需求，解决公众难题。通过开发建设网上办公系统、专门应用程序等平台，形成微端融合、服务联动的智慧政务网，让群众通过手机、电脑等终端参与讨论、投票、监督等活动，促进社会沟通，改进管理和服务，不断提高基层社会治理效能。

二是强化组织内部人员与工作协调机制。坚持党建引领，吸纳与社区结对的机关、企事业单位党组织负责人担任社区党组织兼职委员，实施契约共建项目，通过联席会议、民情恳谈、议事协商等制度化平台，广泛听取民意、汇集民智，打造发现问题、快速流转、分类解决的治理闭环。运用"互联网＋法律服务"模式建立政府部门与城乡社区的联动机制，创新多维系统的城市基层矛盾化解机制，如北京的"社区吹哨"、山东机关干部开展的"四进"等活动，都是很好的实践形式。这些创新活动加深了党政机关、城乡社区、人民群众三者之间的联系，及时获知基层群众需求，帮助化解城市基层社会治理难题。

三是构建完善的社会力量参与城市基层社会治理联动机制。加强基层社会组织建设，以城乡社区为依托，着眼人民群众多层次、差异化、个性化的需求，培育和发展各类服务性、公益性、互助性的社区社会组织，引导群众参与基层公共事务和公益事业，发挥其在创新社会治理、服务保障民生等方面的积极作用，统筹解决群众所需所急，形成优势互补、资源共享、协同共治的格局。

第四节 媒体融合助力城市基层社会治理

媒体作为国家和社会沟通互动的重要一环，是创新基层社会治理的必要实现路径。在技术加持下，媒体中心要打通自上而下的信息传播"最后一公里"，以正确理念占领城市基层舆论阵地，融合多元数字服务功能[1]，初步形成"新闻+政务+服务"新型社会治理结构模式，降低了基层社会治理成本。进入新时代，政治环境、社会环境均发生了新变化，也意味着媒体参与城市基层社会治理的方式、路径随之转型，成为构建城市基层社会治理共同体，加快推进城市基层社会治理现代化。

一 媒体融合助力城市基层社会治理的必要性

（一）打通信息"最后一公里"：占领舆论阵地

大众媒体作为国家治理空间传播的工具，将上层建筑下沉到基层。随着网络时代的到来，传统媒体技术发生变革，将媒体融合上升为国家战略，抓住信息革命机遇，推动媒体融合发展，做大做强

---

[1] 向青平、刘广东：《县级融媒体中心基层社会治理功能的媒介逻辑》，《中国出版》2023年第10期。

主流舆论。城市基层媒体中心建设，是基层舆论引导的主体，主要职责是将国家意识形态、国家治理政策等信息传播到城市基层群众中，让党和国家的政策"飞入寻常百姓家"。在信息传播过程中，媒体融合在城市基层社会治理中产生了新的治理功能。

一是信息传播。媒体中心通过自上而下的信息传播机制，缩短了国家与城市基层群众的距离，提升了国家层面信息对于基层群众的渗透性。如县级融媒体中心通过媒体将国家与基层社会群体相连接，不仅将县级人民群众的日常生活的信息向上传递，还将国家相关政策信息传递给基层群众，深化了国家与县级人民群众的情感沟通。同时考虑到中国受历史等因素影响，不同地区的风俗习惯、语言艺术等存在差异，媒体中心在参与城市基层社会治理时呈现出"在地化"趋势，即通过本土化的方式进行信息传播，不仅提升了信息的传播力与影响力，还以城市基层主流舆论场推进了基层社会治理现代化。

二是社会动员。在突发公共事件中，媒体中心能够第一时间将信息传播到基层，基层社会基于国家动员做出应急措施，这是城市国家应急状态下重要的空间治理手段。《中共中央 国务院关于加强基层治理体系和治理能力现代化建设的意见》指出："健全基层应急管理组织体系……做好风险研判、预警、应对等工作。"如在新冠疫情时期，基层媒体中心利用短视频、公众号等媒体发布疫情动态信息，在危急状态下实现社会动员。因此，基层媒体中心的社会动员组织能力，在突发性事件中具有稳定社会秩序的重要功能。

三是政策阐释。习近平总书记指出，"要将党政指定的扶贫开发政策、支持'三农'发展政策、农村农民增收政策原原本本传递给乡亲"。[①]而城市基层人民群众作为国家政策传达和实施的"最

---

① 习近平：《在河北省阜平县考察扶贫开发工作时的讲话》，《求是》2021年第4期。

后一公里",在国家政策传达至城市基层时由于政策理解不到位或信息缺失导致缺乏执行力。利用媒体中心向基层公众阐述政策内涵,可有效降低执行成本、提升基层政策执行力。同时,本土化的媒体中心贴近基层群众,在利用家乡话、人情化的信息传播方面具有独特优势。

(二)扩张传播职能:多元服务功能定位

基层媒体中心作为服务乡村的重要力量,将行政部门与人民群众放置在同一平台,具有政务服务功能,基层人民群众通过手机就可以享受所需政务服务。

一是基层媒体中心聚集教育、医疗等政府部门,拓宽了回应社会多元化个性化需求的渠道。依托信息化大平台,利用数字技术整合并公开基层政务服务的信息,实现"数据多跑路、群众少跑腿"的便捷化服务,促进基层社会治理的制度化、公众化,加快构建城市基层一体化政务服务平台,推动各地政府公共服务向乡镇街道延伸。同时,基层群众通过线上媒体中心可实现政务的快速办理,政府针对个性化的群众需求提供专门的政务服务,降低了基层社会治理成本,提高了治理效率,为政府向基层社会输送公共资源提供合理化保障。

二是以社交媒体为平台的网格化治理模式日益成为城市基层社会治理趋势。所谓网格化治理是政府将其所管辖区按照某一标准划分为多个网格,通过对每一个细分网格的精细化管理,及时觉察基层社会的治理矛盾与群众诉求。不可否认的是,地缘化的网格化治理模式仍是当前社会的主要治理手段,通过媒体中心,将国家权力延伸至社会治理的"神经末梢",实现城市基层多元主体协同治理,推动多元主体的深度融合,同时人民群众在基层网格中反映诉求,本着"大事化小、小事化了"的办事原则,是中国解决地域多元化复杂性纠纷的灵活有效机制,有利于城市基层公序良俗的实现。

(三) 加速信息流动：社会需求反馈机制

治理现代化要实现国家与基层的双向互动，基层人民群众自下而上的信息反馈机制是缓解基层社会治理压力的重要环节。所谓媒体融合不仅是技术层面的融合，更是基层社会治理主体需求的融合，是城市基层社会治理变革的关键点[①]，更是基层人民群众需求的聚合平台，用户需求反馈巨量化、规范化，丰富了基层媒体中心的多元服务功能。服务人民首先是要接近人民，媒体中心成功连接了社会治理的各大主体，作为政府与群众的沟通媒介，形成了"需求—分发—解决"的基层社会治理机制，在信息技术加持下促进了城市基层社会治理的数字化、现代化转型。具体表现为，基层人民群众将需求反馈到县级媒体中心的客户端，县级媒体中心作为传播中介，将群众需求反馈到县级政府机构，通过网格化治理模式实现县域多层协商治理，满足人民群众的合理需求。同时，基层媒体中心的政务服务功能增强了用户黏性，不仅可以利用手机了解当地新闻，还可及时迅速向上反映需求建议，进而分发给相关政府部门。媒体中心作为政府与群众的联络媒介，发挥了引导群众、服务政府的基层社会治理功能。

二 媒体融合助力城市基层社会治理的发展模式

在媒体深度融合时代，在基层治理提升为国家战略的新形势下，通过对北京、上海、广州、深圳、杭州、上海、兰州等社区类媒体的多案例分析，发现中国社区媒体已呈现出适合国情的"市场化或半市场化的社区综合信息服务平台"模式，其功能定位主要体现在生活服务、居民社区融入，以及基层社会治理等方面。

[①] 朱春阳：《县级融媒体中心建设：经验坐标、发展机遇与路径创新》，《新闻界》2018 年第 9 期。

国内社区媒体助力基层社会治理目前有以下四种主流模式。

（1）北青模式。扎根小区内深度链接服务居民。《北青社区报》由上市公司北青传媒投资设立的北青社区传媒公司主办，是一份由兼具资本与传播能力的传媒集团独立出资创办的社区报。北京青年报社打造了"社区驿站"社区综合服务平台以服务居民，这一线下实体与社区报一起进入社区，以实体形式抢占社区入口，同时，北京青年报社推出"OK家"社区综合线上服务平台和微信公众号，集成线上服务并聚拢社区活跃用户。

同时，《北青社区报》平台致力打造社区综合服务平台，具备社会协调、资源整合功能，以及对生活圈的居民行为进行分析，为政府决策提供数据支持的功能；具备建设信息传递平台，发挥文化宣传阵地的功能以及倡导新型社会文明和新型居民社交，弘扬中国传统文化的功能。这一线上、线下同步深入社区的形式使《北青社区报》实现了资讯、服务、社交功能的融合，在深度服务居民的同时也能获得更多的市场。

（2）晨报模式。提高基层治理数字化智能化水平。掌上兰州作为《兰州晨报》官方客户端、甘肃新媒体集团主打的城市生活服务客户端，在创办之初，就依托《兰州晨报》"市民之家"栏目，在多年来深耕社区新闻、服务市民的良好基础上，持续为兰州各街道社区提供内容服务，并增设"社区"频道，上线智慧社区"in社区"，覆盖兰州市主城区54个街道及下辖的340个社区，打通基层传播"最后一公里"，服务400万兰州市常住人口。

"金城里"小程序，则以"客户端+小程序+报纸"的报网联动，让市民享受"云社区+大数据"智慧生活服务，提高基层治理数字化智能化水平，提升政策宣传、民情沟通、便民服务效能，让数据多跑路、群众少跑腿。

（3）广深模式。共驻共建共享政府和商业相结合。《南方都市报》在广深两地创办了社区报——广州的 CBDTIMES 和深圳的鹏城通。社区报这种面向特定区域受众的定向传播产品，已成为《南方都市报》向下落地服务的重要依托。这种对区域深度渗透、深度影响的传播力，是在全新传媒生态体系下实现传播有效性的重要保证，在追求定向传播、精准传播、有效传播的当下，对于特定区域、特定行业、特定领域的深度传播力成为制胜的新法宝。

以 CBDTIMES 社区报最主要的资金来源在于商业运作，包括与本区域内公司或企业进行广告开发、落地活动、品牌合作等方面的合作。此外，CBDTIMES 还与天河区政府进行深度合作，由天河区政府来承担部分成本与费用，这样就从政治和商业两方面为 CBDTIMES 的发展提供了必要保障。未来国内社区报要取得长远发展，必须找寻与政府和商业机构的合理合作机制。

（4）华西模式。四川日报报业集团旗下的《华西社区报》，自 2013 年 1 月创刊以来，以扎根社区服务基层为宗旨，深耕社区主阵地，深度链接服务社工、社会组织、社区互动，组织开展基层治理专题宣传，通过社区好书记评选、基层医疗卫生服务高峰论坛等方式，推选表彰基层治理先进典型和案例。与此同时，做好基层治理调查统计工作，建立基层治理群众满意度调查制度。未来，华西社区报还将与专业机构合作，参与社区综合体设计运营；与商业代表合作，参与社区新消费场景营造；与技术和设计机构合作，参与社区智慧党建阵地打造；开发社区云小程序，通过链接各类资源，助力社区成长，成为社区命运共同体。

不难看出，数字化是趋势、多元化是未来、共性化是核心。社区媒体发挥优势，深耕社区服务基层，未来的基层治理中，主流社区媒体必将担纲主力军，担当新使命，发挥新作用。

三 媒体融合助力城市基层社会治理的现实困境

媒体融合发展在提高城市基层社会治理效率、促进城市基层社会治理创新方面具有一定成效，但也存在以下四方面的不足。

（一）城市基层社会治理理念有待提升

媒体融合视角下参与城市基层社会治理不能唯技术论与唯手段论，要与时俱进，掌握互联网思维，提升治理理念，实现数字传播手段与社会治理结合，实现治理模式创新。长期以来，中国存在国家主体强、多元参与弱的基层社会治理矛盾，习惯于自上而下的治理模式，以追求政策实施效率最大化作为主要目的，缺乏整体性、系统性的治理手段，认为政府与人民群众的沟通耗时耗力、效果不明显等，尚未形成政府—社会—个人之间的良性互动。网络化的表达方式难以接受，与基层治理相匹配的信息化系统和技术方面仍然存在信息不透明、数据安全风险、隐私保护等问题，不能精准掌握社会大众的准确需求与社会治理盲区，在外部刚性管制压力之下，缺乏个性化的交流，使得大众媒体无法及时掌握并引导社会舆情舆论，从而产生社会隔阂与偏见，严重情况下可能激发社会矛盾，给城市基层社会治理带来新的矛盾与困难。

（二）城市基层现代媒介素养尚有不足

学习利用现代化媒体手段提升社会治理效能是当前需要着力解决的突出问题。在政府方面，部分领导干部由于缺乏现代媒介素养储备，导致不能适应社会新发展，凸显本领恐慌，具体表现为排斥、畏惧新媒体，在信息传播与舆论引导方面缺乏沟通、反应慢，导致基层社会治理效率低下。在媒体方面，媒体融合发展迅速，一些非主流媒体唯利是图，只关注个人利益，信息的真实性、可靠性方面存在质疑，信息发布缺乏及时性、公开性，增强了社会治理压力。在群众方面，作为信息传播的受众群体，由于信息传播性强、随意表达性大、信息不均等不真实等现象逐渐增强，在新技术的使用方面个体、城乡、区域之间"数字鸿沟"现象明显，以及对于如何提升科学表达诉求能力、有效参与城市基层社会治理等方面存在困难，与社会治理能力现代化的要求相距甚远，已经成为制约社会治理体系和治理能力现代化建设的一个重要因素。

（三）城市基层主流价值引导亟须增强

媒体融合发展下网络舆论圈层化传播趋势明显，呈现"长尾效应"。一方面，小众群体也纷纷利用网络技术，在信息化平台上充分表达自我，大众媒体利用自身强大的传播渠道创立社会议题，引导舆情形成社会共识，大众媒体与小众媒体的不同价值观碰撞，虚拟环境下增强了"网络语言暴力"，增加了形成社会价值共识的难度。另一方面，媒体融合过程中，中央厨房模式虽带动了媒体转型，但"一次采集、多种生成、多元分发"流水线的生产模式使得内容生产呈现出同质化的生产趋势，同质化的内容降低了受众的媒体接触体验，媒体传播的信息难以满足大众需求，且媒体为了迎合新媒体时代受众的碎片化需求，提供的内容也日趋浅度化、碎片化，更容易使受众陷入表层娱乐和表层信息了解之中，逐渐丧失批判能力。媒体融合时代的发展，社会主流价值通过传统方式进行推广，其对于社会认知的"压舱石"、社会舆论的"定盘星"作用正在被逐渐解构，主流宣传语也很容易被"网络人才"消解，互联网的扁平化、去中心化加剧了受众群体对主流宣传语的不信任、抗拒心理，不利于理性社会共识的形成，增强了城市基层社会治理挑战性。

（四）城市基层媒体制度建设相对滞后

当前中国城市基层社会治理的法律法规完善性仍落后于媒体融合发展速度，媒体融合助力基层治理的制度化建设尚有缺陷，没有形成良好的制度环境。具体体现在：一是现有制度较为分散，网络化媒体融合作为新事物,多以地方自行探索的法律法规为主,尚未建立统一的国家性法律法规。二是制度建设滞后于媒体技术,新兴的媒体技术重组了传统社会治理的边界和权限,使得新技术的使用尚未设立专门的标准,相关信息数据的采集管理等方面存在"法律真空"局面。三是制度建设缺乏协同性,媒体融合发展助力城市基层社会治理制度建设,应兼顾社会稳定、多元个性治理需求等,亟须建立数字技术与城市基层社会治理制度和规则。四是财政保障制度有待提升,各地针对本级主流媒体脱困和融媒体中心建设的财政投入在加大,但主要用于工资发放和某些设施设备更新,并未形成新闻宣传的制度化财政保障机制,导致财政投入增多,但新闻宣传经费不足,财政投入效益不突出,财政对新闻宣传未能实现精准保障。

四 媒体融合助力城市基层社会治理着力点

媒体智能化发展是媒体融合发展的重要机遇,将其作为创新社会治理的一个触点,打造高度、全面发展的现代化智能治理体系。

(一)"智能媒体+网络综合治理",提升社会治理效能

网络治理是网络时代国家治理体系的重要抓手,国内国外、线上线下的分界线日趋模糊,网络舆论的自发性、突发性、公开性、多元性、冲突性、无界性、难控性,强化了网络治理的难度,要想形成统一的网络意识形态,就必须创新基层社会治理方式。

互联网作为当前主流意识形态的前沿性的主战场,原有的传统媒体舆论引导方式逐渐失灵,技术赋能下的智能媒体在感知、计算、认知方面具有独特优势。首先,基层媒体中心应以智能媒体为核心、以全媒体传播体系为框架构建网络文化安全体系,实现政府—社会组织—人民群众多元治理主体的有效衔接,构建智能媒体时代社会协同、公众参与、科技支撑的多元治理结构,凭借智能化

的媒体助力城市基层社会治理的现代化，实现社会治理向社会智理的转变。其次，基层智能媒体中心广泛纳入媒体矩阵、政务服务、电子商务、在线教育、在线医疗等功能，全面提升城市基层公共服务的信息化水平，构建"全响应型"的社会治理模式，以精细化的个体信息采集作为治理基础，即通过大数据平台实时收集民意，畅通民意表达畅通，为"连接群众的最后一公里"找到落脚点；构建"全响应型"社会服务管理系统，发挥整合公共服务与社会管理职能，与利益相关者共享信息数据，实现社会联动与精准管理。最后，推行"软硬兼施、合纵连横"的基层社会治理策略。"硬"是通过与硬件厂商合作，打造开发用户消费端；"软"是通过基层社会治理内容的生产集聚，打造品牌公信力；"合纵"是广泛连接网上政务与公共资源，深入开展O2O业务；"连横"即建立媒体传播矩阵，构建一体化网络舆论引导与公共服务平台。

（二）打造新型主流媒体，补齐媒介素养短板

从媒体自身来看，一方面，借力数字经济，打造形式多样、技术先进的数字化主流媒体，坚持以优质内容生产为核心，创新优质内容传播形式，促进主流媒体平台的开发与新技术的应用，扩宽公共信息的传播渠道、革新公共资源的共享模式，从内容上赢得信息传播受众，把握舆论主旋律，坚持社会主义核心价值观的传播，提升其强大的社会影响力、引导力与竞争力，搭建高效的交流互动平台，驱动多元主体理念协同发展，实现理念创新与技术升级，合力占领媒体信息传播的制高点。另一方面，守住各种新型媒体媒体人的底线，按照相关法律法规管理好各自领域的媒体，做到守土有责、守土负责，坚持主流价值观，把社会效益放在首位，传播社会正能量，弘扬真善美，积极承担社会责任，调动公众参与城市基层社会治理的积极性，通过媒介增强法律意识、法治观念，理性参与城市基层社会治理，形成社会治理合力。

从政府角度来看，加快转变政府媒体使用理念，利用好各种新型媒体工具，发挥新型媒体表达自主权，注重媒体传播信息的权威性。一方面，加强培训提升政府对于新型媒介的运用能力，掌握"三微一端"等新型媒体的操作流程，了解新型媒体的语言表达习惯，善待媒体、善用媒体，充分利用媒体的传播、引导、教育和监督等功能创新城市基层社会治理模式。另一方面，及时准确发布关系到国计民生的重要信息，满足人民群众的知情权。妥善处理突发事件舆情，通过新闻发布会等形式第一时间发声，及时告知事件真相，回应群众关切。打造多元对话平台，提升社会沟通的水平和能力，通过对话和沟通，形成减压阀，起到"活血化瘀"的功能，预防和化解社会矛盾。

（三）深化媒体融合制度建设，保障治理环境透明度

基层媒体中心的制度环境发生了一系列变迁，制度建设虽完成了包含机构人员整合和职能规范在内的初步变革，但至今仍不完善，因而应持续强化城市基层媒体制度建设。第一，严格实施媒体的进入与退出制度，根据国家政策相关规定，强化媒体机构许可证管理与个人资格证管理政策，协力构建主流意识形态安全底线。第二，构建城市基层媒体中心版权交易保护平台，解决传统媒体信息传播过程中版权授权、维权等问题，从而助推线上线下媒体资源的实时共享。第三，完善政府机关信息公开、网络问政、网上监督等制度，积极构建网络舆论监督机制；同时针对处在融合发展初级阶段的主流媒体的财务困难，创新主流媒体新闻宣传财政保障机制，先行试点新闻宣传业务成本预算制，将全年宣传业务纳入预算，实行财政保障，并引入第三方进行宣传绩效评估，将原来济困式的财政扶持转变为新闻宣传、安全保障、公共服务项目等主业保障，实行绩效薪酬制度，养事不养人，大幅提高财政直接扶持新闻宣传主业的力度和实效。经营性业务和人员走市场机制。

第四，基于效益与效率融合机制，实施媒体中心内部综合考核指标体系，建立内部奖惩机制，严格规范内部媒体工作人员的舆论引导行为，激发从业人员的积极性与责任感，推动媒体融合发展的机制创新。

第六章

城市基层社会治理多元主体交互关系与协同合作

城市基层社会治理中多元主体之间的交互关系并非简单的合作关系,而是存在着竞争、协作、合作等多种关系。这些关系的复杂性使得城市基层社会治理变得更加困难。因此,需要深入研究多元主体之间的交互关系,探索协同合作的机制,以推动城市基层社会治理的发展。

第一节 多元主体之间的交互关系

在城市基层社会治理中,多元主体之间的交互关系复杂多变,既有合作也有竞争,这些交互关系共同构成了城市基层社会治理的动态网络,影响着治理的成效和方向。

一 交互关系的类型与特点

城市基层社会治理中多元主体间的交互关系强调的是协同而非单一行动。在多元主体治理模式下,政府、社区组织、企业、居民等各方基于各自优势互补协同工作,共同解决问题。协作过程中,政府提供政策指导和公共资源,社会组织强化服务与监督,企业带来市场效率和资金支持,居民则参与到决策与实施中,实现资源的最佳配置和利用。

(一) 补缺模式

补缺模式下,不同主体各自发挥其独特优势,相互补充,共同解决社区治理中的问题,以达到更全面、更有效的社区治理效果。①

政府作为政策制定者和资源调配的核心,负责提供法律框架和基本公共服务,填补政策空白和公共服务不足。当发现某些社区服务或设施建设滞后时,政府可以通过增加投入、优化资源配置来补足这些短板,同时制定鼓励政策,引导其他主体参与。居民委员会、志愿者团体等社区组织,由于贴近居民生活,能够迅速识别社区的具体需求和问题。社区组织的优势在于能够灵活响应,组织居民参与,针对政府服务难以触及的细微之处进行补位,如开展邻里互助、文化活动、环境美化等,增强社区凝聚力。企业在追求经济效益的同时,也能通过社会责任项目、公益捐赠、技术支持等方式参与社区治理,弥补市场失灵导致的服务空缺。社会企业则专注于解决社会问题,通过创新商业模式提供可持续的解决方案,如为老年人提供定制化服务、促进社区环保等。慈善机构、专业服务机构等社会组织,在教育援助、健康关怀、弱势群体帮扶等方面具有专业优势,能够针对特定社会问题提供专业服务,补充政府和社会在这些领域的不足,促进社会公平与正义。作为社区治理的最终受益者,居民的参与至关重要。他们不仅能够直接反映问题,还能通过志愿服务、社区自组织活动等形式,积极参与到社区环境改善、文化活动策划、邻里关系维护等活动中,增强社区自治能力,形成自下而上的治理动力。

---

① 沈永东、陈天慧:《多元主体参与基层社会治理的共治模式——以宁波市鄞州区为例》,《治理研究》2021 年第 4 期。

补缺模式下的城市基层社会治理，通过各主体的有效互动与合作，能够更精准地识别并解决社区问题，促进资源的优化配置，构建起一个更加完善、更具韧性的社区治理生态体系。

（二）协同模式

多元主体通过合作共治，政府以行政机制制定相关政策，推动个体和组织形成社群，构建合作伙伴关系，市场机制的嵌入促进主体间良性竞争以达到常态化协同。

协同模式中，政府利用其行政权力和资源，制定有利于多方参与的政策框架，明确合作规则和激励机制。这包括制定指导性文件及提供财政补贴、税收优惠等措施，鼓励和支持社会各界参与社会治理，同时也通过法律法规保障各方权益，确保合作的有序进行。政府及社区组织通过举办社区活动、公共讨论会等形式，促进居民之间的交流与合作，激发居民对社区事务的兴趣和责任感，形成基于共同目标和利益的社群。这种社群不仅增强了居民间的联系，也为个体和组织提供了参与社区治理的平台。在政府的引导下，企业、非营利组织、社区组织和居民等多元主体形成稳定的合作伙伴关系。通过签订合作协议、建立联合工作小组等方式，明确各自的角色、责任和利益分配，确保合作项目的顺利推进。这种合作关系有助于整合资源、共享信息，提高治理效率。

在社会治理中引入市场机制，通过竞争促使服务提供者提高效率和质量。例如，政府通过公开招标的方式选择服务提供商，或是鼓励企业和社会组织在提供公共服务方面展开竞争。这种机制不仅提高了服务效率，也促进了创新，使得社会治理更加贴近市场需求，满足居民的多元化需求。为了确保合作共治的持续性和稳定性，建立常态化的沟通、评估与反馈机制至关重要。定期召开多方参与的协调会议，评估合作成效，及时调整合作策略；同时，建立有效的信息共享平台，确保各主体间的信息流通，减少信息不对称带来的障碍。通过这些机制，促进不同主体间形成稳定的协同关系，推动城市基层社会治理向更加高效、民主、可持续的方向发展。

(三) 替代模式

在某些情况下，一个主体可能会替代另一个主体承担特定的治理任务，以提高治理效率和效果。当某一主体具备更专业的能力或更丰富的资源去解决特定问题时，它可能被赋予或主动承担该任务。例如，非营利组织在提供专业心理咨询、法律援助等服务上可能比政府或社区组织更为专业，此时它们就可能成为这些服务的主要提供者。在紧急情况或需要快速响应的场合，响应速度快、操作灵活的主体可能临时替代反应较慢的主体。例如，社区志愿者团队在突发灾害后的初步救援工作中，可能比等待官方救援到来更早行动，提供及时的帮助。

从经济角度考虑，如果某一主体能够以更低的成本、更高的效率完成某项治理任务，它可能被委托或自然成为主要执行者。企业通过其高效的运营管理能力，可能在社区环境维护、公共设施运营等方面替代政府直接管理，实现成本节约和效率提高。随着政府职能的转变，部分公共服务和社会管理职能可能逐渐交由社会力量承担，以促进社会治理的多元化和专业化。这种情况下，政府不再是直接的服务提供者，而是更多地转向监管、规划和支持角色，而社会组织、企业和居民则在更多领域发挥作用。在居民自治意识较强的社区，居民个人或居民组织可能主动承担起本由政府或其他外部主体负责的事务，如小区环境美化、邻里纠纷调解等，体现了居民自我管理、自我服务的趋势。

虽然这种替代在特定条件下能够提高治理效率和效果，但也要求良好的协调机制和监管体系，以确保所有主体的行为都在法治框架内，维护公共利益，防止出现治理真空或责任不清的问题。

（四）共建共治共享模式

共建共治共享模式强调政府、社会组织、居民群众等多元主体的共同参与和责任，通过制度保障构建基层民主协商工作体系，实现社会治理的共建共治共享。①

共建不仅仅是政府单方面推动社会发展的过程，而是鼓励并吸纳包括政府机构、企业、社会组织、公民个人等在内的所有社会成员和组织积极参与到社会服务与管理的各项活动中来，利用各自的优势和资源，协力打造社会服务和管理项目，如共同参与社区建设、环境保护、公共安全等。在社区层面，共建通常体现为居民、社区组织、物业、企业及政府部门等多方合作，共同参与社区规划、环境美化、文化活动组织、公共设施维护等工作。通过建立社区议事会、志愿者团队等形式，让居民的声音被听到，需求得到响应，增强社区凝聚力和归属感。环境保护是共建的重要领域之一。政府、环保组织、企业及公众可以共同参与植树造林、垃圾分类与回收、水资源保护、节能减排等项目。例如，企业可以采用绿色生产方式减少污染排放，公民参与环保公益活动，政府出台政策引导和支持，形成环境保护的强大合力。共建在公共安全领域的应用，意味着警察部门与社区居民、商家、学校等共同构建治安防控体系。通过设立社区警务室、开展安防宣传教育、组织邻里守望活动等，提高公众的安全意识和自我防护能力，同时促进警民合作，及时发现和解决问题，共同维护社会秩序和公共安全。教育领域的共建倡导学校、家庭、社会机构协同合作，为学生提供更全面、多元的学习和发展机会，包括企业为学校提供实习实训基地、社会组织举办科普讲座、家长参与学校管理与活动策划等，共同促进教育资

---

① 连宏萍、刘丽莉：《全面提升城市基层治理效能》，《光明日报》2024年5月31日第6版。

源的优化配置和教育质量的提升。

共治则突出了治理过程中的多元互动，不仅政府起主导作用，社会组织和居民也能通过多种形式的民主协商（如居民议事会、社区协商会议等）参与到决策过程中，实现社会治理的民主化和科学化。因此，民主协商是实现共治的关键机制之一，它为不同社会主体提供了直接对话与合作的平台，确保各方意见和需求能在决策过程中得到充分考虑。具体来说，民主协商的形式多样，包括居民议事会、社区协商会议、业主大会、网络论坛等，这些平台鼓励开放性讨论，让普通居民、社会组织代表等能够就社区发展、公共事务管理、环境保护、文化活动等议题，直接与政府官员或其他相关方进行沟通和协商。

共享，则是指治理成果应惠及所有参与者，确保人民能够享受到社会治理改进带来的安全感、幸福感和获得感，体现了以人民为中心的发展思想。共享意味着通过有效的制度安排和政策设计，确保社会发展的红利能够公平合理地分配给每一个成员，提升民众的整体福祉。在社会治理中实现共享，首先体现在为民众创造一个安全稳定的生活环境，包括加强公共安全体系建设，有效打击犯罪，维护社会稳定；同时，也涉及食品安全、生产安全、环境保护等多方面的安全保障措施，让民众免于各种形式的威胁与恐惧，感受到实实在在的安全感。幸福感是一种主观的心理体验，来源于个人需求得到满足的程度。社会治理的共享原则要求不断提升公共服务水平，如教育、医疗、住房、养老等领域，确保这些基本需求能够被广泛而公平地满足。此外，促进文化繁荣和社会和谐，增强社区凝聚力，也是提升民众幸福感的重要途径。获得感强调的是民众能够直接从社会发展和改革中受益，感受到个人状况的切实改善。这不仅包括经济收入的增加，更重要的是教育机会的平等、职业发展的空间、社会保障的完善等，使每个人都能通过自身努力获得相应的回报，感受到个人价值的实现和社会地位的提升。

（五）良性互动模式

政府治理、社会调节与居民自治之间的良性互动是实现基层治理现代化不可或缺的一环。[①] 这种模式强调在基层社会治理中，政府、社会及居民三大主体各自发挥独特作用，并通过有效沟通与协调机制，形成治理合力，共同推动基层社会的和谐稳定与发展。

良性互动的关键要素包括建立透明的信息交流机制，确保政府、社会团体与居民之间信息畅通，及时反馈治理过程中的问题与需求；通过建立多方参与的协调机制，如联席会议、合作项目等，协调各方利益，解决冲突，形成共识；明确界定各主体的职责权限，政府负责宏观指导与监管，社会力量提供专业服务与支持，居民参与决策与监督，确保各司其职，相互支持不替代。建立有效的激励机制，鼓励社会与居民参与治理，同时强化监督机制，确保所有主体行为合法合规，责任落实到位。

二　交互关系的动态演变

随着城市化的加速和社会结构的变迁，城市基层社会治理中多元主体之间的交互关系也经历了从单一到多元、从封闭到开放、从竞争到合作等演变过程。在早期的城市治理中，政府是唯一的主体，其他主体参与度较低。随着社会经济的发展和民主化进程的推进，社区组织、企业、社会组织等逐渐参与到城市治理中来，形成了多元主体共同参与的局面。城市基层社会治理的多元主体交互关系从集中走向分散，再向协同治理方向发展，体现了社会治理现代化的趋势。

[①] 滕玉成、臧文杰：《"差序—协同"：基层治理主体间关系的意涵与逻辑》，《求索》2022年第1期。

从单一主体到多元主体共同参与的演变。在过去，城市社区的治理主要依赖于政府机构，尤其是街道办事处和居民委员会，形成了较为典型的"政府包办"模式。这种模式下，政府是唯一的决策者和执行者，居民参与度有限。随着经济社会的发展和改革的深入，除了政府之外，其他主体开始参与到社区治理中来，包括社区党组织、居民委员会、非营利组织（NPO）、营利性组织、社会团体、志愿者团体以及居民个人等。这些主体各自拥有不同的资源和优势，开始在社区服务、公共安全、环境保护等多个领域发挥作用。

从封闭到开放的演变。传统的城市治理往往呈现出封闭性和排他性，导致信息不畅、资源不足等问题。而现代城市治理则更加注重开放性和包容性，鼓励多元主体之间的交流和合作。这种演变有助于促进资源共享、信息互通和优势互补。近年来，随着对"最后一公里"治理效率和质量要求的提高，协作式或协同共治模式成为主流。这强调政府、市场和社会三方面力量的有效整合与互补，通过建立沟通机制、共享资源、共同决策，形成治理合力。例如，政府负责引导和监管，社会组织提供专业化服务，居民参与决策和监督，实现了治理的多元化和民主化。为了保障多元主体的有效参与，各地政府逐步建立健全相关制度，如制定参与规则、激励机制和反馈渠道，确保各主体的权责清晰，参与过程规范有序。同时，强化法治基础，推动社会治理的法治化，确保所有活动都在法律框架内进行。数字化、网络化技术的应用为多元主体的交互提供了新的平台和工具。大数据、云计算、社交媒体等技术促进了信息的快速传递、公众意见的收集与分析，以及治理效能的提升。

从竞争到合作的演变。在资源有限的情况下，不同主体之间可能存在着竞争关系。然而，随着城市治理目标的共同性和利益的一致性增强，合作成为主导趋势。通过合作，不同主体可以共享资源，如场地、资金、技术和人力资源，避免重复建设，实现资源利用的最大化。可以共同应对挑战、实现共赢，促进城市基层社会治理的和谐发展。政府的政策引导和财政支持，加上社会组织的专业服务和企业的资金技术投入，可以形成互补优势，有效解决社区面临的各类问题。合作过程中的频繁沟通和共同行动有助于建立和深化不同主体间的信任关系，减少误解和冲突。居民、社会组织、企业等多元主体的深度参与，能够增强社区成员的归属感和责任感，促进社会凝聚力和社区文化的建设。

三 多元主体交互关系的影响因素

城市基层社会治理中多主体交互关系受多种因素影响，这些因素共同作用，决定了治理结构、进程和成效。

（一）治理生态

城市社区所处的治理环境，包括社区类型（如商品住宅社区、城乡接合部社区、拆迁安置社区等）以及外部环境的变化，对治理主体的行动模式有显著影响。主要是因为不同类型的社区具有不同的社会结构、经济发展水平、居民构成以及面临的主要问题，这些差异要求治理主体采取针对性的策略和方法。

商品住宅社区通常位于城市中心或发展成熟区域，居民多为中高收入群体，对生活品质和服务质量有较高要求。治理主体（包括物业公司、业主委员会、政府部门等）需要关注的是提供高质量的公共服务、维护良好的社区环境、促进邻里和谐以及处理业主权益保护等事宜。由于居民参与意识较强，治理模式往往强调居民自治与专业服务相结合，重视透明度和居民满意度。

城乡接合部社区通常处于城市扩张的边缘地带，居民构成复杂，既有本地居民，也有外来务工人员，经济发展水平不均衡，基础设施和公共服务相对落后。治理主体面临的挑战包括改善基础设施、提供基本公共服务、处理土地使用冲突、促进社会融合等。在这样的环境中，政府和社区组织需加强合作，既要注重经济开发，又要兼顾社会公平，通过政策倾斜和社区建设项目来缩小城乡差距。

拆迁安置社区涉及因城市更新或重大项目导致的大规模居民搬迁，居民多为原拆迁地居民，可能存在就业困难、生活习惯改变、社区认同感缺失等问题。治理主体需要重点关注居民的生计问题、心理健康、社区重建与文化传承。这类社区的治理需要政府、开发商、社区组织共同努力，实施综合性的安置政策，提供就业培训、心理辅导、社区文化建设等服务，以促进居民的社会融入和社区稳定。

（二）制度化水平

治理制度的完善程度直接影响治理主体的行为规范和效率。[①] 高度制度化的环境可以提供明确的规则和程序，减少合作中的不确定性和冲突，但同时也可能限制灵活性和创新。反之，制度化不足可能导致混乱和低效。

高度制度化的环境为多主体合作提供了清晰的操作指南和行为规范，减少了因规则不明而导致的误解和冲突。每个主体知道自己的角色、职责以及如何与其他主体互动，这有利于形成稳定的预期，促进合作的顺畅进行。制度化管理强调规则的普遍适用性，减少了主观判断的空间，保证了决策和资源分配的公正性。同时，透明的制度增加了公众的监督可能性，有利于减少腐败和不公平现象。长期稳定的制度框架为社区治理提供了一个可预见的发展环境，有利于吸引投资和促进长期规划，对社区的可持续发展至关

[①] 徐畅：《基层社会治理中多元主体协同何以可能——公共政策执行的作用》，《湖北社会科学》2022年第9期。

重要。

过于僵化的制度可能无法快速适应环境变化或社区特殊需求。当面对新问题或需要创新解决方案时，严格的规则可能成为阻碍，限制了主体尝试新方法的自由度。过度制度化可能导致程序烦琐、决策链条长，容易滋生官僚主义作风，减缓决策速度，降低对紧急情况的响应能力。统一的标准和规则可能忽视了不同社区、不同人群的特殊需求，无法提供个性化的服务和解决方案，从而影响治理效果的深度和广度。

（三）多元主体的权责界定

明确各治理主体的权利、责任和义务是促进有效合作的基础。[①] 权责界限模糊会导致角色重叠、责任推诿或资源争夺，影响治理效能。

清晰界定各主体的职责范围，有助于形成合理的分工体系，避免工作重叠或空白。当主体明确知道自己的责任所在，会更有动力去完成任务，因为这直接关系到其在社区治理中的角色和影响力。同时，明确的责任划分也便于考核和评价，提高执行力。权责界限模糊容易导致主体间互相推卸责任，特别是在遇到问题和挑战时。明确的权责分配能够减少这种现象，促使各方主动承担责任，积极解决问题。清晰的权责划分有助于合理分配和使用有限的资源，避免因争夺资源而产生的内耗。每个主体都能根据自身职责有效使用资源，提高资源使用的效率和效益。公开透明的权责体系增强了治理的透明度，让居民和其他参与者能够清楚了解谁负责什么，促进了对治理过程的信任和支持，有利于形成良好的治理氛围。

如果各主体的权利、责任和义务不明确，容易造成角色定位的

[①] 张喜红：《权责一致：责任政治建设的基本前提》，《思想战线》2016年第6期。

混乱，主体间可能因职能交叉而产生摩擦，影响合作效率。① 没有明确的责任归属，主体在面对问题时可能会相互指责，而不是积极解决问题，这不仅延误问题解决，还可能加剧社区矛盾。权责不清可能导致资源分配上的混乱和不公平竞争，不同主体为了争取资源而展开不必要的竞争，影响了整体的治理效果。

（四）关系网络与信任构建

治理主体间的相互信任和稳定的关系网络是合作治理的重要前提。② 良好的沟通机制、透明的信息分享和历史合作经验能增强信任，促进更深层次的合作。

信任减少了合作过程中的监督和谈判成本，使得合作更为流畅和高效。当各主体相信对方会按照约定行事时，就不必投入过多资源于合同执行的监督上。信任促进了开放和积极的交流氛围，各主体更愿意共享资源、信息和风险，共同探索和实施创新的治理方案。在信任基础上，治理主体能更快适应环境变化，灵活调整合作策略，因为信任降低了对正式协议的依赖，使得快速决策成为可能。同时，信任有助于形成紧密的合作网络，当面临外部冲击或内部挑战时，这个网络能提供支持和缓冲，共同抵御风险。

稳定的关系网络是社会资本的重要组成部分，包括共享的价值观、规范、信任和互惠互利的行为模式，这些都为长期合作提供了基础。在稳定的网络中，信息传递更加高效，新知识、最佳实践和创新思想能迅速扩散，有助于提升整个治理系统的适应性和创新能力。长期的合作关系能够促进治理机制的不断完善，通过不断地实践和反馈，调整合作模式，使之更加适应社区的实际需要。

---

① 倪星、王锐：《权责分立与基层避责：一种理论解释》，《中国社会科学》2018 年第 5 期。

② 张康之：《论信任、合作以及合作制组织》，《人文杂志》2008 年第 2 期。

通过建立和维护相互信任及稳定的关系网络，城市基层社会治理中的各主体能够克服合作中的障碍，形成更加紧密、高效的协作模式，共同推动社区的和谐与发展。

(五) 治理能力与资源配置

不同主体的治理能力和资源状况影响其参与治理的程度和方式。[①] 资源丰富、能力强的主体可能在合作中占据主导地位，而资源有限的主体则能通过寻求合作以弥补自身不足。

拥有更多资源和更强治理能力的主体，如大型企业、政府机构或资金充裕的社会组织，往往在合作中扮演领导或核心协调者的角色。它们有能力提供必要的资金、技术、专业知识和网络资源，推动项目实施和政策落地。由于其资源和能力的优势，这些主体在确定合作目标、制定合作策略和议程设置上具有较大影响力，能够引导合作方向，确保项目符合其战略目标和社会责任愿景。资源丰富、能力强的主体还可以搭建合作平台，通过提供办公场所、技术支持、培训机会等方式，为其他主体参与治理创造条件，促进资源的有效整合和利用。

面对资源和能力的限制，小型社会组织、居民团体或小微企业等主体倾向于通过合作来获取所需资源，弥补自身短板。合作为它们提供了参与社区治理的机会，共同推进社区发展。尽管资源有限，这些主体往往在特定领域或服务上有其独特的专长和贴近社区的优势，如对本地需求的深入了解、灵活性高、响应速度快等。通过合作，它们可以把这些优势带入更广泛的治理活动中，增强整体治理效能。

---

① 任艳妮：《乡村治理主体围绕治理资源多元化合作路径探析》，《农村经济》2011年第6期。

（六）政策与法规支持

政府的政策导向、法律法规框架为多元主体合作提供了制度保障。[①] 适宜的政策环境可以激励多元主体积极参与，而不利于合作的政策则可能抑制主体的积极性。

适宜的政策环境对协同治理具有激励作用，通过制定清晰的合作准则、激励措施和监管机制，为多元主体的合作提供法律依据和操作指南，减少合作中的不确定性和风险，增强各主体参与合作的信心。政府可以通过财政补贴、税收优惠、荣誉奖励等方式，直接激励企业、社会组织和居民等主体参与到社会治理中来，增加合作项目的吸引力和可行性。政策可以促进合作平台和信息交流机制的建立，为不同主体提供沟通、协调和资源共享的机会，降低合作的门槛和成本。

若政策限制过多，合作门槛过高，或者缺乏有效的激励措施，可能会削弱非政府主体参与社会治理的积极性，导致资源和能力的闲置。复杂的审批流程、不明确的规则或过度的监管，会增加合作的成本和时间，降低合作效率，甚至使一些有益的项目难以启动或维持。过于僵硬的政策环境可能抑制创新思维和实验精神，因为害怕违规而不敢尝试新的合作模式或解决方案。不公允的政策可能导致资源分配不均，强者越强、弱者越弱的现象，影响社会的和谐稳定和多元主体间的信任。

（七）社会文化因素

社区的文化背景、居民参与习惯、传统习俗等社会文化因素也会影响多主体的交互。尊重并融入当地文化，可以增强社区居民的认同感，促进合作。

不同社区的居民可能有不同的参与公共事务的习惯，有的社区

[①] 蔚超：《政策协同的内涵、特点与实现条件》，《理论导刊》2016 年第 1 期。

居民习惯于积极参与讨论和决策，而有的则可能较为保守，倾向于旁观。了解并尊重这些习惯，可以设计出更符合居民接受度的参与机制，提高治理活动的参与率。社区特有的文化背景和传统习俗影响着居民的身份认同和归属感。治理活动如果能够与这些文化元素相融合，能够增强居民对社区事务的认同，进而激发他们参与治理的热情。文化背景不同，居民的沟通方式和偏好也会有所不同。采用居民熟悉的语言和表达方式进行交流，可以减少误解，促进更有效的沟通。了解并尊重居民的价值观和期望，可以帮助治理主体更好地设计政策和项目，使其更贴近居民的实际需求，减少抵触情绪，促进合作的达成。

第二节　多元主体协同合作未来发展趋势

一　数字化转型与智能化应用深化

随着数字技术的快速发展，城市基层社会治理将更加依赖于大数据、云计算、人工智能等技术，构建智慧化治理平台，促进信息的实时共享、精准决策和服务的个性化，提高治理效率和响应速度。数字化工具也将帮助打破信息孤岛，增强多主体间的沟通与协调，实现资源的高效配置。

将大数据应用于社会治理中，通过构建统一的数据平台和共享机制，将城市内各个部门、组织和企业的数据进行汇聚和共享。利用大数据分析技术，对海量数据进行深度挖掘和分析，揭示城市运行中的规律和问题。通过数据可视化技术，将分析结果以图表、地图等形式直观地展示出来，便于政府和社会公众更直观地了解城市治理的现状和趋势。云计算是智慧城市建设的重要基础之一，云计算平台可以为城市基层社会治理提供强大的计算能力，支持大规模数据处理和分析任务，可以实现计算资源的共享和动态分配，降低社会治理的 IT 成本。同时，通过云计算平台，政府和社会组织可以共享各种应用和服务，提高治理的协同性和效率。

人工智能技术可以应用于公共服务领域，如智慧医疗、智慧教育等，通过对海量数据的分析和学习，为政府和社会组织提供决策建议。在公共安全领域，人工智能技术可以通过智能摄像头、传感器等设备对城市进行实时监控和预警，及时发现并处理各种安全隐患和突发事件。

二 协商民主与参与式治理的普及

未来的城市基层治理将更加强调居民的参与和协商，形成政府、社会组织、企业、居民等多元主体的协商合作机制。通过建立多元主体参与的平台和机制，让居民的意见和需求能够更直接地影响决策过程，实现治理的透明化、民主化。

居民的参与和协商意味着治理过程不再仅仅是政府或专家的事情，而是需要广泛吸纳社会各界，特别是居民的意见和建议。居民作为城市生活的主体，他们对城市环境和公共服务的需求有着最直接的感受。因此，让居民参与到治理决策中来，不仅可以提高决策的针对性和实效性，还能增强居民对治理结果的认同感和满意度。为了实现这一目标，未来城市基层治理将致力于建立多元主体参与的平台和机制。这些平台可以是实体的社区议事会、听证会等，也可以是虚拟的网络平台，如社区论坛、微信公众号等。通过这些平台，政府、社会组织、企业和居民可以就治理问题进行充分的讨论和协商，共同寻找最佳解决方案。

三 网格化管理与精细化服务

网格化管理将进一步细化，通过将城市划分为更小的管理单元，实现治理的精细化、精准化，不仅能够快速响应居民的具体需求，也能更有效地整合和调动有限资源，提供更加个性化的服务。

网格化管理首先将城市空间按照一定的标准（如地理区域、人口规模、功能区划分等）划分为若干个小网格，每个网格作为一个基本的管理单元。经过细分后不仅能使管理者更直观地掌握区域特点，还能确保管理覆盖到城市的每一个角落，不留盲区。在网格化管理中，每个网格都设有专门的负责人或团队，负责该网格内的日常管理、信息收集、问题上报及初步处理等工作。确保管理的直接性和快速响应能力，一旦居民有需求或发生突发事件，可以迅速反馈并得到处理，提高了服务效率。网格化管理依托于信息化平台，集成网格内的各类信息，如人口信息、设施分布、安全隐患点等，形成大数据资源库。通过数据分析，可以精准识别居民需求、预测潜在问题，为决策提供科学依据。

网格化管理的小单元特性，使得管理者能够更加贴近居民，深入了解他们的个性化需求。基于这些需求，可以提供更加定制化的服务方案，如针对老年人的居家养老服务、针对儿童的社区教育活动、针对特定群体的就业援助等。网格化管理促进资源在小范围内集中和优化配置，有限的公共资源如警力、社工、志愿者等可以在网格间灵活调动，实现资源利用的最大化。同时，网格化管理鼓励跨部门、跨网格的协同作业，通过定期的联席会议、联合行动等机制，解决跨领域的复杂问题（如环境污染、社区安全、公共卫生等）。

四　强化跨区域合作与学习交流

随着城市间的联系日益紧密，跨区域的合作治理也将成为趋势。不同城市间将共享治理经验，通过建立合作机制解决跨界问题，如环境保护、交通一体化、公共安全等，促进区域协调发展。区域间通过成立区域联盟或协作组织，为不同城市提供一个常态化的交流与合作平台。如建立环境保护联防联控机制、交通一体化协调委员会，以及公共安全联合应急响应中心等，确保信息共享、政策协调和行动一致。鼓励城市间在资源、技术和人才上的共享，如共享环保技术、交通监控数据和公共安全情报信息。通过合作项目，促进优势互补，提高资源配置效率，降低成本。对于涉及多个城市的大型项目，如跨市域的交通网络、生态保护区或灾害防控体系，需各城市共同规划、联合投资并协同施工，确保项目的连贯性和整体效益。鼓励居民、企业和社会组织参与到区域治理中来，通过听证会、意见征询等方式，收集民意，增加透明度，形成政府、市场、社会多元主体共同参与的社会治理格局。

第七章

京津冀城市基层社会治理多主体行为策略演化博弈分析

城市基层社会治理是一个复杂系统,涉及政府、居民委员会、物业服务企业、社会组织、居民等多元主体。在这一系统中,各主体基于自身利益、资源与目标采取不同的行为策略,形成一种动态的博弈关系。

第一节 城市基层社会治理中政府、社会组织、公众博弈互动分析

政府在城市基层社会治理中的行为涉及规划、指导、监管、服务提供等多个方面。随着社会治理现代化的推进,政府在城市基层的角色逐渐从"管理者"转向"服务者"和"引导者"。政府需要清晰界定其在社区治理中的职责范围,避免"越位"(干预应由市场或社会自行解决的事务)、"缺位"(未能履行应有职责)和"错位"(职能行使不当)。政府负责制定基层社会治理的相关政策法规,为社区治理提供法律依据和方向指导。政策的有效执行是治理的关键,包括社区发展规划、公共服务供给标准、社会矛盾调解机制等。执行过程中,政府需要确保政策的连贯性和可操作性,同时

加强对执行效果的监督与评估。政府在鼓励和支持居民、社会组织、企事业单位等多元主体参与社区治理中扮演着重要角色。包括建立健全公众参与机制，如社区听证会、居民大会等，以及通过购买服务、项目合作等方式与社会组织合作，增强社区的自我管理和自我服务能力。同时，政府是公共资源的主要调配者，负责整合各类资源，包括财政资金、公共设施、人力资源等，确保资源有效服务于社区治理。这要求政府具备高效的资源配置能力和协调不同利益主体的能力，以解决社区发展中的实际问题。在城市基层社会治理中，政府还承担着调解居民矛盾、化解社会冲突、维护社会秩序的重任。这包括建立健全社区矛盾纠纷预防和化解机制，及时回应居民关切，处理好民生问题，防止小问题演变为大矛盾。

社会组织作为连接政府与民众的桥梁在城市基层社会治理中发挥着不可或缺的作用。社会组织能够针对社区的具体需求，提供更为个性化和精细化的服务，如为老年人提供照护服务、为青少年开展课外教育活动、为低收入家庭提供援助等，这些往往能更精准地填补政府公共服务的空白。通过组织各类社区活动，如环保宣传、文化交流、志愿服务等，社会组织能激发居民的社区归属感和参与热情，增强居民间的相互了解与支持，从而构建积极的社区氛围。社会组织作为居民与政府沟通的渠道，能够收集并反映居民的意见和需求，为政策制定提供来自基层的反馈，促进政府决策的民主化和科学化。在一些社区矛盾和冲突中，社会组织以其相对中立的身份，可以参与调解工作，帮助缓和居民与物业、居民与居民之间的紧张关系，维护社区和谐。社会组织还可以扮演监督者的角色，对政府项目实施、公共服务质量进行监督评估，确保资源有效利用和治理效果的透明度。

公众不仅是治理的对象，更是治理的主体之一，其行为直接影响着基层社会治理的效果和质量。公众通过参加居民会议、居民代表会议、线上问卷调查等方式,直接或间接地参与到社区规划、公共设施改善、社区服务项目选择等决策过程中,表达个人意见和集体需求,促进决策的民主化和透明度。公众作为服务的直接受益者,对公共服务的质量和效率有最直观的感受,他们通过投诉、建议箱、社交媒体等多种渠道向政府和相关服务机构提供反馈,对基层治理工作进行监督,促使问题得到及时解决。在许多社区,公众自发组织或参与志愿服务活动,如环境保护、邻里守望、助老扶幼等,这种自下而上的互助行为不仅增强了社区凝聚力,还弥补了正式服务体系的不足,体现了公众在基层治理中的主动性和创造力。居民通过居民委员会、业主委员会等自治组织,自主管理社区内部事务,解决日常生活中的小问题,如小区环境维护、停车管理、公共安全等,这种自我管理行为减少了对政府的依赖,提高了治理效率。

第二节　模型设定

一　基本假设

政府、社会组织与公众在参与城市基层社会治理过程中均具有有限理性。面临信息不完全的外部环境,各主体掌握的信息也具有不对称性。三者在博弈过程中,不仅对外部环境变化无法准确预测,同时对其他两方的合作目的、合作意愿以及合作动机等信息无法精准掌握。博弈过程是重复进行的,并且每一次的行为策略选择和收益情况在博弈结束后都能被其他参与方完全获得。因此,当无法判断当期合作的得失情况时,博弈参与者会参考其他参与者之前的行动策略来确定自己的策略选择,这种情况下模仿前期的行为就是参与者的最佳策略选择。博弈方根据已经发生的行为,彼此之间通过不断模仿、交互,调整自身策略选择,最终达到稳定状态,形成稳定的策略集合。演化博弈中的复制动态模型可以用来分析这种模仿行为。

基于此，提出以下假设：

假设1：社会组织根据其参与城市基层社会治理所投入的人力、物力等成本以及参与后的收益决定是否参与治理。其中选择参与治理的概率为 x，则不参与的概率为 $1-x$。社会组织在参与城市基层治理中所投入的资源构成投入成本 C_1。假设成本消耗越大，治理效果越好，且满足 $0 \leq x \leq 1$ 的条件。

假设2：公众根据参与社区治理所投入的时间、资源等成本 C_2 以及参与后获得收益 M 选择是否参与社会治理，选择"参与"策略的概率为 y，选择"不参与"策略的概率为 $1-y$，且满足 $0 \leq y \leq 1$ 的条件。收益 M 由公众幸福感、获得感组成。

假设3：政府在城市基层社会治理中，根据其他主体参与治理带来的社会效益选择"合作"与"不合作"，并且选择"合作"策略的概率为 z，选择"不合作"的概率为 $1-z$，且满足 $0 \leq z \leq 1$ 的条件。

假设4：政府选择与其他主体合作对基层社会进行治理时，会获得社会收益 U，同时产生合作成本 C_3，对选择参与治理的社会组织和公众给予一定的奖补（P）。为避免社会组织和公众在参与基层社会治理过程中半途而废，对中途退出的一方进行惩罚（Q），且惩罚 Q 大于奖补 P。政府不同意其他主体合作参与社会治理时社会收益为 U'，且 $U - C_3 > U'$，即参与净收益大于不参与时的收益。

假设5：协同治理的结果具有不确定性，存在治理无效的可能，因此用 α 表示协同治理的成功率。

假设6：社会组织和公众在参与基层社会治理之前签订相关协议，商定好各自获得的利益分摊比例。假定协议中签订社会组织利益分摊比例为 β，则社会组织获得的收益为 $M\beta$。公众获得的分摊比

例为 $1-\beta$，收益则为 $M(1-\beta)$。

假设7：在选择是否参与城市基层社会治理合作之初，社会组织和公众本身具有的资源会带来一些有形或无形的收益，将这些收益记为社会组织的基础收益 R_s，公众的基础收益 R_E。

三主体演化博弈相关符号及参数含义如表7-1所示。

表7-1　　三主体演化博弈相关符号及参数含义

参数	含义
U	政府选择同意合作时的社会收益
U'	政府选择不同意时的社会收益
P	政府同意时对其他参与方的奖补
Q	政府对中途退出方的惩罚
R_s	社会组织的基础收益
R_E	公众的基础收益
M	协同合作后的额外社会收益
α	合作成功率
β	社会组织和公众收益分摊比例
C_1	社会组织参与治理时产生的成本
C_2	公众参与治理时需要投入的成本
C_3	政府允许其他主体参与时产生的成本（监督、引导等）

二　建立模型

基于以上假设，在政府选择允许策略时，社会组织和公众如果都选择参与基层社会治理那么社会组织除获得一定比例（β）的额外收益外，还将获得政府给予 P 的奖励，最终将会得到 $R_s + M\alpha\beta + P - C_1$ 的总收益，公众在协同中得到的总收益为 $R_E + M\alpha(1-\beta) + P - C_2$。如果两者均中途选择不参与，那么社会组织和公众收益均为基础收益扣除罚金 Q；如果社会组织选择参与而公众选择不合作，社会组织除参与成本 C_1 外，还可获得政府给予的奖补 P。政府选择不允

许时的社会收益为 U'，且 $U'<U$。具体支付矩阵见表 7-2。

表 7-2　政府、社会组织与公众参与城市基层社会治理博弈支付

公众 社会组织	政府	同意（z）		不同意（$1-z$）	
		参与（y）	不参与（$1-y$）	参与（y）	不参与（$1-y$）
参与 （x）		$R_s + M\alpha\beta + P - C_1$ $R_E + M\alpha(1-\beta) + P - C_2$ $U - C_3 - 2P$	$R_s + P - C_1$ $R_E - Q$ $U - C_3 - P + Q$	$R_s + M\alpha\beta - C_1$ $R_E + M\alpha(1-\beta) - C_2$ U'	$R_s - C_1$ R_E U'
不参与 （$1-x$）		$R_s - Q$ $R_E + P - C_2$ $U - C_3 - P + Q$	$R_s - Q$ $R_E - Q$ $U - C_3 + 2Q$	R_s $R_E - C_2$ U'	R_s R_E U'

第三节　社会组织、公众与政府三方演化稳定策略分析

一　三方期望收益函数

根据表 7-2 可知社会组织选择"参与"策略的期望收益如式（7-1）。

$$\pi_{S1} = yz(R_S + M\alpha\beta + P - C_1) + (1-y)z(R_S + P - C_1)$$
$$+ y(1-z)(R_S + M\alpha\beta - C_1) + (1-y)(1-z)(R_S - C_1) \quad (7-1)$$

社会组织选择"不参与"策略的期望收益如式（7-2）。

$$\pi_{S2} = yz(R_S - Q) + (1-y)z(R_S - Q) + y(1-z)R_S$$
$$+ (1-y)(1-z)R_S \quad (7-2)$$

社会组织在参与城市基层社会治理中的平均期望收益如式（7-3）。

$$\pi_S = x\pi_{S1} + (1-x)\pi_{S2} \qquad (7-3)$$

公众选择"参与"策略的期望收益如式 (7-4)。

$$\pi_{E1} = xz[R_E + M\alpha(1-\beta) + P - C_2] + (1-x)z(R_E + P - C_2)$$
$$+ x(1-z)[R_E + M\alpha(1-\beta) - C_2] + (1-x)(1-z)(R_E - C_2)$$
$$(7-4)$$

公众选择"不参与"策略的期望收益如式 (7-5)。

$$\pi_{E2} = xz(R_E - Q) + (1-x)z(R_E - Q) + x(1-z)R_E$$
$$+ (1-x)(1-z)R_E \qquad (7-5)$$

公众在参与城市基层社会治理中平均期望收益如式 (7-6)。

$$\pi_E = y\pi_{E1} + (1-y)\pi_{E2} \qquad (7-6)$$

政府选择"同意"策略的期望收益如式 (7-7)。

$$\pi_{G1} = xy(U - C_3 - 2P) + x(1-y)(U - C_3 - P + Q) + (1-x)$$
$$y(U - C_3 - P + Q) + (1-x)(1-y)(U - C_3 + 2Q)$$
$$(7-7)$$

政府选择"不同意"策略的期望收益如式 (7-8)。

$$\pi_{G2} = xyU' + x(1-y)U' + (1-x)yU' + (1-x)(1-y)U'$$
$$(7-8)$$

政府在多主体协同参与城市基层社会治理中平均期望收益如式 (7-9)。

$$\pi_G = z\pi_{G1} + (1-z)\pi_{G2} \qquad (7-9)$$

二 三方主体复制动态方程

根据演化博弈理论，由式 (7-1) — (7-9) 可知，社会组织"参与"行为的复制动态微分方程如式 (7-10)。

$$F(x) = \frac{dx}{dt} = x(\pi_{S1} - \pi_S) = x(1-x)(\pi_{S1} - \pi_{S2})$$
$$= x(1-x)[z(P+Q) + yM\alpha\beta - C_1] \qquad (7-10)$$

公众"参与"行为的复制动态微分方程如式（7-11）。

$$F(y) = \frac{dy}{dt} = y(\pi_{E1} - \pi_E) = y(1-y)(\pi_{E1} - \pi_{E2})$$
$$= y(1-y)[z(P+Q) + xM\alpha(1-\beta) - C_2]$$
(7-11)

政府"同意"行为的复制动态微分方程如式（7-12）。

$$F(z) = \frac{dz}{dt} = z(\pi_{G1} - \pi_G) = z(1-z)(\pi_{G1} - \pi_{G2})$$
$$= z(1-z)[U - C_3 + 2Q - U' - (P+Q)(x+y)]$$
(7-12)

由于社会组织、公众和政府具备有限理性，最佳的策略选择很难仅通过一次决策实现。因此，式（7-10）—（7-12）可以看作一个演化过程，三个方程联立形成一个复制动态系统，联立方程组式（7-13）的解，即为该演化博弈模型的均衡解。

$$\begin{cases} H_S = x(1-x)[z(P+Q) + yM\alpha\beta - C_1] \\ H_E = y(1-y)[z(P+Q) + xM\alpha(1-\beta) - C_2] \\ H_G = z(1-z)[U - C_3 + 2Q - U' - (P+Q)(x+y)] \end{cases}$$
(7-13)

三 博弈稳定性分析

根据 Weinstein 微分方程平衡点稳定性原理[①]，如果方程中 x 处于稳定状态，那么有 $F(x) = 0$，$F'(x) < 0$。

社会组织决策的均衡分析：

根据以上分析可知，社会组织如果实现策略稳定，则 x 满足 $F(x) = 0$，$F'(x) < 0$。

[①] Weinstein M. I., "Lyapunov stability of ground states of nonlinear dispersive evolution equations", *Communications on Pure & Applied Mathematica*, Vol. 39, No. 1, 2010, pp. 51-67.

当 $y = \dfrac{C_1 - z(P+Q)}{M\alpha\beta}$ 时，$F(x) \equiv 0$，x 取任何值都是稳定状态，即对社会组织来说其策略选择不随时间发生变化。

当 $y \neq \dfrac{C_1 - z(P+Q)}{M\alpha\beta}$ 时，得到 $x=0$ 和 $x=1$ 两点可能为 $F(x)$ 的两个均衡点。此时对 $F(x)$ 求导得：$F'(x) = (1-2x)[z(P+Q) + yM\alpha\beta - C_1]$。

当 $0 < y < \dfrac{C_1 - z(P+Q)}{M\alpha\beta}$ 时，$F'(x)|_{x=0} < 0$，$F'(x)|_{x=1} > 0$，则 $x=0$ 为稳定状态，即社会组织会选择"不参与"策略。

当 $\dfrac{C_1 - z(P+Q)}{M\alpha\beta} < y < 1$ 时，$F'(x)|_{x=1} < 0$，$F'(x)|_{x=0} > 0$，则 $x=1$ 为稳定状态，即社会组织会选择"参与"策略。

公众决策的均衡分析：

令 $F(y) = \dfrac{dy}{dt} = 0$，可知，当 $z = \dfrac{C_2 - xM\alpha(1-\beta)}{P+Q}$，$F(y) \equiv 0$，$y$ 取任何值都是稳定状态，即公众的策略选择不随时间发生变化。

当 $z \neq \dfrac{C_2 - xM\alpha(1-\beta)}{P+Q}$ 时，得到 $y=0$ 和 $y=1$ 两点可能为 $F(y)$ 的两个均衡点。此时对 $F(y)$ 求导得：$F'(y) = (1-2y)[z(P+Q) + xM\alpha(1-\beta) - C_2]$。

当 $0 < z < \dfrac{C_2 - xM\alpha(1-\beta)}{P+Q}$ 时，$F'(y)|_{y=0} < 0$，$F'(y)|_{y=1} > 0$，因此 $y=0$ 为稳定状态，即公众会选择"不参与"策略。

当 $\dfrac{C_2 - xM\alpha(1-\beta)}{P+Q} < z < 1$ 时，$F'(y)|_{y=1} < 0$，$F'(y)|_{y=0} > 0$，因此 $y=1$ 为稳定状态，即公众会选择"参与"策略。

政府决策的均衡分析：

令 $F(z) = \frac{dz}{dt} = 0$，可知，当 $x = \frac{U - C_3 + 2Q - U' - y(P+Q)}{P+Q}$ 时，$F(z) \equiv 0$，z 取任何值都是稳定状态，即政府的策略选择不随时间发生变化。

当 $x \neq \frac{U - C_3 + 2Q - U' - y(P+Q)}{P+Q}$ 时，得到 $z = 0$ 和 $z = 1$ 可能为 $F(z)$ 的两个均衡点，这种情况下对 $F(z)$ 求导得：$F'(z) = (1-2z)[U - C_3 + 2Q - U' - (P+Q)(x+y)]$。

当 $0 < x < \frac{U - C_3 + 2Q - U' - y(P+Q)}{P+Q}$ 时，$F'(z)|_{z=1} < 0$，$F'(z)|_{z=0} > 0$，因此 $z = 1$ 为稳定状态，即政府选择"同意"的策略。

当 $\frac{U - C_3 + 2Q - U' - y(P+Q)}{P+Q} < x < 1$ 时，$F'(z)|_{z=0} < 0$，$F'(z)|_{z=1} > 0$，因此 $z = 0$ 为稳定状态，即政府选择"不同意"的策略。

复制动态系统均衡解分析：

由联立方程组式（7-13）构造出演化博弈的雅克比矩阵 J：

$$J = \begin{bmatrix} (1-2x)[z(P+Q) + yM\alpha\beta - C_1] \\ y(1-y)M\alpha(1-\beta) \\ -z(1-z)(P+Q) \\ x(1-x)M\alpha\beta \\ (1-2y)[z(P+Q) + xM\alpha(1-\beta) - C_2] \\ -z(1-z)(P+Q) \\ x(1-x)(P+Q) \\ y(1-y)(P+Q) \\ (1-2z)[U - C_3 + 2Q - U' - (P+Q)(x+y)] \end{bmatrix}$$

令 $F(x) = 0$，$F(y) = 0$，$F(z) = 0$ 可以得出复制动态系统中的 8 个纯策略解：$E_1(0,0,0)$，$E_2(1,0,0)$，$E_3(0,1,0)$，

E_4 (0, 0, 1), E_5 (1, 1, 0), E_6 (0, 1, 1), E_7 (1, 0, 1), E_8 (1, 1, 1)。

根据这8个均衡点形成的雅克比矩阵的特征值正负来判断哪些均衡点是演化稳定点。当均衡点的雅克比矩阵的所有特征值都为非正时,该点具有演化稳定性,即为演化稳定点;当所有特征值都为正时,该点不具备稳定性,即为不稳定点;当特征值有正有负时,该均衡点为鞍点。将 E_1—E_8 分别代入雅克比矩阵 J 中,得到8个均衡点对应的雅克比矩阵的特征值及复制动态系统均衡点局部稳定性分析如表7-3所示。

表7-3 雅克比矩阵特征值及系统均衡点局部稳定性分析

均衡点	特征值	符号	特征值 λ_3
$E_1(0, 0, 0)$	$\lambda_1 = -C_1$	−	鞍点
	$\lambda_2 = -C_2$	−	
	$\lambda_3 = U - C_3 + 2Q - U'$	+	
$E_2(1, 0, 0)$	$\lambda_1 = C_1$	+	不稳定点
	$\lambda_2 = M\alpha(1-\beta) - C_2$	+	
	$\lambda_3 = U - C_3 + Q - P - U'$	+	
$E_3(0, 1, 0)$	$\lambda_1 = M\alpha\beta - C_1$	+	不稳定点
	$\lambda_2 = C_2$	+	
	$\lambda_3 = U - C_3 + Q - P - U'$	+	
$E_4(0, 0, 1)$	$\lambda_1 = P + Q - C_1$	+	鞍点
	$\lambda_2 = P + Q - C_2$	+	
	$\lambda_3 = -U + C_3 - 2Q + U'$	−	
$E_5(1, 1, 0)$	$\lambda_1 = C_1 - M\alpha\beta$	−	当 $U > C_3 + U' + 2P$ 时,$\lambda_3 > 0$,该点是鞍点。当 $U < C_3 + U' + 2P$ 时,$\lambda_3 < 0$,该点是稳定点。
	$\lambda_2 = C_2 - M\alpha(1-\beta)$	−	
	$\lambda_3 = U - C_3 - U' - 2P$	无法确定	

续表

均衡点	特征值	符号	特征值 λ_3
$E_6(0, 1, 1)$	$\lambda_1 = P + Q + M\alpha\beta - C_1$	+	鞍点
	$\lambda_2 = C_2 - (P + Q)$	−	
	$\lambda_3 = -U + C_3 - Q + U' + P$	−	
$E_7(1, 0, 1)$	$\lambda_1 = C_1 - P - Q$	−	鞍点
	$\lambda_2 = P + Q + M\alpha(1-\beta) - C_2$	+	
	$\lambda_3 = -U + C_3 - Q + U' + P$	−	
$E_8(1, 1, 1)$	$\lambda_1 = C_1 - P - Q - M\alpha\beta$	−	当 $U > C_3 + U' + 2P$ 时，$\lambda_3 < 0$，该点是稳定点。当 $U < C_3 + U' + 2P$ 时，$\lambda_3 > 0$，该点是鞍点。
	$\lambda_2 = C_2 - P - Q - M\alpha(1-\beta)$	−	
	$\lambda_3 = -U + C_3 + U' + 2P$	无法确定	

由表 7-3 可知，稳定点由 U 与 $C_3 + U' + 2P$ 的关系决定。

当 $U < C_3 + U' + 2P$ 时，即政府选择同意的收益小于不同意的收益、参与成本以及对社会组织和公众两方的奖补之和时，E_5（1，1，0）为演化稳定点，也就是社会组织和公众选择"参与"，政府选择"不同意"（参与，参与，不同意）为演化稳定策略组合。

当 $U > C_3 + U' + 2P$ 时，即政府选择同意的收益大于不参与收益、参与成本以及对社会组织和公众两方奖补之和时，E_8（1，1，1）为演化均衡点，此时社会组织和公众选择"参与"，政府选择"同意"（参与，参与，同意）成为演化稳定策略组合。

第四节　城市基层社会治理多主体行为模拟与仿真

影响政府、社会组织和公众策略选择的因素有很多，任何因素的变化都可能会导致演化结果发生改变。不同的条件下，三者策略选择的稳定状态不同。

政府作为城市基层社会治理的引导者，营造并持续改善着治理的制度环境。因此政府同意其他主体参与社会治理是实现基层治理现代化的关键环节。所以研究的最终目标是达到社会组织和公众参与，政府同意的理想状态，寻找动态系统中趋近于（1，1，1）的点博弈策略，在上一部分建立的演化博弈模型基础上，通过数值仿真对社会组织、公众和政府的策略演化进行具体分析。仿真过程中参数的设置主要依据模型中所涉及的各因素变化规律以及对演化稳定策略的敏感程度，通过改变参数的取值情况，分析成本、奖补、惩罚、收益等因素对各主体策略选择的影响。林晶晶等和王文宾等将各参数进行赋值，设置的各参数值并不表示经济社会运行中的实际数值。[①②] 另外，为不失一般性，研究假设所涉及的各参数取值均为正。具体参数设置如下：$U=10$，$C_1=1$，$C_2=1.5$，$\alpha=0.5$，$\beta=0.5$，$C_3=3$，$U'=2$，$Q=2.5$，$P=1.5$，$M=8$。

一 社会组织、公众与政府演化稳定策略分析

对以上设置的参数进行仿真模拟可以得到社会组织、公众和政府三类主体在满足设定条件下的策略演化情况，如图7-1所示。满足所有假设的条件下，设定社会组织、公众与政府在博弈中初始意愿值分别为$x=0.1$，$y=0.2$，$z=0.4$，可以发现，即使社会组织和公众初始选择"参与"策略的概率与政府选择"同意"的概率均比较低，只要收益、利益分配比例、成本等其他因素在合适范围内，系统通过不断演化最终达到（1，1，1）的稳定点，也就是三方主体通过不断调整策略选择最终会形成（参与，参与，同意）的

---

① 林晶晶、毛雅婧、林宗平：《"互联网+再生资源回收"模式推进机制的三方演化博弈研究》，《生态经济》2022年第3期。

② 王文宾、戚金钰、张萌欣等：《三方演化博弈下政府奖惩机制对WEEE回收的影响》，《中国管理科学》网络首发，2023年6月9日。

稳定策略。

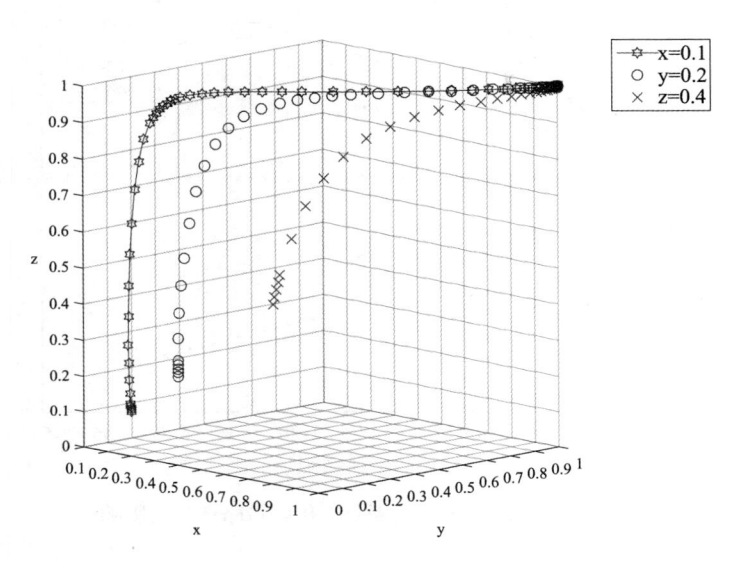

图 7-1 社会组织、公众和政府演化稳定策略

二 成本 C_1 的变动对社会组织策略选择的影响

其他参数保持不变，改变社会组织的参与成本，分别取值为：$C_1=1$，$C_1=1.2$，$C_1=1.4$，$C_1=1.6$，$C_1=1.8$，$C_1=2$，仿真 6 次后结果如图 7-2 所示。可以发现成本约为 1.8 时，系统无法收敛到稳定的状态。当 C_1 大于 1.8 时系统逐渐向 0 演化，即社会组织选择与公众合作参与城市基层社会治理的概率逐渐趋向于 0，最终选择"不参与"策略。当 C_1 小于 1.8 时，系统向 1 演化，社会组织选择与公众合作参与的概率逐渐趋向于 1，最终选择"参与"城市基层社会治理。对比 6 次仿真结果发现，成本取值越小，系统收敛到 1 的速度越快，时间越短。随着成本取值的增大，系统向 1 收敛的速度逐渐减缓，超过 1.8 后则逐渐向 0 收敛。

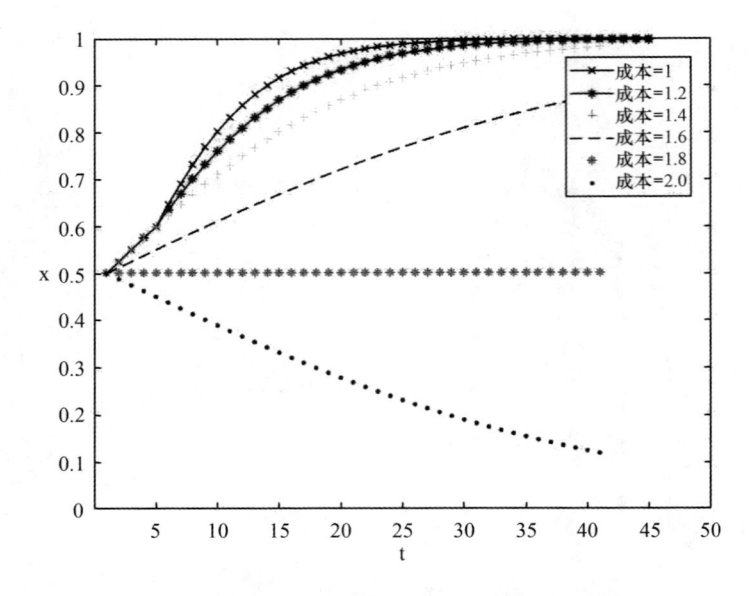

图7-2 成本 C_1 的变化对社会组织策略选择的影响

三 奖补 P 和惩罚 Q 的变动对公众策略选择的影响

保证其他参数取值不变,对公众积极参与基层社会治理时的奖补 P 和对选择中途不参与时接受的惩罚 Q 分别赋值为:$P=0.5$,$P=1$,$P=1.5$,$P=2$,$P=2.5$,$P=3$;$Q=0.5$,$Q=1.3$,$Q=2$,$Q=2.5$,$Q=3$,$Q=3.5$,仿真6次后,探讨奖补 P 和惩罚 Q 变动时公众策略选择的变化情况,公众策略选择演化结果如图7-3和图7-4所示。

图7-3显示,当政府给予公众参与合作的奖补 P 比较小时(如 $P=0.5$),公众选择参与基层社会治理的概率会向0收敛,即公众更偏向于选择"不参与"策略。表明政府激励不足时,公众参与治理的积极性较低。随着 P 值的增大,公众选择参与基层治理的概率逐渐向1收敛,并且 P 值越高,系统向1收敛的速度越快。说明政府在发挥引导作用时,奖励和补贴越高,公众与社会组织参与社会治理的积极性越高。

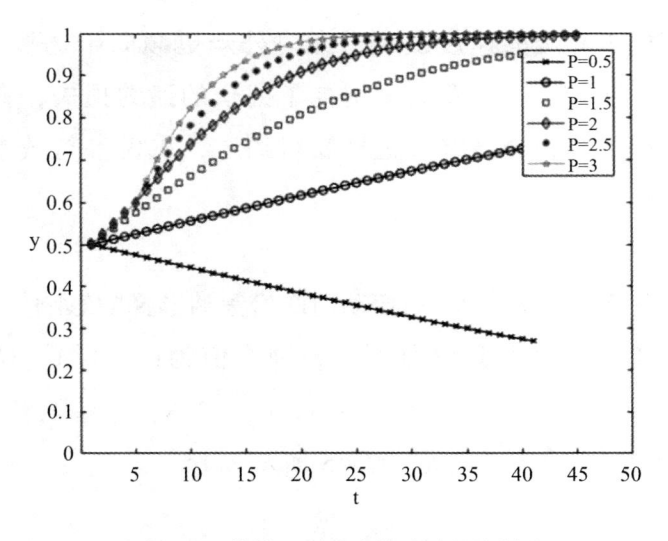

图7-3 奖补 P 对公众策略选择的影响

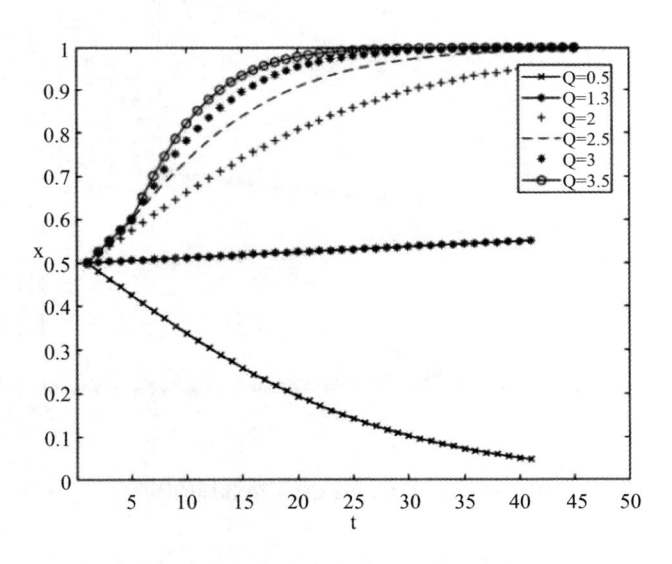

图7-4 惩罚 Q 对公众策略选择的影响

图7-4显示,当 Q 取值为0.5时,公众选择参与社会治理的概率趋向于0,说明公众违约后受到政府的惩罚较小时,该惩罚对公众没有产生约束作用。当 Q 取值为3.5时,公众选择参与治

理的概率向 1 收敛的速度最快，此时公众更倾向于选择"参与"的策略。说明较高的惩罚力度增加了公众的违约损失，在利益最大化的前提下，公众最终会选择履行约定，积极参与城市基层社会治理。

四 政府参与成本 C_3 的变动对政府策略选择的影响

保证其他参数不变情况下，分别取值为：$C_3 = 1$，$C_3 = 1.5$，$C_3 = 2$，$C_3 = 2.5$，$C_3 = 3$，$C_3 = 3.5$，$C_3 = 3.8$，$C_3 = 4$，$C_3 = 4.5$，$C_3 = 5$，仿真 10 次后结果如图 7-5 所示。

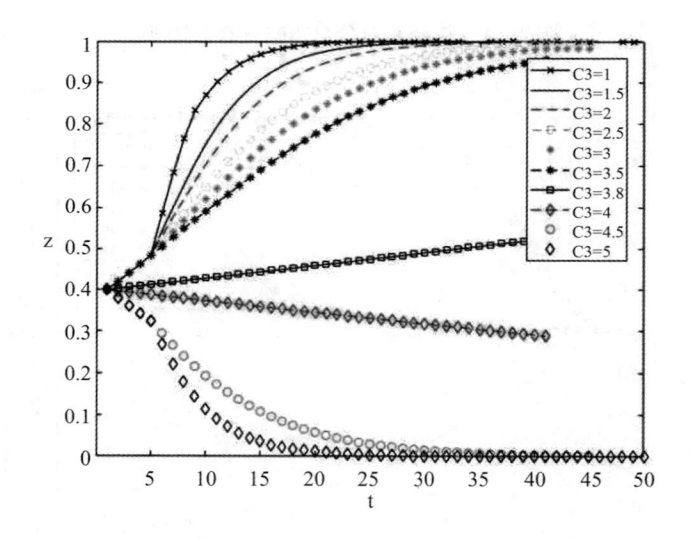

图 7-5 成本 C_3 对政府策略选择的影响

由图 7-5 可以发现，10 个取值中，大约当 C_3 取值大于 3.8 时政府选择"同意"的概率逐渐向 1 收敛，且数值越小收敛的速度越快；小于 3.8 时政府选择"同意"的概率逐渐向 0 收敛，且数值越大收敛的速度越快。这说明政府在引导公众和社会组织积极参与基层社会治理，提升社会收益的同时，需要将参与成本控制在合理范围之内。成本较高会导致政府选择"不同意"的策略，控制合理的参与成本才会促使政府积极引导和推动其他主体合作参与城市基层社会治理，提高治理效率。

第八章

长三角地区城市基层社会治理经验借鉴

第一节 长三角地区城市基层社会治理创新模式与特点

长三角城市群在基层治理的道路探索中积极创新，摸索出诸多基层治理新模式，将党建融入基层治理，为社会治理指明方向；充分发挥信息技术优势，将基层治理数字化智慧化；在基层治理过程中打造基层治理示范区标杆；各地因地制宜构建多元化纠纷解决机制。

一 党建引领城市基层社会治理新模式

要把加强基层党的建设、巩固党的执政基础作为贯穿社会治理和基层建设的一条红线。① 在长三角城市基层社会治理中，党的建设始终要作为政治保障推动基层社会治理工作发展。长三角一体化发展对政策的协同性有着高要求，党建引领更体现出跨地区、跨区

---

① 李福凌、李明伟：《党建引领"两新"组织参与超大城市社会治理：实践探索与经验模式》，《中共云南省委党校学报》2024年第2期。

域、跨领域的显著优势。

上海作为长三角城市群中开展毗邻党建的特大型城市，在基层社会治理中注重进行多方位联动治理，全力构建跨省域党建共同体，着眼于协同发展，深入推进区域化党建，通过组织、平台和服务相互融合，充分发挥党建在城市基层社会治理中的引领作用，将党的政治优势和组织优势逐步务实化为区域经济成果、产业发展优势、社会治理效果。通过构建党建引领，自治、法治、德治相结合的城市基层社会治理完整体系，在区域化党建运行全过程和基层社会治理各环节中始终贯彻落实全过程人民民主，完善社会民情征求机制，强化各级楼委会、街事会、共建共治联盟等平台的自治功能，创新"党建引领+自治共治"的治理新模式。

在总结历史经验，分析长处短处中形成以党建引领城市基层社会治理创新共识。上海改革发展的稳定离不开基层党组织积极发挥推动作用，服务群众，促进和谐社会建设。基层党组织在基层干部工作中深化党的领导意识，在社会治理的方方面面始终坚持党的领导。基层党组织加速推进基层党建完成从上层着力向基层着力转变，从局部推进向整体推进转变，从各自封闭向共同参与转变，从简单粗放向精准发力转变的"四个转变"，实现了上下联动、加强统筹、全面覆盖、落实落细、力量下沉的成果。

创新城市基层社会治理的工作重点在于街道社区，将基层管理力量传递至街道社区，加强基层党建的工作重点同样涵盖街道社区。坚持从基层着手打基础，把强化街道党工委的工作职能作为工作突破口，适度传递给基层有关管理和服务力量，规定各个街道和社区的工作职责，改善街道和社区的工作机构，从而激发基层党组织的强大活力。给予基层党组织部分权力来调动管理工作中所需资源：对区职能部门派出机构负责人的人事考核权和征得同意权、街道规划的参与权、综合管理权、对区域内事关群众利益的重大决策和重大项目的建议权。

从组织结构、责任承担、网络联系、制度建设角度入手，完善城市基层党建三级联动体系。组织结构方面，在不同层级均建立党建联席会议制度，成立党建工作领导小组。区级人员对党建工作进行统筹规划并监督执行；街道人员对基层党建工作进行辅助协调落实；社区人员具体执行党建任务，落实党建工作。责任体系上，不同层级责任不同。区委对全区的党建工作制定总体思路和大体政策，因此承担第一责任。街道党工委负责社区和驻区单位党建、社会组织和非公有制经济组织党建，因此承担直接责任。社区党组织执行上级党委部署的党建工作，如发展党员和党员教育管理工作，因此承担具体责任。网络体系中，在城市基层党建工作中合理利用信息网络技术。建立区级信息管理系统，延伸到街道和社区，整合信息资源，建立数据库，将三级信息互联互通。制度体系上建立基层党建述职评议考核制度，建立任务清单、问题清单、整改清单。建立基层党建调度通报制度，上下级党组织及时沟通情况。建立基层党建动态管理制度，每年对社区党组织进行排查，整顿软弱涣散党组织。建立督促检查制度，及时发现和解决问题。建立跟踪问责问效制度，综合运用约谈、批评教育、组织调整或组织处理等方式。

上海市非公有制经济组织和社会组织自从改革开放后发展迅猛，城市商圈、市场、商务楼、产业园等领域逐步扩建，城市基层党建面临全新的任务目标。街道社区和有关部门为应对新局面，以党组织工作为着手点，在基层党建工作中寻找关键环节，扬长不避短，积极解决相关问题。商务楼宇层面，覆盖了大部分上海市非公有制经济组织、社会组织。上海市要求对商务楼内负责的物业公司、相关单位等建立基层楼宇党组织，党组织以单位规模和党员数量为标准，选择独立或者联合形式，无论何种形式均由街道党工委来对其进行统一领导。

商圈和市场方面包含诸多个体工商户和小微企业，在成立基层党组织时要和监管部门，如工商局、税务局，将基层党建工作归属于企业负责申报登记的有关部门。此外还应设立党员示范户来调动其他商户积极性，推动党组织建设。

在基层社会治理建设工作中，社区工作者无疑是支撑工作的强大力量。因此，建设一支具备高素质和高度专业化的社区工作者队伍极为重要。上海市始终关注在基层城市治理中关于建设社区工作者队伍的相关政策，通过改善社区工作者队伍结构，为建设基层党建保驾护航。社区党组织书记选拔时，坚持选优择强原则。将社区党组织书记队伍建设纳入全市干部队伍和人才队伍建设总体规划，换届时结合社区"两委"工作，不限制性别、户籍、职业等条件，通过"三个一批"选优配强社区支部书记，即从社会上选聘一批优秀党务工作者、从机关和事业单位选派一批优秀年轻干部、从社区工作者中选拔一批优秀党员担任社区支部书记。选拔后给予社区党组织书记事业编制。若社区支部书记在职期间表现优秀且连任满两届，则按照正常流程给予事业编制，在岗退休的社区党组织书记可享受事业编制同等退休待遇，中途离开岗位的，按照人走编留进行处理。若社区支部书记暂不符合事业编制条件，也可享受事业单位人员同等工资待遇。此外，定期从社区党组织书记队伍中招录定向公务员或事业编制人员，公开选拔优秀书记来任职街道领导干部。街道统一管理社区工作者。建立社区工作者职业资格认证制度和薪酬体系。制定相关考核制度，把考核成果作为评优评先、解聘等奖惩工作的主要依据。

上海市作为长三角城市群的关键一员，面对城市发展的新形势、基层党建的新要求，始终坚持创新，逐渐开辟出了一条符合特大城市基层党建工作规律的新道路。上海市的基层城市治理新模式具有一定的前瞻性和参考性，展现出新时代城市基层党建的全新特征，体现了新形势下城市基层党建的时代特征，把握住了城市基层党建的内在规律，探索了加强城市基层党建的有效路径，对全面加强城市基层党建具有重要的示范借鉴意义。

二　数字化治理与智慧化治理模式

推进国家治理体系和治理能力现代化，必须抓好城市治理体系和治理能力现代化。[①] 近年来，长三角城市群一直致力于建设汇聚数字经济、数字政府和数字社会三位一体的城市智能综合体，不断探索数字化治理与智慧化治理模式，进而推动城市基层社会治理稳步发展。将大数据应用于网格化管理，自上而下成立市级、县级、镇级三级治理现代化指挥中心，确保指挥体系能够联动多部门，监管全领域，实时跟踪事件办理全流程。建立"指挥中心+部门进驻"协调机制，突发情况出现时，指挥中心迅速向执行部门传递命令，执行部门迅速反应处理。党建组织全面发挥主导作用，完善各部门互通信息、共享资源、联动工作的协调机制，全面掌握事件进程和结果，针对群众反映的问题快速反应。

要想提高基层社会治理的能力和水平，不仅需要依靠信息科学技术来实现数字化和智能化治理，还离不开现实中网格化管理的强大优势。在教育、医疗、养老、社会保障等与民生息息相关的重要领域应用大数据技术对海量数据进行充分整合、深度挖掘与总结分析，构建渠道多、服务广、内容准、效率高的数据服务体系；依托数字化平台和线下社区服务机构，建设为百姓提供方便实惠的智慧型服务圈，社区公共服务做到线上线下相结合。着重构建和完善基

---

① 汪晓东、张炜、王玉琳：《实现中华民族伟大复兴中国梦的关键一步》，《人民日报》2021年7月3日第1版。

层治理平台，以信息化为支撑，全面实现管理网格化、服务精细化，关注群众诉求数据，整合城市智慧管理数据，将公共服务与群众需求相融合，做到准确无缝对接。同时使用云计算、大数据、人工智能等先进科学信息技术，助力城市管理理念创新、管理模式创新、管理手段创新，从数字化到智能化再到智慧化，是城市治理体系和治理能力现代化的必由之路[1]，以数字化技术推动基层城市治理，可以使基层城市治理更加科学化、精细化、智能化，使得人民群众的满足感、幸福感、安全感逐步提高。

长三角一体化数据共享交换平台以全国一体化政务服务平台、国家电子政务外网和上海市电子政务公共服务云平台为依托，致力于支撑长三角跨区域数据流通，从而使得三省一市的政务信息资源以及社会公共数据可以互查互用。长三角地区数据共享体系的构建，将三省一市现有的各个省级共享平台进行物理上和逻辑上的相互衔接，打造出一条专属于长三角区域内的数据共享的"高速公路"。开展区域政府数据资源的统一汇总工作，将视角转到管理服务对象上，做好政府公共数据的归纳总结，建立区域级的自然人、法人基础信息库，以及跨区域的社会保障、人力资源、环境保护、养老服务等区域级的专题信息库，做到区域一体化发展领域从整体上兴业惠民。重塑长三角一体化数据共享交换平台框架，设立长三角跨区域信息系统的相关标准体系；借助大数据技术，整合各区域内的公共信用信息，开放扩展接口，实现公共信用信息数据的服务功能，满足各业务类型需要和应用行业需求。

在大数据、信息基础设施、工业云、信息安全等领域的交流合作等体系工作上加大力度，加速长三角信息化进程，深化信息经济

---

[1] 郝思斯：《让城市治理更智能更高效更精准》，《中国纪检监察报》2024年5月14日第5版。

发展合作，注重在信息基础设施的协同共享发展和信息资源的开发利用上采取合作措施，从而将产业与信息化高度绑定，推动长三角经济社会的绿色低碳发展，增强区域内的生态环境保护，逐步提高政府的基层治理能力。同时，长三角区域的各个政府不断优化辖区内的经商环境，降低长三角区域内制度性的交易成本，依托于沪、苏、浙、皖等地推行的"一网通办""最多跑一次""不见面审批"等改革方面的经验基础，借助国家政务服务平台和各省市政务服务平台，完成长三角一体化区域的联动服务，即一网通办，办好长三角区域内三省一市间跨区域的联合办理型业务和政务信息数据的互联互通，通过长三角区域信息共享支撑区域性一体化受理、收件、查询、发证等服务，率先实现国家政务服务平台支撑功能区域落地，支撑和保障好长三角区域联动"一网通办"。① 长三角一体化数据共享交换平台作为一个特殊节点，依托国家共享平台建设标准，遵循国家共享平台标准体系建设。向上联通国家级共享平台，实现国家共享资源，向下面向长三角区域政务服务的"一网通办"等资源下沉，横向共享三省一市的相关平台，实现三省一市政务数据资源的共享交换和互联互通，可以大大加快长三角区域政务服务"一网通办"的搭建速度。

  长三角一体化数据共享交换平台采取的方式为跨省服务接口逻辑集中和区域公共数据物理集中相结合，依靠服务协作和资源共享两种不同的建设能力进行作业。以服务接口的形式将跨省协作业务统一后再实时发布到长三角区域数据共享交换平台的业务协作子系统，供三省一市的省级业务平台业务调动使用。例如，为了办好长三角"一网通办"涉及的受理和办理分离业务，三省一市统一将受

---

① 王虎、张怡陵、张翔：《长三角政务服务一体化平台的设计与实践》，《电子技术与软件工程》2020年第5期。

理信息服务接口转接至长三角区域数据共享交换平台，汇总各省级政务服务平台收到的受理信息后进行针对性业务办理，通过各个平台推送办件过程和办理结果到受理方政务服务系统。在国家共享平台发布的三省一市资源分散且口径不一，长三角区域数据共享交换平台以区域为划分标准归纳出统一的公共资源数据信息，统一在长三角区域数据共享交换平台发布，将资源通过物理层面的数据模式进行集中，这些资源能够为一些政府业务提供支撑，为长三角区域内各省政府有关决策分析提供精确服务。

在长三角区域数据共享交换平台搭建的公共数据资源中心中，共有两大类公共数据库，第一类是公共基础类数据，如自然人、法人相关基础等静态数据；第二类是城市管理运行数据，如交通管理、人力资源等动态数据。静态数据的推进过程中坚持以供给促进需求的原则，按照数据现有情况进行归纳总结，由长三角区域数据共享交换平台向数据使用方依法依规统一申请。而动态数据恰恰相反，在推进时遵循的原则是以需求刺激供给，归纳数据时以需求为风向标，建立需求清单，促使区域有关部门共享资源，打破数据围墙，完成业务办理的跨区域协作，为三省一市协同政务服务提供有力支撑。

三　全力打造基层治理示范区建设

立足长三角基层治理现代化目标，在2020年9月16日召开的"2020长三角民政论坛"上，江苏省、浙江省、安徽省和上海市"三省一市"明确将共建长三角地区基层治理示范区，组建"长三角基层治理智库联盟"，共建长三角基层治理联动机制，每年向社会推介发布"长三角基层治理十大优秀案例"，共享基层治理的经典案例和先进治理经验，助力长三角一体化示范区发展。在党的二十大精神指引下，长三角一体化示范区先行启动区朱家角、金泽、黎里、西塘、姚庄五镇于2023年7月24日发布了10个基层治理示范点，展现了先行启动区在抓党建促基层治理方面的生动实践，公开了示范区"两区一县"总结提炼出的一系列基层治理创新成果和工作方法，并成为示范区抓党建引领基层治理的共享资源，进一步放大了示范区引领带动效应。先行启动区五镇共同成立了"五'馨'基层治理共同体"，朱家角、金泽、黎里、西塘、姚庄五镇商定明确示范区"两区一县"将通过"五'馨'基层治理共同体"所倡导共建的"五大行动"：组织共同引领的"红馨"；乡村共同振兴的"安馨"；社区共同治理的"暖馨"；生态共同保护的"清馨"；文化共同传承的"匠馨"，落实五镇对不忘"初心"的坚守，兑现五镇对建设"人民城市"的承诺。此外"馨"也有三重含义：一重以"心"铸魂，二重以"馨"谋创，三重以"星"求进，彰显着示范区"两区一县"在基层治理实践中的初心、实心、决心。

长三角地区基层治理示范区强化街道体制改革，转移基层工作重心。思想是行动的指路明灯，基层工作中要不断深化街道对基层社会治理的认识，在街道体制改革的过程中将工作重心逐步往基层党组织建设转移，往为人民服务的公共管理、公共安全方向转移，最终扭转街道工作的工作重心。在基层治理中要时刻明确各项执法权限，始终遵循权责一致原则，同时分发一定的权限到街道，如管理审批服务等权限，使得基层党建在执行基层治理时做到有序、有据、有效，破解基层治理中无人、无权、无效的不足。此外，推动"街道吹哨，部门报到"机制落地，设立街道执法目录后确立执法主体，建立街道综合执法中心，街道吹哨，确保相关职能部门闻哨而动，随叫随到，由街道统一指挥、统一管理、统一调度，确保到街道派驻的工作人员及其工作职责相对稳定，便于各方面协同行动。按时开展基层社会治理项目拉练活动，各区委组织部统筹该活动于每季度按时开展，拉练活动中各街道要秉承相互比拼、相互借鉴学习的精神，在立足自身实际的基础上，努力做到扬长补短，从而达到基层社会治理均衡化。

打造长三角地区基层治理示范区离不开基层治理理念的转变。强化基层治理队伍，转变基层社区干部的工作理念。基层社会治理过程始终强调"一核多元、融合共治"的核心理念，要在治理路上始终体现人民性、包容性、融合性的三大特征，要充分认识到基层治理不再是社区支部书记或干部这几个人的工作，而是需要全社区的各个单位、组织、居民凝聚合力共同参与，要利用好各个党委单位、共驻共建单位等丰富资源。同时摸索居民代表列席社区干部大会、社区"两委"会议机制，听取社区居民意见，尤其涉及民生议题部分，让社区居民有参与感。实现社区干部互相轮岗交流，借助社区"两委"换届、招聘社区工作者等契机，不断配强选优社区"两委"班子和社区工作者，探索社区支部书记及"两委"干部轮岗制。注重社区工作者的培训工作，区委定期组织社区支部书记外出培训，选派社区支部书记代表到基层社会治理模范社区跟班学习；民政局定期组织社会工作者培训，鼓励社区工作者积极参加社会工作师等职业资格考试，从而使得社区工作者基层社会治理能力得到提升。

建设长三角地区基层治理示范区需要市场化机制的充分发挥来优化公共服务供给。社会养老方面，社区作为主导力量，摸底所管辖区域内60岁以上老年人群体，了解其生活自理情况、养老服务需求情况，列出一系列需求清单。同时面向社会层面积极引进养老机构，针对部分需要全托服务的老人，征得家属同意后安排至养老机构。推进智慧养老平台建设，完善"管理+服务"的养老系统，扩大智慧养老平台的服务范围，将有养老服务需求的老年人全部纳入平台进行数据管理，借助"线上点单，线下服务"的服务模式，实现养老上的专业化、人性化和产业化。加强社会组织服务培育，完善社会组织登记管理制度，引导服务类的专业社会组织参与基层社会治理过程，积极联系高校学生志愿者协会开展志愿活动，从而提高组织服务活力，引导社区居民积极参与。汇总街道资源来采购有关民生保障、社会治理、行业管理等方面的公共服务。矛盾涉及社区居民利益事项时要协调解决问题。出现使用大额维修资金、更换物业服务企业、有关物业费用上调等重要事件时，街道和社区党组织要做好提前介入工作，同时接受居民群众监督。借助社区公开栏、居民微信群等工具，主动且积极公开网格党组织负责人等相关信息，确保人民群众反映问题和表达诉求的相关渠道畅通无阻。

四 构建多元化纠纷解决机制

长三角城市群积极探索多元化解机制，三省一市在推进相关法律条文落地和搭建网上服务平台上各有不同。在上海市颁布的《上海市促进多元化解矛盾纠纷条例》中，切实指出了多元化纠纷解决工作所遵循的指导思想及基本原则。[①] 明确规定了政府及相关部门、法院和检察院的职责，建设社会参与的多元化矛盾纠纷化解机制。形成人民调解作为调解主体的"大调解"工作格局。确立人民调解、行政调解、司法调解等一系列行业性专业性调解的基本规范，针对发展社会调解组织、建设调解员队伍、调整调解费用等方面重点制定规范标准。同时完善社会防范机制，如建立重大行政决策风险评估系统、社会矛盾排查预警系统。市、区两级非诉讼争议解决中心充分发挥多元化纠纷矛盾化解平台的高度信息化，为纠纷双方化解纠纷矛盾提供"一站式"服务。同时，规定法律援助与司法救助、经费保障、调解咨询专家库建设等保障性制度。此外，对工作考核、人大监督、司法监督、社会监督、调解员惩戒机制等制定规

---

① 严展薇：《加强诉源治理　推动矛盾纠纷源头化解》，《上海人大月刊》2022年第2期。

范标准，市、区人大常委会监督同级政府、法院、检察院履行多元化解矛盾纠纷工作职责，将多元化纠纷矛盾化解工作纳入平安建设的考核体系，同时明确规定与之相对应的追责机制。

快速发展的社会变革总是不可避免地引发各种各样的社会纠纷，基层社会治理努力探索"互联网+"模式，积极打造线上矛盾纠纷多元化解平台并推进平台落地，实现解决矛盾纠纷时的业务办理"最多跑一次"，是化解多元化矛盾纠纷的关键举措。浙江省通过大数据、人工智能等信息技术，将法律咨询、在线评估、在线调解、仲裁服务、诉讼服务五大板块结合为一体，搭建了在线矛盾纠纷多元化解平台——ODR（online dispute resolution）平台。这一社会化解纠纷服务共享平台引入了司法调解、人民调解、行业调解等多元化纠纷调解资源，逐级分流过滤矛盾纠纷，最终形成的矛盾纠纷解决模式呈现出漏斗式的特点，还借助了司法调解资源以外的仲裁调解、律师调解等其他多元化纠纷调解资源，化解矛盾纠纷时做到了以"微创化"甚至"无创化"，推进了化解纠纷时"最多跑一次、最好不用跑"的目标落实。ODR 平台树立了"社会问题社会解，线下问题线上解，专业问题专业人士解"的理念，同时还包含婚姻家事、医患纠纷、电子商务、物业纠纷、交通纠纷、劳动纠纷、消费者纠纷七大专题，为矛盾纠纷解决提供了跨时空跨地域个性化的全新模式。通过该平台，纠纷主体不仅能够使用法律知识海量问答数据库进行纠纷问题的智能咨询操作，还能够跳转到人工咨询平台上寻找法律咨询师的优秀团队，使用实时法律问答服务。纠纷主体登录平台仅仅只需要一个账号，便能根据自身纠纷解决需求和纠纷主要特征，选择多种纠纷化解方法。此外，浙江省又推出了名为"浙里调解"的纠纷服务平台，该平台将数据归纳全过程化、数据留痕全闭环化、数据整理全业务化，打造线上线下协同，实现案源可信、组织可信、效果可信，同时具备实时开放的特点。调解案源池、调解资源库、数字化调解结果三大板块共同组成了该多元化纠纷调解平台。凭借强大政府公信力，在多个时间段的多种场景，通过多条渠道进行汇总后转移交接，协作处理需要调解的多元纠纷事件，让纠纷主体更愿意上报纠纷线索，并根据不同标准分类总结纠纷事件，如从市县乡村四层分级、所属行业的专业类别、难易程度等，纠纷主体可通过"浙里办"、支付宝、微信等移动端App查阅满足自身需求的调解组织信息并向其申请调解服务，还可以全程互动参与可视化矛盾纠纷调处化解全流程，最后对调解服务全流程进行综合评价。调解员监督纠纷主体履行调解结果，对需要帮助的纠纷主体提供其所需的社会救济便利。

安徽省同样出台了《安徽省多元化解纠纷促进条例》（以下简称《条例》）来依法规定针对纠纷化解主体的保障措施和化解纠纷途径的管理监督，多元化解纠纷工作的改善能够进一步影响社会和谐，为共建共治共享的社会治理格局构建出力。矛盾纠纷调解这一难题一直长期困扰着基层社会治理的相关部门和干部群众。安徽省依靠立法，寻找矛盾纠纷中的薄弱环节，把化解纠纷方面存在的主要问题重点解决，这样就从法律制度上协调联动非诉解决方式和诉讼方法，使得社会治理能力和水平进一步提高。为方便当事人化解纠纷，《条例》重点关注近期容易产生矛盾纠纷的主要方面，并在交通运输、医疗保障、婚姻家庭等民生方面组建具备行业性和专业性的社会团体以及其他社会调解组织。此外，《条例》还明确指出各级政府和有关部门的监督管理职责，要求法院、检察院及时制定和执行矛盾纠纷化解工作的奖惩机制与责任制度，各级政府还需要在年度考核中加入多元化解纠纷工作，同时有关部门必须建立并完善调解组织名册和调解员名册管理制度，从而对调解组织和调解员进行有效的监督。

江苏省出台的《关于健全完善矛盾纠纷全周期管理的指导意

见》推动了化解纠纷工作的前后延伸，从而搭建起"前期预警、中期处理、后期反馈"的矛盾纠纷全周期管理机制。同时创建"苏解纷"非诉讼纠纷服务平台，并开发"苏解纷"微信小程序，为纠纷主体提供 AI 智能咨询和人工在线综合问答，如案件进度一键查询、案件解决流程推荐、诉讼文书模板、类似纠纷经典案例、相关法律法规等，提供在线申请人民调解、行政调解、律师调解三大调解方式和公证、仲裁、行政裁决、行政复议、司法鉴定五大非诉服务，让人民群众在移动端就能随时随地操作，更加方便快捷地进行案件申请、案件查询等线上操作。江苏省始终把非诉讼纠纷解决机制放在关键位置，不断创新纠纷解决机制和方式方法，逐步推进多元化矛盾纠纷工作预防化、全领域化、全过程化。大力提倡基层人民调解组织、行业性专业性调解组织建设，创新提出成立"金牌调解""老兵调解"等个人调解工作室并大力推广，形成具有江苏特色的全领域、广覆盖的多元化矛盾纠纷调解组织网络。此外还选聘律师、心理咨询师等社会专业人士以及相关行业主管部门工作人员担任专职人民调解员参与人民调解工作，人民调解队伍不断壮大，工作力量不断加强。深化诉调、公调、访调、检调对接，积极推行"派驻制"调解模式，在各级法院和检察机关、公安派出所以及信访接待中心设立人民调解工作室，并与省法院、省检察院、省公安厅等多部门联合下发有关多元化纠纷调解的工作意见，基本形成了多元化纠纷联调联动机制。

第二节　经验借鉴

长三角基层社会治理创新模式中涌现出的诸多新模式，值得跨区域基层治理和城市基层治理借鉴和参考。

一 坚持和发展好"枫桥经验"

20世纪60年代初,浙江省诸暨县枫桥镇的干部群众从工作经验中总结出"发动和依靠群众,坚持矛盾不上交,就地解决,实现捕人少、治安好"的经验。1963年,毛泽东同志对该条经验做出"要各地仿效,经过试点,推广去做"的批示①。自此"枫桥经验"作为鲜明旗帜引领全国政法战线。"枫桥经验"在历史进程中不断丰富和发展,逐渐形成了"党政动手,依靠群众,预防纠纷,化解矛盾,维护稳定,促进发展"的富含时代特征的枫桥新经验,在新的历史时期已经成为党的群众路线的执行典范。2023年11月6日,习近平在会见全国"枫桥式工作法"入选单位代表时勉励他们再接再厉,坚持和发展好新时代"枫桥经验",为推进更高水平的平安中国建设做出新的更大贡献。

"小事不出村,大事不出镇,矛盾不上交,就地化解。"枫桥镇政府不仅在下属村、居委会,还在一些企业设置组织机构开展针对性调节工作。此外,枫桥镇政府针对为寻求经济发展而来的外来务工人员制定了人员管理新模式,该模式不仅为外来务工人员统一解决住房、子女入学等民生问题,还在每年进行评优评先活动,评比"十佳外来优秀青年",为中高级人才授予"荣誉镇民"称号等。

在基层社会治理中,新时代"枫桥经验"的主要工作是"五个坚持",即坚持党建引领,把党建引领始终作为新时代"枫桥经验"的主要路径和政治灵魂,坚持人民主体的核心价值,新时代"枫桥经验"的价值导向是实现人民的利益。坚持自治、法治、德治"三治融合",坚持人防、物防、技防、心防"四防并举"。坚

---

① 王昌荣:《新时代"枫桥经验"的深刻意蕴》,《浙江日报》2018年6月11日第6版。

持共建共享的工作格局。① 在党的领导下，"枫桥经验"通过发动人民群众，依靠人民群众，就地化解矛盾。在不同的历史时期，"枫桥经验"都能适应不同矛盾，始终表现出旺盛生命力。党的十八大以来，针对如何坚持和发展新时代"枫桥经验"，习近平总书记做出了一系列重要指示，长三角城市群认真贯彻落实指示精神，依靠群众对基层治理不断创新，使"枫桥经验"在新时代不断丰富发展，为中国式现代化建设创造安全稳定的社会环境。新时代新征程，我们要坚持好、发展好新时代"枫桥经验"，持续推进国家治理体系和治理能力现代化，为中国式现代化提供有力支撑。新时代"枫桥经验"生动地体现了全过程人民民主。全过程人民民主是中国式现代化的本质要求，是完成实现中国式现代化、全面建设社会主义现代化国家任务的重要制度保障。新时代"枫桥经验"完全展示了中国式现代化进程中富含的人民民主内涵。

新时代"枫桥经验"是坚持一切以人民为中心、充分发挥人民群众主体力量的全过程人民民主经验。新时代"枫桥经验"凝聚了实现全过程人民民主中必要的多方力量，在多元共治的基本格局中，始终把坚持党的领导作为根本保证，在人民群众广泛参与、社会各方广泛协同的基础上坚持党的领导。多元共治格局中的主体力量和依靠力量是人民群众，"枫桥经验"最为显著的特征就是充分发挥人民群众的主观能动性，最强大的力量是多方协同坚持和发展新时代"枫桥经验"，就是要在工作中贯彻党的群众路线，持续加强基层党组织与群众的联系。把"一切以人民为中心"作为核心理念，将"一切为了人民"作为坚定不移的宗旨；从"一切依靠人民"中获取重要力量；最后将"一切由人民评判"作为根本尺度来检验坚持和发展新时代"枫桥经验"的结果。"枫桥经验"不仅

---

① 岳亮：《坚持和完善新时代"枫桥经验"》，《人民日报》2020年8月4日第5版。

展现了共建共治共享的社会治理制度，更体现了全过程人民民主的政治优势，坚持和发展新时代"枫桥经验"就是让人民群众作为主体化解矛盾纠纷，让其能够更好地参与全过程人民民主。

法治是中国式现代化的基本要素，中国式现代化这辆火车在法治轨道上才能行驶得更稳更快。新时代"枫桥经验"是推进法治社会建设的重要抓手和有效方法。法治是新时代"枫桥经验"的重要依托，新时代"枫桥经验"以自治、法治、德治三治融合为基本方法。自治是基层社会治理的"内生力"，法治是基层社会治理的"硬实力"，德治是基层社会治理的"软实力"。坚持和发展新时代"枫桥经验"，需要社会治理法治化水平不断提升，社会环境要和法治社会相融合。坚持和发展新时代"枫桥经验"，要依靠法治思维，采取法治方式来协助基层社会治理，同时注重宣传和弘扬法治精神，稳步开展基层依法治理工作，形成办事依法、遇事找法、解决问题用法、化解矛盾靠法的法治环境。监督各级领导干部发挥带头作用，在工作生活中尊法学法守法用法。注意引导广大人民群众自觉守法、遇事找法、解决问题靠法。在人民群众广泛参与中培养全社会法治精神、法治意识、法治信仰。让人民群众真正成为法治社会的主体，逐步形成全社会法治精神、法治意识、法治信仰，推进中国特色社会主义法治事业不断向前发展。

坚持和发展新时代"枫桥经验"，坚持系统治理、依法治理、综合治理、源头治理，疏导社会情绪、化解矛盾纠纷、管控社会风险、激发社会活力。坚持和发展好新时代"枫桥经验"，创造和谐稳定的社会环境。不断丰富发展新时代"枫桥经验"，推进基层社会治理现代化。从社会治安领域拓展至各类安全风险预警、防控机制和能力建设；从传统行业拓展至寄递物流、平台经济等新业态；从立足国内拓展至服务对外开放，创新开展涉外纠纷人民调解。将"枫桥经验"作为答案回答时代问题。"枫桥经验"已经成为党领导人民推进国家治理体系和治理能力现代化的一条基本经验，体现出中国式现代化的独特优势，在实现中国式现代化中始终发挥着举足轻重的作用。

二 提高制度协同，凝聚更强大共建共治共享合力

立法执法协同上，随着近年来长三角一体化发展国家战略的逐步实现，长三角地区区域协同立法快速发展。2020年7月24日，三省一市在上海市举办了首次城市管理综合行政执法协作会议；2021年，沪苏浙三省多地毗邻区域共同签署的《加强毗邻区域城管执法领域联合执法工作的实施意见》率先施行毗邻区域城管执法协作新模式，并对省际毗邻区域共同执法检查权双向赋予；2022年8月，在张江长三角科技城，上海金山与浙江平湖建立联合执法队，标志着全国跨区域基层城管执法中队实体化运作的首次实现。

除示范区外，沪苏浙皖三省一市还协同开展了长江流域禁捕、长江船舶污染防治、铁路安全管理、居民服务"一卡通"等方面的立法。立法协同趋于精准精细，支持了长三角一体化发展制度机制创新，促进了区域法治环境整体水平提升。上海、江苏、浙江两省一市人大常委会分别表决通过《促进长三角生态绿色一体化发展示范区高质量发展条例》。[①] 在确立相关法律过程中要深刻学习长三角协同立法的经验，服务区域协调发展中要把地方立法工作放在关键位置，要秉承一体化理念，意识上要以一盘棋为出发点，立法过程中要大力推动协同立法稳步向前，确保有关决策风险评估协同、相关人员调研协力。在立法过程中的各个环节都要共同参与，如起草、审阅、调查、修改等，将工作模式转变为一体化，从而确保立法的相关内容一致化。立法进程的协同化才能保证法规实施的合理

---

① 陈月飞：《长三角地区协同立法项目出炉》，《浙江人大》2023年第7期。

化，联合有关部门推动区域内示范区建设任务落实落地，把区域协同立法从地方探索创新的角度上升到国家法律制度的角度，将其作为大力实施区域协调发展战略的关键创新和重要保障。地方立法时需要整合区域内各地法律资源，为协调区域内经济的发展和基层治理效能的提升做好保障。

生态保护协同上，按照此前国家发改委发布的《长三角生态绿色一体化发展示范区总体方案》，示范区在跨省级行政区、没有行政隶属关系、涉及多个平行行政主体的框架下，探索一体化推进的共同行为准则，形成制度新供给。作为一体化制度创新试验田、生态优势转化新标杆、绿色创新发展新高地、人与自然和谐宜居新典范，示范区打破了行政边界，探索出了区域一体化治理新机制。作为长三角一体化发展"试验田"，示范区的制度创新要形成标准、规则，法治的刚性约束作用不可或缺。以元荡湖跨界水体联保共治为例，元荡湖作为跨界湖泊，因行政归属不同，在环境治理方面就曾经出现过责任不明、多头指挥等问题，以至于水质监测常年为劣。示范区针对这种情况创新建立起联合河湖长制，多次共聘县（区）、街（镇）、村三级联合河湖长来实施联合跨界水体一体化管理保护，以元荡综合治理为样板的区域重点跨界水体联保共治行动和制度体系建设进入加速期，为跨界水体的联合协同治理传授了制度层面的创新经验。生态保护方面，示范区要开展重点跨界水体共治联保，解决跨区域生态环保分区治理所导致的生态保护标准混乱问题，生态环境准入清单要统一制定，解决不同行政区生态环境管控不同要求的问题，建立生态环境治理统一制度，进而转变生态系统分域治理现象。

三　立足法治，以法治思维夯实"基层之治"

基层工作是落实依法治国思想的"最后一公里"，同时也是与群众联系最密切、最直接的工作。基层干部在基层工作中必须始终坚持以人民为中心的群众路线,深入贯彻习近平新时代中国特色社会主义思想,为基层治理现代化的全面推进助力。不仅要及时解决好人民群众反映的当下突出的关键问题,还要在法律制度制定、执行法律判定、司法案件办理中让人民群众都能够体会到过程和结果的公平正义。不仅要顺应社会发展的不断变化,更要在维护群众利益的同时,提升群众满意度和获得感。

用依法办事筑牢社会治理法治化的根基。近年来,一些政府在群体性事件的处理上有待商榷,出现了一些违法违规征用农民土地,为招商引资而过分迎合开发商等现象,严重损害了党的形象和人民的利益。政府化解这些社会矛盾时应该把坚持依法执政、依法行政放在工作的第一位,要求党员干部在工作中抓好依法办事这个基本功,主要领导要起到学法、尊法、守法上的带头作用,在行使权力时要始终注意提高自身运用法治思维、法治方式解决问题的能力。重要行政行为、重大投资项目、行政合同和政策文件审查过程中要确保合法性。全面落实行政执法责任制,做到有权必有责、用权受监督、违法要问责,形成依法决策、依法办事的良好氛围。

用公正司法筑起社会公平正义的围墙。公正是司法的灵魂和生命,借助信息化的手段,当前的社会环境已经呈现出开放透明的特点,一旦出现司法不公、司法腐败等现象,就非常容易引发民愤、激起矛盾。政法各单位要加快司法体制改革,及时解决干扰司法公正、约束司法能力的问题。把握好政治引领,以"不忘初心、牢记使命"主题教育为工具,引导政法干部回望初心,担负使命。走好群众路线,司法理念要以人民为中心,结合公正司法与人文关怀,让对话和指引具备一定温度。如面对扫黑除恶的判决结果,一些罪犯家属无法接受。人民法院、区人民检察院选择主动上门,相关人员讲法律、讲政策、做工作,以案释法,得到了家属认同。面对监督要自觉接受，法院、检察院、公安机关等单位依法接受人大监督、司法监督，还可以借助网络信息平台等工具，开启网上庭审直播、法律文书公开，扩大审判公开、检务公开、警务公开的广度和深度，自觉接受人民群众的监督，进而将司法公信力逐步提升。

用依法信访夯实社会长期稳定的底座。在维护社会和谐稳定的诸多工作内容中，信访工作有着源头性、基础性的特点。针对无序信访、越级上访等现象多发常发等问题，政府要始终坚持信访推进的法治化工作，保证群众诉求渠道畅通，维护正常信访秩序，加大法治教育的宣传力度，实现信访工作运行中的依法依规。网上信访已逐步成为信访主要途径，引导群众通过网上信访反映自身诉求，解决信访工作问题信息化。法治已经成为信访工作中的一大鲜明主题，不断完善《信访工作条例》配套制度，才能在推进上门办信、人民建议征集、市民服务热线等工作中取得显著成效。长三角一体化发展战略实施以来，各信访部门多项措施并举化解矛盾纠纷，齐心合力推动责任落实，长三角信访工作协商联动机制、12345市民服务热线一体化协同机制、信访部门人民建议征集令等一系列经验做法富有成效，深入推进了长三角一体化发展。

用依法调处构建化解矛盾纠纷的平台。近年来，由矛盾纠纷引发的越级上访等群体性事件时有发生，尤其是部分地区接连出现"民转刑"案件，甚至发生"民转命"，产生的社会危害影响极其恶劣。面对极其烦琐的利益诉求时，要秉承依法治理的深刻理念，在化解多元矛盾纠纷的过程中要体现法治精神，宣讲法律法规时注意转化典型案件报道。借助方便快捷的法定渠道，设立正规有效的法定程序，引导人民群众积极表达相关诉求，解决纠纷时使用法律手段，运用法律武器来维护切身权益。坚持发展新时代"枫桥经验"，尽量把矛盾在基层治理中化解。

用专业队伍补足基层治理人才的空缺。基层法治建设需要具备专业法律知识的人才，而人员不足恰恰是基层治理法治化的重大短板。下发司法编制并下沉司法人员，完善基层乡镇和街道司法所建设。在基层实施"法律明白人"培养工作并培养"法治领头人"。建立健全基层法律顾问制度、两级干部的学法用法制度，全力打造出办事靠法、依法、用法的法治环境。结合专业队伍的自身力量构建公共法律服务平台，线上线下密切交融，加快各个区级公共法律服务中心的建设工作，提供"一站式"公共法律服务，为人民群众解决实际问题。

四 建机制、搭平台，推动城市基层精细化治理

随着全国"一网通办"服务走向纵深，依托全国一体化政务服务平台开展政务服务一体化工作。打造"一网通办"平台。在充分依托平台建设成果基础上，充分发挥国家政务服务平台作用，实现统一身份认证、统一电子证照、统一数据共享等功能，不断提升区域内政务服务一体化能力和水平。制定统一技术标准，开设线上专栏和线下专窗，实现区域跨省身份认证和电子证照共享。通过专窗实现所属范围内的社保卡申请、学籍档案查询、人才引进档案查询、跨省就医关系转移等事项的跨省市办理。

长三角区域共享体系的建立突破了传统的属地管理模式，创新提出了区域内省际数据共享要遵循对等互信原则，省级信息化主管机构对区域级共享的流通或整合的信息资源使用和维护的权利和义务平等，建立供给方和使用方负责的基本准则。此外，区域级数据省内流通时必须按照各省省内共享体系的标准规范，通过数据共享交换平台将自身使用情况进行统一通报，各省市的数据使用知情权、监督权和管理权平等。

城市基层治理精细化是社会治理现代化的关键途径。提高城市基层治理能力和水平离不开智能化和数字化。建设城市基层治理服

务平台来推动城市基层治理的重心下沉到街道社区，同时合理调配所需资源，建立健全协调机制，确保各部门协同合作。解决城市基层治理的重要问题时坚持依法治理，注重运用法治思维和法治方式。同时完善城市管理执法队伍建设，执法过程中要严格按照规范公正处理，职权范围的界定要合规合理。

　　精细化水平的提升离不开基层治理保障的加强。守好用好社区基层力量，社区及时掌握社区居民和特殊群体的相关需求，设置针对性的社区服务功能室。同时，晚上向社区居民开放社区服务功能室，由社区干部、下沉党员轮班值守，让党员群众服务中心功能室发光发热。为下沉党员、联席会议提供必要的活动场地，加强下沉党员队伍管理，社区建立下沉党员干部信息库，汇总基本信息并按时更新。确保工作人员对社区熟悉，能够独立开展基层工作。汇总居民各类需求并以此为依据组建志愿服务团体，提供法律咨询、矛盾纠纷化解、关爱老弱病残等服务。加强网络舆情监管，建立舆论监督机制和舆情反馈机制，及时切断不利于社区稳定的负面消极网络信息传播渠道，营造清朗向上网络舆论环境。加快建设信息平台，打造社区数据共享平台，将有关民生部门信息资源共享，交换民生数据资源，形成一体化政务大数据支撑平台，为基层治理提供强有力数据支撑。

第九章

京津冀城市基层社会多元主体协同共治路径探索

第一节 发挥基层党建引领作用

党的领导是基层社会治理的核心，基层党建引领下各类主体协同参与城市基层治理，通过加强党的建设和组织建设，提升基层党组织的领导力，调动政府、市场、社会等不同主体共同参与城市治理。

一 加强党的领导，提升基层治理组织化水平

基层党组织是实现党中央决策部署的"最后一公里"，对于引领基层各类型组织自觉贯彻党的主张，确保基层治理的正确方向至关重要。加强党的基层组织建设，强化基层党组织的政治功能和组织功能，打造素质优良的基层干部队伍，提高基层党组织领导基层治理能力，把基层党组织建设成为有效实现党的领导的坚强战斗堡垒。首先，要健全党组织领导的自治、法治、德治相结合的城乡基层治理体系，把党的领导贯彻到基层治理的全过程各方面。自治是指在党组织的领导下，基层群众性自治组织（如居民委员会），能够自主地进行管理和决策。这种模式鼓励基层群众积极参与到自身

的事务管理中来，通过民主选举、民主协商、民主决策、民主管理以及民主监督等方式，让群众真正参与到社区的治理过程中，不仅增强了群众的主人翁意识，也有助于提高治理的效率和效果。法治是指在基层治理过程中，一切活动都应当遵守法律的规定，任何组织和个人的行为都不能超越法律的界限。通过法治来规范自治行为，可以避免因个人或小团体的利益而损害大多数人的权益的情况发生。同时，法治也是维护公平正义的重要手段，它确保了所有人在法律面前一律平等，有助于营造良好的基层社会秩序。德治则强调道德的力量在基层治理中的作用。通过弘扬社会主义核心价值观，开展道德建设，可以提升基层群众的责任感和向心力，促进他们在参与基层公共事务和公益事业时，不仅出于法律的约束，更是基于内心的道德认同。德治可以增强人们的自律性和责任感，使他们更愿意参与到社区活动中，共同维护社区的和谐稳定。

其次，推动全面从严治党向基层延伸，整治群众身边的不正之风和腐败问题，以保持党的先进性和纯洁性。强化对基层党员的思想教育，使之认识到全面从严治党的重要性，做到知行合一，自觉维护党的形象。建立健全基层监督网络，加大对基层权力运行的监督力度，防止权力滥用和腐败现象的发生。鼓励群众参与监督，形成上下联动的监督体系。持续开展反"四风"（形式主义、官僚主义、享乐主义、奢靡之风）斗争，纠正损害群众利益的行为，坚决反对特权思想和特权现象，树立勤政为民的良好形象。加大对基层党员干部的培训力度，提高其业务能力和道德水准，确保在工作中能够更好地服务群众，维护公平正义。同时，也要重视基层党组织的标准化建设和创新活动方式，通过育人、引导、激励等方式，帮助党员干部坚守初心使命，增强历史自信，砥砺实干担当。

最后，强化基层政府的主导作用。作为党和政府联系人民群众的桥梁和纽带，基层政府在贯彻落实党和政府的决策部署上扮演着重要角色。因此，基层政府需进一步强化其在基层治理中的主导地位，解决职能越位、缺位、错位的问题，明确自身在经济调节、市场监管、社会管理、公共服务、生态环境保护等方面的职责定位。不断优化组织机构设置，整合党政力量，统筹设置综合性机构，包括基层党建、公共管理、公共服务、公共安全等，以达到提升行政执行能力、为民服务能力、议事协商能力、应急管理能力和平安建设能力的目的。同时，基层政府要加强与基层党组织的合作，将党的领导落实到基层治理的各个领域和各个环节，构建党委领导、党政统筹、简约高效的管理体制，形成良好的治理格局。

二 加强服务型党组织建设

服务型党组织强调以人民群众为中心，旨在满足人民群众日益增长的美好生活需求，提升人民群众在城市中的生活质量，加强服务型党组织建设是提升城市基层治理效能的关键。首先，以人为本，优化办事流程。服务型党组织要时刻以人民群众的需求为核心，确保城市管理和服务以人为本，提供贴近群众生活的人性化服务。推进服务办理便捷化，减少不必要的环节，简化办事程序与服务流程，提高服务效率与服务质量，使群众能够更加便捷地获得所需的服务。

其次，整合服务资源。通过基层党组织的协调作用，促进不同部门之间以及政府部门与非政府组织之间的合作，实现区域内资源的有效整合与互补，提高服务质量和覆盖范围。跨部门合作中，建立联合工作机制，打破部门壁垒，形成资源共享、信息互通、业务协同的新格局。通过定期召开联席会议等方式，确保各部门之间能够及时沟通情况，协调解决问题。加强与非政府组织的合作，鼓励和支持非政府组织参与到社会服务中来。党组织在提供指导和支持的同时给予非政府组织一定的自主空间，以发挥其专业优势和服务特色。除此之外，搭建线上线下相结合的信息共享平台，使各个部门、机构能够便捷地获取所需信息和资源，同时也能为公众提供一站式的服务体验。

最后，推动党的领导体制和工作方式与时俱进。针对过去城市基层管理中存在的条块分割、各自为战、权责脱节等问题，通过优化配置执政资源、改革机构设置和职能配置等措施来提升组织力，构建简约高效的城市基层管理体制，使党的领导贯穿于城市治理的各个方面和全过程，确保各种治理主体能够形成合力，确保基层党组织能够更加灵活有效地应对城市发展的新挑战。建立上下贯通、执行有力的组织体系。通过加强系统建设和整体建设，构建市、区、街道、居民区四级党组织联动体系，将单位、行业和各领域党组织有机联结起来，推动各级各类党组织在更大范围、更深层次上互相融通，凝聚基层政权组织、自治组织和社会组织的合力，实现纵向联动、横向互动和融合共治。

第二节 整合基层治理组织职能

整合基层治理组织职能，旨在通过优化资源配置、明确职能定位、强化协同合作，来提升基层治理的整体效能。

一 转变政府职能

政府作为城市基层治理的主体，应从"万能管家"转变为"协作伙伴"，从主导者转变为引导者，将企业、公众及社会组织纳入京津冀城市环境治理体系之中[①]，鼓励多元主体共同参与社会治理，形成共建共治共享的局面。

---

① 吴侗：《新总体性治理：城市基层社会治理的新转向》，《江汉论坛》2024年第5期。

调整政府职能定位。从传统的管理型政府向服务型政府转变，政府工作重点从过去的强调管制转向提供优质、高效的服务，减少行政干预，增加服务供给，提高服务质量和效率，从"划桨人"转变为"掌舵人"，加强公共服务体系建设，树立"以人民为中心"的社会治理理念①，满足人民群众的多样化需求。确保民众能够享受到更便捷、更公平的基本公共服务。加大政府信息的公开力度，制定或修订相关法律法规，明确政府信息公开的范围、程序、时限等要求，出台具体的操作指南，包括信息发布的方式、渠道等，指导各部门如何有效实施信息公开。充分利用官方网站、社交媒体等现代信息技术手段，及时发布政府信息，方便公众查询。开通电话咨询服务，为公众提供政策解读、办事指南等信息咨询。对复杂难懂的政策文件进行通俗易懂的解释说明，帮助公众更好地理解政策内容。设置意见箱、在线留言等方式，收集公众对政策的意见和建议，并及时给予回应。定期组织公众满意度调查，了解公众对政府信息公开工作的评价，不断改进服务质量。在政策制定过程中广泛征求社会各界的意见，特别是涉及民生的重大决策，应通过听证会等形式听取民意。通过各种形式的宣传教育活动，提高公众对政府信息公开的认识和利用能力，激发更多人关心并参与公共事务。坚持司法政策制定主体多元化、行政职能法治化，即将行政职能的内容、履行职能的条件及履行职责的方式等予以法律化、制度化，实现"具体法治""效率法治""实质法治"②，加强对行政执法的监督，确保权力的正确行使③。

精准赋权赋能。根据基层的实际需求，精准下放权力，赋予基

---

① 张文显：《新时代中国社会治理的理论、制度和实践创新》，《法商研究》2020年第2期。
② 谢晖：《论司法政策及其法治使命》，《法学杂志》2022年第3期。
③ 陈英：《司法裁判如何实现社会治理》，《政法论丛》2024年第3期。

层更多的自主权,以便更灵活高效地解决当地问题。通过问卷调查、座谈会等多种方式,深入了解基层的具体需求,确保权力下放能够真正解决实际问题。根据不同地区、不同领域的实际情况,采取差异化的权力下放策略,确保措施具有针对性和有效性。编制详细的权力下放清单,明确哪些权限可以下放给基层,以及具体的实施条件和标准。根据基层的反馈和实际运行效果,适时调整下放的权限范围,确保权力下放既能满足地方需求又不会造成管理混乱。同时,确保基层有足够的资源和能力承接这些权力,避免出现"接不住""管不好"的情况。对基层干部进行专业培训,提高他们的业务能力和管理水平,确保他们具备承接下放权力的能力。提供必要的信息技术支持,如建立统一的信息平台,帮助基层提高工作效率和服务质量。确保基层有足够的财政支持,用于改善基础设施、购买服务等,为行使新获得的权力创造条件。

明确职责边界。建立清晰的责任清单,明确各级政府、各部门以及各岗位之间的职责分工,避免权责不清导致的工作推诿或过度揽责现象。基于法律法规和相关政策,结合本地实际,合理划分市、区(县)、街道(镇)乃至社区等不同层级政府的职能权限,确保每一级都有明确的职责范围,避免上下级之间、同级不同部门之间的职能交叉重叠。编制详细的权责清单,列出每个部门、每个岗位的具体职责、权力边界以及相应的法律责任。这不仅有助于提高工作效率,还能有效防止权力滥用和责任逃避。建立科学合理的绩效评价体系,将权责清单中的各项职责转化为具体的考核指标,定期对各部门、各岗位的工作表现进行评估,确保权责一致、奖惩分明。

二 建立主体间良性互动机制

明确多元主体角色与定位。政府作为政策制定者、监督者和协调者，需要发挥引领作用，提供必要的公共服务，促进资源共享，制定公平合理的规则和标准；社会组织作为政府与民众之间的桥梁，应积极参与社会治理，提供专业化、个性化的服务，反映民众诉求，推动社会公正，不断完善社区服务体系①；企业作为社会经济的主体，应履行社会责任，积极参与社区建设，通过提供就业、改善环境等方式，与社会形成良好的互动关系；居民作为社会治理的最终受益者，应积极参与社区活动，提高自身素质，发挥自治功能，共同营造和谐社区。

加强区域间沟通与合作。建立有效的沟通渠道，设立京津冀政府与企业之间专门联系机构，如"政企联络办公室"或"企业服务中心"，定期召开联席会议，就社区治理问题进行深入讨论，定期收集企业需求、问题和建议，并及时向政府反馈。定期或不定期举办政企座谈会、研讨会等活动，加强政府与企业间的面对面交流，增进双方的了解和信任。建立政府企业服务网站、微信公众号等，以数据驱动和数字治理为核心实现政府数字化转型②，方便企业获取政策信息、反映问题和提出建议。各主体共同开展社区建设、环境整治、公共服务等合作项目，增强各方之间的合作与信任。

完善协同治理政策制定与执行机制。在协同治理政策制定前，明确政策的具体目标，如提高居民满意度、优化资源配置、促进京津冀区域协同发展等，设定可量化的指标，以便对政策效果进行评估。在政策制定过程中，鼓励政府、社会组织、企业和居民等多元主体共同参与政策制定，增强社会治理的"韧性逻辑"③，确保政

---

① 龚维斌：《"十四五"时期推进基层治理现代化研究》，《中国特色社会主义研究》2021年第4期。

② 孟天广：《政府数字化转型的要素、机制与路径——兼论"技术赋能"与"技术赋权"的双向驱动》，《治理研究》2021年第1期。

③ 芦恒、胡真一：《中国式现代化过程中基层社会治理的"韧性逻辑"》，《南开学报》（哲学社会科学版）2024年第3期。

策反映各方利益和需求。设立专门的咨询委员会或论坛，为多元主体提供交流和讨论的平台，邀请相关领域的专家学者参与政策制定，提供专业意见和建议，提高政策制定的科学性和合理性。在政策制定后，设立专门的反馈渠道，如热线电话、电子邮箱等，方便居民和其他主体提出意见和建议，及时对政策进行调整和优化。加强对协同治理政策执行情况的监督检查，设立专门的监督机构或委员会，对政策执行情况进行监督和评估，鼓励居民和其他主体参与监督，提高政策执行的透明度和公信力，确保政策得到有效执行，并及时解决政策执行过程中出现的问题，极力打造"共建共治共享"新局面。[①] 在政策执行过程中，引入市场机制，通过竞争和激励等方式提高政策执行效率，鼓励企业和社会组织参与公共服务提供，减轻政府负担，提高服务质量。推行"一站式"服务，优化政务服务环境，简化行政审批流程，减少审批环节和时间，提高审批效率，为企业提供方便、快捷的政务服务。

第三节　注入利益互惠新动能

坚持利益共享原则，以公平、公正、公开的原则，确保各主体在参与城市基层社会治理过程中能够公平分享利益，明确利益共享目标，促进京津冀城市基层社会和谐稳定，提高居民生活质量和幸福感，推动城市可持续发展。

一　建立利益共享和风险共担机制

多主体参与京津冀城市基层治理中，构建利益共享与风险共担

[①] 曹胜亮、胡江华：《新时代社会组织参与社会治理创新的理论困境和路径选择》，《武汉理工大学学报》（社会科学版）2021年第5期。

机制是提升区域治理效能的关键。坚持利益共享与风险共担，以公平、公正、公开的原则，确保各主体在参与城市基层社会治理过程中能够公平分享利益，明确利益共享目标，促进京津冀城市基层社会和谐稳定，推动城市可持续发展。

优化社会治理组织架构。联合建立既有横向合作又有纵向协调的完备的组织架构，确保京津冀区域内不同城市之间以及城市内部各部门之间的协调合作，引导资源有序流动。横向层面，加强不同主体之间的沟通与合作，形成合力。纵向层面，则要建立从市、区县到街道、社区的多级治理体系，确保政令畅通、决策高效。特别是在京津冀区域内，考虑到三地经济社会发展水平的差异，建立跨区域基层治理合作机制，京津冀三地政府建立定期协商机制，加强政策沟通、规划衔接和资源共享，共同研究解决跨地区、跨领域的社会治理问题，发挥支持型社会组织参与社会治理的作用[①]，与政府形成合力，促进资源共享和优势互补，共同推动社会治理的创新和发展。

创新资源整合机制。制定科学合理的制度安排，有效规划和协调社会治理资源，激发其他社会治理主体的参与积极性。明确城市基层治理的长远目标和短期目标，如提高公共服务质量、增强社区凝聚力等，为所有参与者提供清晰的方向。确保资源分配过程中遵守公平、透明的原则，避免任何形式的歧视或偏袒。根据不同地区、不同领域的实际需求，灵活调整资源配置策略，确保有限资源能够精准投放到最需要的地方。促进政府部门之间、政府与社会组织之间的沟通协作，打破行业壁垒，实现优势互补。通过有效的资源整合机制，可以促进利益的合理分配和风险的有效分散。

---

① 王栋：《支持型社会组织参与社区治理：嵌入、融合与贯通》，《学术界》2022 年第 5 期。

完善利益诉求表达机制。建立多元主体利益诉求表达平台，畅通利益诉求表达渠道，利用互联网、信息技术、大数据等现代化信息技术，建立线上利益诉求表达平台，方便各类主体随时随地进行诉求提交、意见反馈等，实现从"碎片化"到"网络化"治理模式转变。① 在社区、街道等基层单位设立专门的诉求表达窗口，提供面对面的服务，增强诉求表达的直接性和互动性，为居民提供表达利益诉求的渠道。完善利益诉求表达流程，明确诉求提交方式，规定各主体可以通过线上平台、线下窗口、电话、邮件等多种方式提交诉求。规范诉求处理流程，建立诉求收集、整理、分析、反馈的闭环处理流程，确保诉求得到及时、有效的处理。设立处理时限，明确各类诉求的处理时限，提高诉求处理的效率，对居民提出的利益诉求进行及时收集、整理和分析，并向相关部门反馈处理结果。除此之外，加强法治教育，定期开展法治教育活动，根据基层治理人员的工作特点和需求，制订针对性强、内容丰富的法治教育培训计划，提高社会治理人员的法治意识和法律素养。②

建立有利于公共性共识形成的环境。为促进城市基层治理各主体之间的沟通与合作，需要营造一种开放包容、互信互助的社会氛围。政府不仅要提供必要的物质条件支持，如公共设施的建设和维护，还要创造良好的制度环境，如建立健全的社会组织参与机制、志愿服务体系等。此外，还需要通过教育和培训等方式，提升公民的公共意识和社会责任感，鼓励人们积极参与到社区活动中来，共同面对和解决社区发展中遇到的问题。

---

① 翟磊、赵萍：《从"碎片化"到"网络化"：促进社会组织参与社区治理的路径》，《城市观察》2021年第1期。
② 杨林：《基层社会治理法治化的学理探究与推进路径》，《江苏社会科学》2024年第3期。

二　完善激励机制

多主体协同参与城市基层治理过程中，激发多元主体参与城市基层治理的积极性和创造力，推动城市基层治理的民主化、法治化、精细化，以公平性为原则确保激励措施公平、公正、公开①，避免利益冲突和权力寻租，提高治理效能。

明确激励目标。确立城市基层治理的总体目标，如改善公共服务质量、提升居民生活质量、促进社区和谐等。然后将总体目标细分为可操作、可量化的具体目标，如减少社区犯罪率、增加绿化面积、提高垃圾分类回收率等。根据政府、社会组织、企业、居民等不同主体的特点和需求，结合当地具体情况和社会文化背景，设计差异化的激励措施。例如，对企业可以提供税收减免、项目支持等；对居民则可以通过积分兑换、荣誉表彰等方式进行激励。除了外部激励外，要注重激发参与者内心的归属感和责任感，形成长期参与的动力。定期组织相关培训活动，提高基层治理主体的能力水平，同时也强调作为社区一员的责任意识。明确并传播诚信、互助、创新等积极向上的社区价值观，让各类主体在参与治理的过程中感受到个人行为与社区发展目标的一致性。通过举办社区文化节、传统节日庆祝等活动，增强居民对社区文化的认同感。

经济激励。为参与城市基层治理的各类主体设立多种奖励，如设立"优秀社区组织奖""优秀居民代表奖"等，奖励形式可以包括奖金、证书、荣誉称号等。通过提供项目支持、资金扶持等方式，将治理情况与其经济利益挂钩，鼓励各类主体积极参与城市基层治理。设立专项资金（如京津冀城市基层社会治理专项资金），用于奖励在治理工作中表现突出的主体，并根据治理成效和贡献大

---

① 陈艾：《社会治理共同体建设：一个理论分析框架》，《江汉论坛》2023年第12期。

小，给予不同额度的资金支持。对在京津冀城市基层社会治理中承担重要任务或做出显著贡献的多元主体，给予财政补贴，补贴金额可以根据项目的规模、难度和成效等因素进行合理确定。同时对积极参与城市基层治理的企业给予税收优惠，如减免部分税款或降低税率，设立税收减免期限，以鼓励企业长期参与和持续投入。

  职业发展激励。建立完善的晋升制度，为基层干部和其他工作人员设立明确的晋升通道和晋升标准，通过内部竞争选拔优秀人才，鼓励其不断提升自身能力和业绩，根据具体的晋升时间表和职业发展路径，使各类主体有明确的职业发展规划。为参与京津冀城市基层治理的主体提供晋升机会，如设立"社区工作者晋升通道"，鼓励其通过参与城市基层治理提升自身职业发展水平。设立专门的培训机构或部门，为各类主体提供必要的培训和学习机会，培训内容涵盖治理理论、实践技能、法律法规等方面，全面提升治理主体的综合素质。鼓励各类主体参加外部培训和学术交流活动，拓宽视野和知识面，提高其参与城市基层治理的能力和水平。[1] 加强实践锻炼和轮岗交流，鼓励治理主体参与实际工作项目，通过实践锻炼加强治理能力。推行轮岗交流制度，使相关工作人员能够在不同部门和岗位之间交流学习，丰富其工作阅历和视野。

  社会声誉激励。对参与城市基层治理表现突出的主体进行表彰宣传，提升治理主体在社会中的声誉和形象，增强其参与社会治理的荣誉感和责任感，激发各类主体持续参与基层治理的积极性和主动性，形成协同治理的良好氛围。[2] 建立荣誉表彰制度，设立"京津冀城市基层社会治理"优秀个人、优秀团队、杰出贡献奖等荣誉

---

[1] 刘琼莲：《社会治理共同体高质量发展的三重逻辑、推进重点与创新路径》，《天津社会科学》2023 年第 6 期。

[2] 朱涛：《社会治理现代化：理解维度、治理结构与发展趋势》，《中共中央党校（国家行政学院）学报》2023 年第 6 期。

奖项，表彰在治理工作中做出突出贡献的个人或组织。制定明确的评选标准和程序，确保评选过程公开、公正、公平。建立社会声誉档案，为获得荣誉表彰的个人或组织建立社会声誉档案，记录其参与社会治理的历程、贡献和荣誉。加大宣传力度，制作海报、手册等宣传材料，方便公众了解获奖主体的先进事迹和优秀品质，通过媒体、网络等渠道广泛宣传获得荣誉表彰的个人或组织的事迹和贡献[1]，提高其社会知名度和影响力。

三 加强监督与评估

建立健全监督体系，确保各项激励政策措施得到有效执行。政府加强自身的监督管理职能，建立和完善相关政策法规，明确各方责任义务。通过设立专门的监督委员会或小组，让不同背景的成员共同参与，负责对激励政策执行过程中的各个环节进行监督，更全面地审视利益共享机制的有效性和公平性，确保政策能够准确无误地落地生根。确保所有与利益分配相关的决策过程和结果都向公众开放，包括资金来源、使用方式、受益群体等信息。增加政策的透明度，减少腐败和不当行为的发生。鼓励和支持社区居民参与社区事务管理，通过成立社区监事会等形式，让居民直接参与到政策执行的监督过程中来。同时，组织各类志愿服务队伍，协助政府和社会组织完成监督任务。通过多种渠道增强公众对政策信息的了解，鼓励公民积极参与到监督活动中来，形成全民监督的良好氛围。

定期或不定期地对利益共享项目的执行情况和效果进行独立审计和第三方评估，及时发现问题并进行调整优化，保证项目实施效果达到预期目标。首先，要建立明确的目标体系，为城市基层协同

---

[1] 唐薇：《政府有效运用媒体融合提升社会治理水平探讨》，《中国广播电视学刊》2024年第3期。

治理中的利益共享项目设定清晰、可度量的目标。目标应当覆盖环境改善、福利提升等多个方面，并且要具体到可以量化或定性评价的程度。其次，基于所设目标开发一套全面而系统的评价指标体系，包含定量指标（如空气质量指数的变化、公共交通使用率等）和定性指标（如居民满意度调查结果），同时也要考虑到不同领域之间的相互作用及影响。再次，为了保证评估结果的真实性和准确性，综合采取官方统计数据、实地调研、问卷调查等多种方式来收集信息。特别是利用大数据技术分析社交媒体上的公众意见也是一种有效手段。最后，推动定期和不定期相结合的评估机制。根据项目的性质决定固定的评估周期，如每季度或者每年一次，通过这种方式可以长期跟踪项目的进展情况。当遇到突发事件（如自然灾害）、重要政策调整等情况时，则需立即启动评估程序，以便及时发现问题并做出响应。除此之外，鼓励政府机构、学术研究团体、非营利组织乃至普通市民参与到评估过程中来，这样不仅可以提高透明度，还能从多角度获得反馈，帮助发现潜在问题。还要重视评估结果的应用，无论是正面的经验还是存在的不足都要充分考虑进未来规划之中。对于表现良好的做法给予推广，而对于暴露出来的问题则要及时整改，并调整相关政策或措施。

第四节　完善网格化管理

　　城市基层治理的网格化管理是指将城市管理区域划分为若干个"网格"，每个网格内配置专门的管理人员和服务资源，通过精细化、系统化的管理模式来提高城市治理效率和服务质量。多主体参与完善城市社区网格化管理是提高治理效能的重要手段。

一 明确责任分工

根据社区的实际地理布局、人口分布等因素,科学合理地划分网格区域,确保每个网格覆盖一定的住户数和面积。首先考虑的是社区内的自然界限、道路网络、建筑物布局等因素,河流、主干道等拥有的明显自然边界和人工分界线等都可以作为划分网格的基础。除了物理空间上的考量外,还需要综合考虑人口密度及组成情况。高密度居住区需要更小规模的网格设置,以便于更加精准地提供服务;而相对稀疏的地方则可以适当扩大单个网格覆盖范围。同时,不同年龄段、职业背景的人口特征也会影响最终的规划方案,如老年人较多的区域在健康关怀类服务方面的需求会相对较高,制订网格划分方案时也应当考虑到这一点。

为保证每一个网格都能够得到妥善管理,每个网格指定专门的网格员或网格团队,负责该区域内各类事务的日常管理和信息收集职责,通过这种方式,不仅可以让信息传递变得更加高效准确,同时也增强了政府与民众之间的联系。网格化管理模式下的服务内容十分广泛,涵盖了从公共安全维护到环境卫生整治等多个方面。在日常的安全巡查工作中,网格员需密切关注所在区域内是否存在安全隐患,并及时上报处理;当遇到居民之间产生争执时,则应积极介入调停,促进和谐共处;另外,在推广政策宣传、组织文化活动等方面网格员也能发挥重要作用。

网格化管理过程中,政府是网格化管理的主要推动者和支持者,负责制定相关政策和标准,提供必要的财政支持,并监督整个过程。社区居委会或村委会等基层自治组织应成为连接居民与政府之间的桥梁,在日常管理和信息收集方面发挥重要作用。同时还要鼓励各类社会组织参与到具体的服务项目中去,如环保团体可以协助进行环境监测和保护工作等。私营部门可以通过提供技术解决方案、资金赞助等方式参与进来,特别是在智慧城市建设领域。鼓励普通市民积极参与到所在网格的志愿服务活动中来,增强公民服务意识。

二 建立社区高效沟通平台

利用现代信息技术建立统一的信息管理系统,实现数据共享和即时通信功能,确保各参与方能够快速准确地交换信息。通过构建一个集中的信息平台,城市社区网格化管理能够显著提高效率和响应速度,建立稳定、安全的网络基础设施,为平台的正常运行和数据安全利用提供保障。[①] 这个平台不仅整合了来自不同来源的数据,还提供了一个统一的信息入口点,使得所有参与者——包括政府机构、社会组织、企业和居民——都能够访问最新的、一致的信息源。数据的集中化处理意味着,无论是人口统计数据、房屋信息还是公共设施状态等关键信息,都将被系统地收集并更新,从而确保决策者能够基于最准确的数据做出判断。以规划公共服务项目为例,政府可以利用平台上的人口分布数据来确定最佳的服务地点,同时这些数据还可以帮助评估现有服务的覆盖范围及其有效性。对企业而言,了解社区内住户的需求有助于它们更好地定位产品和服务,进而推动地方经济的发展。社会组织则可以通过分析数据识别出需要特别关注的社会群体,并据此制订针对性的支持计划。数据信息的透明性极大地减少了由于信息不对称导致的误解和重复工作。当所有利益相关方都能获取相同的基础资料时,合作变得更加顺畅高效。此外,基于证据的决策制定也得到了加强,因为管理者可以根据客观事实而非主观猜测来进行规划和调整策略。该系统还

---

① 杜天翔、颜德如:《数字技术赋能市域社会治理的影响因素与优化策略——基于31个城市政务热线案例的组态分析》,《西南民族大学学报》(人文社会科学版)2024年第1期。

应具备即时消息传递能力，允许各方之间快速沟通。在紧急情况下（如自然灾害发生时），可以通过此平台迅速向相关人员发送警报或指令，平时这种即时通信工具同样可用于协调跨部门的工作流程，提高工作效率。

开设线上论坛或社交媒体群组，让不同利益相关者有一个讨论问题、提出建议的空间。提供一个开放式的在线空间，让居民和其他利益相关者能够就关心的话题进行公开讨论。这些话题可以涵盖从社区安全到环境美化等多个方面。这样的平台鼓励了更加广泛的意见表达，帮助识别潜在的问题，并促进了集体智慧的形成。除了讨论现有问题外，线上论坛也是分享创意解决方案的理想场所。无论是关于如何改善公共服务还是增强邻里间的联系，每个人都可以贡献自己的想法。管理者可以从这些交流中获得宝贵的灵感，并据此调整策略以更好地满足社区的需求。通过定期举办在线问答会、直播会议等活动，进一步增加用户参与度。不仅加强了社区成员之间的联系，也让管理层有机会直接听取民众的声音，建立起双向沟通的渠道。

三 加强培训与能力建设

对于直接参与网格化管理工作的人员，需要定期开展专业技能培训，包括法律法规知识、应急处理能力等，保证每个网格管理人员具备必要的职业能力和专业水平。

每位网格员都必须熟悉相关的国家法律、地方性法规以及社区内部的规章制度。如熟悉民法典中关于邻里关系的规定、城市规划与建设的相关条例、环境保护法律法规等。通过学习这些法律知识，网格员在处理居民纠纷或进行日常监督时能够更加有据可依，确保行动合法合规，同时也能有效指导居民遵守法律规定，共同维护良好的社区环境。

面对突发事件如自然灾害、公共卫生事件等，网格管理员作为社区的第一响应者，其快速有效的反应对于保障人民生命财产安全具有重要意义。因此，培训课程中必须包含紧急情况下的应对措施及演练。比如，如何正确使用消防器材、心肺复苏术（CPR）的基本操作、地震发生时的安全避难方法等。此外，还需要教授网格员如何组织疏散、设置临时安置点，并与相关部门保持密切联系以获取最新信息和支持。

良好的人际交往能力对网格管理工作来说必不可少。网格管理员需要能够清晰地表达自己的想法，并且有效地听取他人的意见，以便减少误解，确保信息的准确传递。培训中可以加入有关非暴力沟通、冲突解决策略等内容，教授网格管理员如何使用积极的语言来表达自己的需求和感受，同时保持对对方的尊重和理解。培训中可以介绍不同的冲突解决模型，如调解、协商等，使网格管理员掌握处理矛盾的基本方法，能够在冲突初期就采取行动，防止事态恶化。利用真实的或模拟的案例，让参与者扮演不同的角色，体验从多个角度看待问题的过程，进一步加深对人际交往技巧的理解和应用。对网格管理员展开情绪智能训练，提高网格管理员的情绪识别和调节能力，使他们在面对压力时能保持冷静，做出理智的判断。

随着科技的发展，利用数字工具已成为提高工作效率的有效手段之一。网格管理员培训项目中还应该涵盖基本的信息技术操作技能，除了基础的文字处理、表格制作之外，还可以学习如何利用办公软件进行数据分析，如使用函数计算、图表制作等，帮助网格管理员更直观地展示工作成果，辅助决策制定。教会网格管理员如何使用云存储服务（如 Google Drive、OneDrive）来安全地保存文件，并与同事或上级分享，确保信息的及时更新和访问。学会运用时间管理和任务调度软件（如 Trello、Asana），帮助网格管理员合理安排日常工作，提高时间利用率。网格管理员还需要熟练运用社交媒体平台，培训中指导网格管理员如何通过微信公众号、微博等社交平台发布社区动态、公告通知，收集居民反馈，增强与社区居民的联系，在突发事件发生时，利用社交媒体平台发布紧急信息，指导居民采取正确的行动。培训网格管理员如何通过分享社区活动照片、故事等形式，展现社区的积极面貌，增强居民对社区的认同感和归属感。同时还要加强网格管理员的数据分析能力，教授网格管理员如何设计问卷调查，使用在线表单工具（如问卷星、SurveyMonkey）收集居民意见，为社区治理提供依据。介绍常用的数据分析方法和技术，如如何使用 SPSS、R 语言等工具进行简单的统计分析，帮助网格管理员从大量数据中提炼有价值的信息。通过以上培训，网格管理员将能够充分利用现代信息技术的优势，提高自身的专业能力和服务质量，进一步促进社区的和谐发展。

长期处于一线服务岗位可能会给网格员带来较大压力，因此有必要提供心理调适方面的辅导，教会他们识别自身情绪变化并采取积极措施缓解压力，保持乐观心态。同时也要注重提升广大民众对于公共事务的认识水平，举办各种形式的宣传教育活动。加强对网格员的专业培训，培养其良好的服务态度与沟通技巧，使其能够更好地了解并满足居民需求。鼓励和支持非营利性社会组织、志愿者队伍以及广大居民积极参与到网格化管理工作当中来，形成共建共治共享的良好局面。

四 健全工作机制

明确网格长、网格员的工作职责。每个网格应指定一名网格长负责全面工作，并配备若干网格员具体执行任务。网格长职责范围较广，需要负责本网格内的整体规划，如安全防范、环境卫生、居民服务等方面的工作计划制订。整合社区内外部资源，如政府支持、社会组织力量、企业赞助等，为网格内的居民提供更广泛的服务。同时还要对网格员的工作进行指导和监督，确保各项任务按时按质完成以及定期向上级汇报工作进展和存在的问题。网格长在面对突发事件（如自然灾害、公共卫生事件等）时，要能够迅速响应，组织人员进行有效的救援和恢复工作。网格长不仅要与上级管理部门保持密切联系，及时传达政策信息，同时也要加强与居民之间的沟通，了解他们的需求和意见。网格员的工作职责相对来说较为具体，网格员需要负责网格内的人口信息、房屋状况、特殊人群情况等基础资料的收集和更新，确保信息的真实性和准确性。定期对网格内的公共设施、环境清洁、安全隐患等进行检查，发现问题及时上报并协助解决。还要根据居民的需求，提供或协调提供相应的公共服务，如就业咨询、法律援助、健康咨询等，同时收集居民对社区管理和公共服务的意见和建议，及时反馈给网格长或上级部门，为改进工作提供依据。

完善社区信息系统建设。利用现代信息技术手段，如大数据、云计算等，构建社区网格化管理的信息系统。第一，构建综合信息平台。制定统一的数据格式和接口规范，确保不同来源的数据可以无缝对接，方便后续的数据分析和应用。整合来自政府各部门、社会组织、企业及居民个人等多方面的数据资源，形成一个覆盖社区各个方面的信息库。利用云计算技术提供强大的数据存储和处理能力，支持海量数据的快速检索和复杂查询。第二，实现数据的实时更新与共享。通过移动终端、物联网设备等实时采集社区内的变化情况，如人口流动、设施状态等，确保信息的最新性和准确性。建立标准化的数据交换协议，确保各子系统之间能够顺畅地交换信息，打破"信息孤岛"现象。为第三方开发者提供开放的应用程序编程接口（API），鼓励开发更多有益于社区管理和服务的应用。第三，选择多样化的信息采集方式。为网格员配备智能手机或平板电脑，安装专用的App，便于他们在巡查过程中即时记录和上传信息。部署各种类型的传感器(如烟雾探测器、水质监测仪等)来自动检测社区内的环境参数,并将数据实时传输至中心服务器。利用微信、微博等社交平台收集居民的意见和建议,及时响应居民的需求。在关键位置安装高清摄像头,不仅有助于治安防控,还能用于交通流量监测、环境清洁度评估等多个方面。第四,加强数据安全与隐私保护。对敏感信息采取加密措施,确保数据在传输过程中的安全性。根据不同角色设置访问权限,仅允许授权人员查看和操作特定的数据。在收集和使用个人信息时,遵守相关法律法规,尊重用户的隐私权。第五,智能分析与决策支持。运用大数据技术对收集到的信息进行深度挖掘,发现潜在的趋势和规律,为社区管理提供科学依据。基于历史数据建立预测模型,提前预警可能出现的问题,如疾病传播、安全事故等,帮助管理者做出预防性的决策。通过图表、地图等形式直观展现数据分析结果,使管理者能够一目了然地了解社区现状和发展趋势。

加强居民参与。为充分调动居民的积极性,让每一位居民都能成为社区治理的参与者,可以采取多种方式来拓宽居民的参与渠道。在社区的主要出入口、广场等人流密集的地方设置意见箱,方便居民随时提出自己的想法和建议。意见箱要定期开启,收集到的意见要及时整理并反馈给相关部门。定期或不定期地通过纸质问卷、在线问卷等形式,针对社区建设、环境改善、安全保障等方面的问题向居民征集意见。可以通过社区公告栏、微信群、QQ群等途径发布问卷链接,确保广泛的覆盖面。建立社区官方网站、微信公众号、微博账号等线上平台,开设"我为社区献一策""社区热点讨论"等专栏,鼓励居民通过网络表达自己的观点。每月设定一天为"社区活动日",邀请居民参与各种公益活动、文化交流活动等,增加居民之间的互动,同时也为居民提供更多发表意见的机会。除此之外,还要培养志愿者队伍,通过发展和壮大社区志愿服务组织，有效提升社区的整体服务水平。在社区内部成立专门的志愿服务队，招募热心公益、乐于奉献的居民加入，定期开展培训，提升志愿者的专业技能和服务水平。围绕社区的实际需求，设计如环保行动、助老助残、青少年辅导、法律咨询等多样化服务项目，吸引更多居民根据自己的兴趣和专长参与进来。对于长期坚持志愿服务的居民，可以考虑在社区内的公共资源分配、活动优先参与等方面给予一定的优惠待遇。同时，强化合作网络，与其他社区、企事业单位、非营利组织建立合作关系，共同开展志愿服务活动，扩大服务范围和影响力。

  注重人文关怀。首先，关注特殊群体。为老年人提供定期的健康检查、心理慰藉、生活照料等服务。组织适合老年人的娱乐活动，如书法班、舞蹈课等，丰富他们的精神生活。关心儿童，设立儿童游乐区，提供安全的玩耍环境，开展课外辅导、兴趣小组等活动，促进儿童健康成长。为残疾人提供无障碍设施，如坡道、电梯等；定期进行家访，了解他们的实际困难，提供必要的帮助。为低收入家庭提供临时救助、就业指导等服务，帮助他们渡过难关，逐步改善生活条件。其次，丰富文化生活。定期举办社区文化节，展示居民的艺术才华，增进邻里之间的交流与理解。组织传统节日庆祝活动，如春节联欢会、中秋节赏月等，弘扬中华优秀传统文化。支持社区内的文艺团队发展，如合唱团、舞蹈队等，为居民提供展示自我、增进友谊的平台。邀请专家、学者开展健康养生、家庭教育、法律常识等专题讲座，提升居民的综合素质。再次，关注居民心理健康。在社区内设立心理咨询室，聘请专业的心理咨询师为有需要的居民提供免费咨询服务。定期举办压力管理工作坊，教授居民如何有效应对生活和工作中的压力，保持良好的心态。开展亲子关系辅导课程，帮助家长和孩子建立更加和谐的关系，减少家庭冲突。最后，加强沟通与反馈。网格员应定期走访居民，了解他们的生活状况和需求，及时解决问题。建立完善的居民意见反馈机制，确保居民的声音能够被听到并得到及时回应。定期召开社区会议，邀请居民代表参加，共同讨论社区建设和管理中的重大事项，增强居民的参与感和主人翁意识。

第五节 深化区域间合作与交流

城市基层治理的优化对于促进区域内的社会和谐与经济发展具有重要意义。多主体协同参与城市基层治理的过程中，深化区域间合作和交流是提高治理效能的关键。

一 建立和完善城市基层治理跨区域合作机制

深化跨区域合作。打破地域壁垒，提升城市基层社会治理的整体效能，应对城市化进程中跨区域问题的挑战①，如环境污染、交通拥堵等，促进区域协调发展和社会稳定。以互利共赢为原则，确保合作各方在合作过程中都能获得实际利益，形成长期稳定的合作关系；以开放包容为原则，鼓励不同地域、不同行业、不同背景的多元主体参与合作；以平等协商为原则，在合作过程中，各方应平等参与、协商决策，确保合作过程的公正性和透明性。成立跨区域合作协调机构，负责统筹协调跨区域合作事务，制定合作规划和政策，制度规范框定了基层协商民主的运行过程和行动原则，实现了协商民主的制度化。② 推动具体领域的国际交流合作，借鉴先进治理理念，通过国际交流合作，引进和借鉴国际先进城市基层社会治

---

① 司文晶、宣朝庆：《论社会治理的共同体传统及其应用价值》，《江苏社会科学》2023年第5期。

② 吴培豪、钱贤鑫、衡霞：《基层协商民主助推社会治理共同体建设的运作机制与驱动逻辑——基于"红茶议事会"的案例研究》，《湖北社会科学》2023年第9期。

理理念，如"智慧治理""社区自治"等，推动京津冀地区社会治理理念的创新和发展。①

建立联席会议制度。联席会议制度是一种促进区域合作和共同发展的有效方式，特别是对像京津冀这样经济文化紧密相连的地区来说尤为重要。通过定期召开由三地政府、社会组织、企业及居民代表参加的联席会议，可以形成一个多方参与、共同协商的平台，对加强区域间的沟通交流、推动资源共享、解决社区治理中的共性问题具有重要意义。在实际操作过程中，联席会议要明确其目标定位，即围绕提升区域整体竞争力、改善居民生活质量等核心议题开展工作。为了确保会议效果，可以预先设定议题范围，邀请相关领域的专家进行指导，同时鼓励参会各方积极发言，提出建设性的意见和建议。此外，会议还应该注重成果的落实，对于达成的共识和决定事项，应制订详细的执行计划，并设立监督机制，确保各项措施能够得到有效实施。通过这样的联席会议制度，不仅可以增强京津冀三地之间的协作关系，还能激发社会各界参与社会治理的积极性，为构建和谐社会贡献力量。

建立跨区域信息共享平台。通过建立一个集成、高效、便捷的京津冀基层社会治理多元主体信息共享平台，实现京津冀城市基层社会治理政府、社区组织、企业、居民等多元主体之间的信息互通和资源共享，提高城市基层社会治理的效率和水平。信息共享平台应作为京津冀地区社会治理信息化的核心枢纽，连接政府、社会组织、企业和公民个人，为多元主体提供政策、通知、公告等信息的发布渠道，支持多元主体查询社区资源、服务、活动等信息，实现信息的快速传递和有效整合，为决策提供数据支持，提供居民意见

---

① 王伟进、毕蔚兰、吕少德：《社会治理实践的国际经验及其启示》，《行政管理改革》2020年第5期。

反馈、问题上报等互动功能，促进多元主体之间的沟通与协作，保证公共利益最大化。① 对京津冀地区现有的社会治理数据进行整合和标准化处理，形成统一的数据格式和标准。根据设计的功能模块，进行软件开发和测试工作，确保平台的稳定性和易用性。平台正式使用之前，在部分地区进行试点运行，收集用户反馈和意见，对平台进行改进和优化。在试点运行成功的基础上，将平台全面推广至京津冀地区，实现多元主体之间的信息共享和协同治理。平台运行管理方面，制定详细且全面的平台运行和管理机制、信息发布机制，明确信息发布的内容和格式要求，确保信息的准确性和时效性。建立数据共享标准和规范，明确数据共享的范围和方式，保障数据安全和隐私保护。②

二　建立资源整合机制

建立资源共享和互补机制，将京津冀的各类资源进行有效整合和利用，为协同共治提供有力支持。资源共享层面，基于京津冀城市基层社会治理资源共享平台，推动政府、社区组织、企业等多元主体之间的资源共享。建立资源共享目录和平台，实现资源的快速查找和有效利用，以及资源的优化配置和高效利用，鼓励和支持各主体之间开展合作与交流，共同开发和使用资源，实现资源的共享发展。③ 资源互补层面，根据多元主体的特点和优势，推动资源的互补和协同，形成合力，共同推进京津冀城市基层社会治理的改进和发展。例如，通过建立远程医疗系统、医生互派等方式，实现医

---

① 施惠玲、孔媛媛、余晓睿：《数字化时代社会治理场域中信息交换能力提升研究——以治理主体为视角》，《新疆社会科学》2024 年第 1 期。
② 王炳权：《基层社会治理共同体的理论谱系与行动逻辑》，《中共中央党校（国家行政学院）学报》2024 年第 1 期。
③ 王磊：《场景营造：社区营造与社会治理创新的空间实践转向》，《山东大学学报》（哲学社会科学版）2023 年第 6 期。

疗资源的优势互补，提升医疗服务水平。制订京津冀城市基层社会治理资源整合规划，明确资源整合的目标、任务和措施。加强对资源整合的引导和支持，鼓励和支持各主体根据自身优势和特点，积极参与资源整合工作。

制定资源整合的政策和措施。政策引导上，各级政府出台鼓励和支持其他主体参与城市基层社会治理的相关政策，推动资源的整合和利用。[①] 统一规划标准，针对社区建设、环境保护、公共服务等方面，制定统一或相似的标准和规范，减少跨区域管理的成本和障碍。资金扶持上，通过设立专项资金、提供贷款优惠等方式，支持社区组织、社会企业等多元主体参与社会治理，促进其资源整合能力的提升。人才培养上，加强社会治理人才队伍建设，通过培训、引进等方式，提高多元主体参与社会治理的能力和水平。激励机制上，制定激励政策，鼓励和支持各主体积极参与资源整合工作，对在资源整合中做出突出贡献的主体给予表彰和奖励。

第六节　推动社区治理共同体建设

推动社区治理共同体建设是实现区域社会治理现代化、促进社会和谐稳定的重要举措。社区治理共同体的建设不仅能够提升社区治理的效能，还能在多元主体协同共治中发挥重要作用。

一　构建多主体协同治理体系

建立议事平台。选择一个方便居民聚集的地点，如社区活动中心、公园、学校等，作为议事平台的固定场所。成立一个由社区居

---

① 朱瑞、刘静：《我国市域社会治理发展的特征、挑战与路径》，《行政管理改革》2023年第10期。

民、社区干部、社会组织代表等组成的议事委员会，负责议事平台的日常管理和协调工作。居民议事厅就是一个典型的应用实例，不仅为居民提供了一个共同讨论和决策的物理空间，更是社区民主管理和集体智慧展现的重要场所。通过这样的平台，居民可以就社区内的公共事务、环境改善、文化活动等议题展开深入交流，共同寻找解决方案。议事厅的设立，有助于打破传统上由少数人或单一机构主导决策的局面，使社区治理更加透明、公平和高效。议事平台还能促进社区内的信息流通，减少误解和冲突。居民们通过定期举行会议，及时了解社区发展的最新动态，提出自己的意见和建议，不仅能够增强社区的凝聚力，还能够激发居民的积极性和创造力。为了确保议事平台的有效运行，应制定一套明确的议事规则和流程，如轮流发言、匿名投票等机制，以保证每个人的声音都能被听到，每个观点都能得到充分的尊重。通过这种方式，社区治理共同体能够更好地汇集民智、凝聚民心，共同推动社区向着更加和谐、美好的方向发展。

发展志愿服务。社区治理中，发展志愿服务是一项重要的举措，不仅能够促进社区内部成员之间的相互帮助和支持，还能有效增强社区的凝聚力和居民的社会责任感。"时间银行"项目就是一种创新的志愿服务模式，通过这种模式，年轻人可以为社区内的老年人提供生活照料、心理慰藉等多种形式的服务。这些服务的时间会被记录下来，当志愿者将来需要帮助时，他们可以从中获得相应的服务回报。这种方式既体现了"我为人人，人人为我"的互助精神，又能够有效地调动社区内外资源，形成良性循环。发展志愿服务还能够促进社区文化的建设，提升居民的整体素质。通过参与志愿服务活动，不仅可以学习到新的知识和技能，更重要的是能够在实践中培养良好的公民意识和社会责任感。为了更好地推动志愿服务的发展，政府和社会各界应当给予更多的支持和鼓励，包括提供必要的培训、建立有效的激励机制、营造良好的社会氛围等。同时，也应注重志愿服务项目的多样性和可持续性，确保每个有意愿的人都能找到适合自己的服务岗位，让志愿服务成为连接社区成员、构建和谐社会的重要桥梁。在此过程中，每个人都要秉持诚信原则，积极贡献自己的力量，共同创造一个更加美好的社区环境。

引入专业机构。多元主体协同参与社区治理中，引入专业机构是一项重要的策略。通过政府购买服务等方式，引入专业的社会组织或机构，可以为社区提供更加专业、高效的服务，满足居民多样化的需求，提升社区治理的整体水平。首先，政府可以在医疗卫生、教育培训、法律咨询、心理咨询等领域，通过公开招标、竞争性谈判等手段，选择具备专业资质和丰富经验的社会组织或机构，与其签订服务合同。比如，政府可以与医疗机构合作，定期为社区居民提供免费的健康检查和医疗咨询服务；与教育机构合作，开展青少年课外辅导和成人继续教育课程；与法律服务机构合作，为居民提供法律援助和纠纷调解服务。其次，引入专业机构可以弥补社区自身资源和能力的不足。社区工作人员虽然熟悉社区情况，但在某些专业领域可能缺乏足够的知识和技能。专业机构的加入，可以带来更科学、更系统的解决方案，提高服务质量和效率。比如，在社区环境整治方面，专业环保机构可以提供科学的环境评估和治理方案；在社区文化建设方面，专业文化机构可以策划和组织丰富多彩的文化活动，提升居民的文化素养和生活质量。

二　坚持和发展新时代"枫桥经验"，注重预防和化解矛盾纠纷

坚持和发展新时代"枫桥经验"[①]，强调"小事不出村、大事

[①] 景跃进、杨开峰、余潇枫等：《新时代"枫桥经验"：基层社会治理现代化的中国探索》，《探索与争鸣》2023年第8期。

不出镇、矛盾不上交",注重预防和化解矛盾纠纷,是提升社区治理效能、维护社会稳定的重要手段。

建立多层次的矛盾纠纷预防机制。定期对社区内的潜在矛盾纠纷进行风险评估,组建由社区工作人员、网格员、居民代表、法律顾问等组成的评估小组,负责定期进行风险评估工作,识别可能引发矛盾的源头和因素,提前采取预防措施。制定统一的风险评估标准和流程,明确评估的范围、方法和频次,确保评估工作的规范性和一致性。通过网格员、社区志愿者、居民代表等多渠道收集社区内的信息,及时掌握居民的诉求和不满,做到早发现、早介入。利用大数据分析技术,对收集到的信息进行统计和分析,找出潜在的矛盾纠纷点。深入分析每类矛盾的根源,识别可能引发矛盾的具体因素,如资源分配不公、沟通不畅、利益冲突等。开展法律法规和政策的宣传教育,提高居民的法律意识和道德素养,减少因无知或误解引发的矛盾纠纷。

完善矛盾纠纷多元化解机制。建立健全社区人民调解委员会,由熟悉社区情况、具有较高威望的居民担任调解员,及时调解邻里纠纷、家庭矛盾等常见问题,通过沟通协商的方式,帮助双方达成共识,化解矛盾。网格管理人员与居民协商建立一套高效的工作流程,包括矛盾纠纷的受理、调查、调解、回访等环节,确保每一起纠纷都能得到妥善处理。对于涉及政府部门的矛盾纠纷,如物业管理、环境保护等问题,由社区居委会或街道办事处进行行政调解,协调各方利益。首先,收集相关信息,明确争议焦点;其次,组织双方进行面对面的协商,力求找到一个双方都能接受的解决方案;最后,监督执行调解协议,确保问题得到有效解决。力图通过协调各方利益,促进问题的和平解决,维护社会稳定。对于复杂的矛盾纠纷,尤其是当其他调解方式难以达成一致时,可以引入司法调解机制,由法院或司法所派遣具备法律专业知识的调解员参与调解,确保调解过程的合法性与权威性。整个调解过程坚持透明公开的原则，尊重双方当事人的权利，同时保证调解结果的公正性和可执行性。对于特定领域的矛盾纠纷，如医疗纠纷、劳动争议等，可以邀请相关领域的专业人士进行调解，提供基于行业知识的专业意见和建议，增强调解过程的可信度，增加调解成功的可能性。

建立矛盾纠纷快速反应机制。建立社区矛盾纠纷应急处置预案，注重矛盾纠纷的早期发现与预防，通过定期开展法律知识普及、心理健康教育等活动，提高居民自我调节能力。一旦发现矛盾纠纷苗头，立即启动应急预案，确保在矛盾纠纷出现初期即能迅速介入，避免事态扩大，防止矛盾升级。根据矛盾纠纷的性质、规模等因素分级管理，采取不同级别的应对措施。建立社区、街道、区县三级联动机制，确保各级部门能够快速响应、协同作战，形成合力。社区作为第一响应单位，负责日常巡查、收集信息、初步调解等工作，设立专门的矛盾纠纷调解小组，成员包括社区工作者、志愿者等。当社区层面无法解决时，街道办事处应提供法律咨询、专业调解等服务支持，并协调相关资源。区县层面作为最高层级的支持机构，主要负责重大矛盾纠纷的处理，以及提供必要的政策指导和支持。对于情绪激动或心理压力较大的当事人，提供 24 小时心理援助热线进行心理疏导，并组建由心理咨询师、社会工作者组成的专家队伍，为需要的人士提供面对面或线上咨询服务，帮助其缓解情绪，理性解决问题。

建立矛盾纠纷化解的长效机制。建立矛盾纠纷化解的评估和反馈机制，设定固定周期（如每季度或每年），对已处理的矛盾纠纷案件进行全面回顾，定期对矛盾纠纷的处理速度、调解成功率、居民满意度等关键指标进行评估，之后组织相关人员召开会议，讨论成功经验和存在的不足之处，特别关注那些未能有效解决的案例，分析失败原因，寻找改善方案。根据评估结果调整调解策略，优化工作流程。如果发现某些类型的矛盾纠纷处理效率低下，可以针对性地加强该领域的培训或引入新的调解技术。建立矛盾纠纷典型案例库，按照矛盾纠纷的类型、特点等因素将案例进行分类，为今后的矛盾纠纷化解提供参考和借鉴。定期组织调解员和其他相关人员召开案例分析会，分享成功的调解经验，探讨未解难题。同时，可以通过社区公告板、网站等方式向公众公开部分案例，增加透明度，提高居民对调解工作的信任感。

三　强化德治作用，推动社会主义核心价值观融入社会治理

提升社区居民的道德水平。提升社区居民的道德水平是一个系统工程，不仅关乎个体的道德修养，也涉及整个社区的文化建设和精神风貌。首先，深入挖掘和阐发优秀传统文化中的道德价值是提升社区居民道德水平的重要途径之一。中华文明源远流长，其中蕴含着丰富的道德资源，如儒家提倡的仁义礼智信、墨家的兼爱非攻等理念，都是值得我们继承和发扬光大的宝贵财富。通过组织专题研讨会、读书会等活动，邀请专家学者讲解经典文献，能够有效促进社区成员对传统文化的了解与认同，进而内化为个人的行为准则。其次，积极宣传和践行社会主义核心价值观对于塑造健康向上的社区风气同样至关重要。诚信、友爱等美德不仅是个人立身处世的基本原则，也是构建和谐社会不可或缺的精神支柱。为此，社区可以定期开展以"诚信为本""邻里相亲"为主题的系列宣传活动，利用橱窗展板、网络平台等多种渠道展示模范人物的事迹，发挥榜样示范效应。同时，鼓励居民参与志愿服务，帮助困难群体，增进彼此间的理解和信任，营造互助互爱的良好氛围。最后，通过举办各类文化活动、讲座等形式，进一步提高社区居民的道德素质。如社区联合组织书法、绘画、戏曲等传统文化体验课程，不仅能丰富居民的精神生活，还能加深他们对中国传统文化的认识，潜

移默化地提升个人品位与情操。开设心理健康教育讲座，教授如何处理人际关系中的矛盾冲突，倡导宽容待人、理性沟通的态度，有助于居民间减少不必要的误会与摩擦，促进社区内部的和谐稳定。

利用信息技术推动德治。信息化时代，信息技术不仅改变了人们的生活方式，还为社会治理提供了新的思路与方法。利用信息技术推动德治，即是在这一背景下应运而生的一种创新治理模式，旨在通过建立核心价值观培育的网络平台，运用互联网及社交媒体等现代传播工具，广泛传播积极向上的文化信息，有效抵制不良信息的影响，强化网络空间的社会管理功能，构建健康和谐的网络环境。第一，建立核心价值观培育的网络平台是推动德治的重要举措之一。这些网络平台集合了丰富的教育资源，如视频讲座、互动课程、在线测试等形式多样的学习材料，针对不同年龄层次和社会群体的需求提供个性化服务。通过这些平台，广大网民能够更加便捷地获取关于社会主义核心价值观的知识，加深对其内涵的理解和认同感，从而促进个人品德修养的提升和社会风气的好转。第二，利用互联网和社交媒体等工具传播正面信息，对于塑造良好的社会舆论环境具有不可忽视的作用。政府机构、企事业单位以及社会各界可以通过官方账号发布权威信息，分享正能量故事，引导公众关注和支持国家发展大局。同时，鼓励和支持民间自媒体创作者制作高质量的内容，以更贴近生活的方式讲述中国好故事，传递真善美，形成正面舆论导向，增强民众的文化自信和民族自豪感。第三，加强网络社会管理，防范和打击网络违法犯罪行为，维护网络安全秩序，是实现德治目标不可或缺的一环。相关部门建立健全法律法规体系，加大对违法行为的惩处力度。注重技术手段的应用，如开发智能监测系统，及时发现并处理有害信息，保护用户权益不受侵害。

强化德治与法治相结合。在强调道德教育的同时，也要重视法治的作用，通过法律法规来规范人们的行为，不仅是维护社会秩序的有效手段，也是保护居民合法权益、确保社会治理公平正义的重要基石。法治通过明确的行为准则，为公众提供了清晰的行为指南，使得个人在社会生活中有所遵循，避免了因行为失范而导致的社会混乱。同时，法律还通过惩处违法行为，起到了警示和预防犯罪的作用，从而维护了社会稳定和谐。将社会主义核心价值观融入法律制度中，使之成为社会治理的准则，是新时代中国特色社会主义法治建设的关键环节。《社会主义核心价值观融入法治建设立法修法规划》明确提出，要将社会主义核心价值观的要求全面体现到法律体系中，为道德建设提供坚实的制度保障。《中华人民共和国民法总则》中将诚实信用、见义勇为、英烈保护等内容纳入规范范畴，不仅强化了法律的道德内涵，也促进了社会良好风尚的形成。《中华人民共和国英雄烈士保护法》的出台，对英烈的名誉权给予了特别保护，体现了国家对历史记忆和民族精神的尊重，进一步增强了公民的国家认同感和责任感。

主要参考文献

中文著作

陈颀：《公益经营者：基层政府的新角色与实践困境》，社会科学文献出版社 2019 年版。

费孝通：《乡土中国》，人民出版社 2008 年版。

何跃军：《基层政府社会稳定治理的法治指标体系构建》，法律出版社 2019 年版。

李慧凤：《中国城市基层治理：路径、方式与转型》，中国社会科学出版社 2021 年版。

李强：《协商自治·社区治理》，社会科学文献出版社 2017 年版。

陆道平：《城乡公共服务均等化与基层政府职能建设》，社会科学文献出版社 2017 年版。

吕德文：《基层中国：国家治理的基石》，东方出版社 2021 年版。

倪赤丹：《城市社区治理现代化的深圳探索》，社会科学文献出版社 2024 年版。

欧阳静：《强治理与弱治理：基层治理中的主体、机制与资源》，社会科学文献出版社 2018 年版。

单菲菲：《城市多民族社区治理》，社会科学文献出版社 2019 年版。

沈原、刘世定、李伟东：《社区治理：价值匹配（NGT）分析方法》，社会科学文献出版社 2018 年版。

孙莉莉、伍嘉冀：《城市社区治理中的居民自治——实践探索与演进》，上海交通大学出版社 2019 年版。

唐亚林等：《社区治理的逻辑：城市社区营造的实践创新与理论模式》，复旦大学出版社 2020 年版。

汪雷等：《基层政府公共服务供给能力研究》，合肥工业大学出版社 2013 年版。

王杨：《建构社区治理共同体：社会网络视角下社区共治路径与机制研究》，社会科学文献出版社 2023 年版。

习近平：《在首都各界纪念现行宪法公布施行 30 周年大会上的讲话》，人民出版社 2012 年版。

谢志强：《社会治理研究》，人民出版社 2020 年版

徐建牛：《基层政府行为演进的制度逻辑》，上海三联书店 2012 年版。

闫加伟：《社区治理方法论——社会创新者说》，上海三联书店 2019 年版。

张锋：《大城数治：上海超大城市社区治理数字化研究》，上海人民出版社 2021 年版。

张海冰、蔡小慎：《我国城市社区治理模式创新研究》，人民出版社 2016 年版。

周庆智：《中国基层社会自治》，中国社会科学出版社 2017 年版。

周振超：《基层政府与社会治理研究》，社会科学文献出版社 2023 年版。

外文著作

Benington John, Geddes Mike, *Local Partnership and Social Exclusion in the European Union: New Forms of Local Social Governance?*, Taylor and Francis, 2013.

Christina Larson, *China's Grand Plans for Eco-cities Now Lie Abandoned*, Energy Policy & Politics Sustainability Urbanization Asia Europe, 2009.

Kirton John J., Trebilcock Michael J., *Hard Choices, Soft Law: Voluntary Standards in Global Trade, Environment and Social Governance*, Taylor and Francis, 2017.

Mok Ka Ho, *Cities and Social Governance Reforms: Greater Bay Area Development Experiences*, Springer Nature Singapore, 2022.

Perulli Paolo, *The Urban Contract: Community, Governance and Capitalism*, Taylor & Francis, 2017.

Tarja Halonen, Ulla Liukkunen, *International Labour Organization and Global Social Governance*, Springer, Cham, 2021.

中文论文

蔡文成:《我国全过程人民民主的治理逻辑与治理创新论析》,《思想理论教育导刊》2023年第4期。

曹胜亮、胡江华:《新时代社会组织参与社会治理创新的理论困境和路径选择》,《武汉理工大学学报》(社会科学版)2021年第5期。

曹永辉:《生态承载力持续承载下的经济发展模式研究》,《生态经济》2013年第10期。

陈艾:《社会治理共同体建设:一个理论分析框架》,《江汉论坛》2023年第12期。

陈柏峰、吕健俊:《城市基层的网格化管理及其制度逻辑》,《山东大学学报》(哲学社会科学版)2018年第4期。

陈成文:《论市域社会治理的风险防控能力》,《社会科学家》2020年第8期。

陈亮、王彩波：《协商治理的运行逻辑与优化路径：一个基于"话语、公共主题与协商过程"的分析框架》，《理论与改革》2015年第4期。

陈延华：《如何抓牢党建引领与基层治理的结合点》，《人民论坛》2019年第34期。

陈英：《司法裁判如何实现社会治理》，《政法论丛》2024年第3期。

陈友华、詹国辉：《中国社会组织发展：现状、问题与抉择》，《新视野》2020年第5期。

陈月飞：《长三角地区协同立法项目出炉》，《浙江人大》2023年第7期。

崔永东：《社会治理及其对企业合规治理的切入和渗透》，《学术月刊》2024年第4期。

杜天翔、颜德如：《数字技术赋能市域社会治理的影响因素与优化策略——基于31个城市政务热线案例的组态分析》，《西南民族大学学报》（人文社会科学版）2024年第1期。

樊博：《跨部门政府信息资源共享的推进体制、机制和方法》，《上海交通大学学报》（哲学社会科学版）2008年第2期。

方行明、魏静、郭丽丽：《可持续发展理论的反思与重构》，《经济学家》2017年第3期。

傅伦博：《推进基层社会治理法治化的思考》，《特区实践与理论》2015年第2期。

高飞：《外部环境变迁、政社互动差异与社会治理共同体类型演变》，《中国行政管理》2024年第5期。

龚维斌：《"十四五"时期推进基层治理现代化研究》，《中国特色社会主义研究》2021年第4期。

龚云：《以提升组织力为重点提高基层治理能力》，《中国党政干部论坛》2019 年第 11 期。

郭圣莉、张良：《实现城市社会治理重心下移》，《领导科学》2018 年第 31 期。

郝丽、王波：《我国公众参与基层社会治理的实现机制探究》，《理论学刊》2023 年第 1 期。

贺敏：《法治与德治结合：和谐社会之国家治理的基本形式》，《社会科学家》2006 年第 3 期。

贺晓宇、储德银：《政府治理数字化转型与城市创业活跃度提升》，《上海经济研究》2023 年第 9 期。

何荣山、杨易川：《区域一体化过程中社会组织的发展模式创新——以成渝双城经济圈社会组织的发展为例》，《中南民族大学学报》（人文社会科学版）2023 年第 11 期。

何修良、秦雨柔：《我国边境抵边村落空心化"治理陷阱"的实地调研及突破路径研究——基于政府治理行为分析》，《广西民族研究》2023 年第 2 期。

何雪松、侯秋宇：《城市社区的居民参与：一个本土的阶梯模型》，《华东师范大学学报》（哲学社会科学版）2019 年第 5 期。

侯昱薇、李茂：《非首都功能疏解背景下北京经济发展新动能研究》，《价格理论与实践》2020 年第 6 期。

黄家亮、刘伟俊：《社会组织参与基层社会治理：理论视角与实践反思》，《杭州师范大学学报》（社会科学版）2022 年第 4 期。

黄家亮：《社会治理既要有"力度"更要有"温度"》，《中国党政干部论坛》2018 年第 9 期。

黄晓春：《党建引领下的当代中国社会治理创新》，《中国社会科学》2021 年第 6 期。

胡小君：《民主协商与社会治理共同体建设：价值、实践与路径分析》，《河南社会科学》2020 年第 9 期。

胡颖廉:《社会治理效能的本质、内涵与提升路径》,《江西社会科学》2024年第5期。

景跃进、杨开峰、余潇枫等:《新时代"枫桥经验":基层社会治理现代化的中国探索》,《探索与争鸣》2023年第8期。

康晓光、张哲:《行政吸纳社会的"新边疆"——以北京市慈善生态系统为例》,《南通大学学报》(社会科学版)2020年第2期。

康晓强、陈力:《中国特色社会组织及其发展进路》,《理论探索》2024年第5期。

廖永安、王聪:《人民调解泛化现象的反思与社会调解体系的重塑》,《财经法学》2019年第5期。

李保明:《国外城市社区管理模式及其启示》,《中国行政管理》2013年第4期。

李福凌、李明伟:《党建引领"两新"组织参与超大城市社会治理:实践探索与经验模式》,《中共云南省委党校学报》2024年第2期。

李肆:《协同视角下政府数据共享的障碍及其治理》,《中国行政管理》2021年第2期。

林晶晶、毛雅婧、林宗平:《"互联网+再生资源回收"模式推进机制的三方演化博弈研究》,《生态经济》2022年第3期。

林善炜:《制度型开放视域下的政府治理变革:机理、挑战与对策》,《中国行政管理》2023年第11期。

刘春湘、江润洲:《社区公益服务供给的"一核多元"模式研究——基于长沙市H社区的经验》,《中南大学学报》(社会科学版)2023年第4期。

刘琼莲:《社会治理共同体高质量发展的三重逻辑、推进重点与创新路径》,《天津社会科学》2023年第6期。

刘小钧:《城市社会治理重心下移:内涵、动因和路径》,《江汉论坛》2022 年第 7 期。

卢芳霞:《中国式基层社会治理的时代内涵与世界意义——以新时代"枫桥经验"为例》,《马克思主义研究》2023 年第 10 期。

芦恒、胡真一:《中国式现代化过程中基层社会治理的"韧性逻辑"》,《南开学报》(哲学社会科学版)2024 年第 3 期。

倪星、王锐:《权责分立与基层避责:一种理论解释》,《中国社会科学》2018 年第 5 期。

饶常林、常健:《我国城市街道办事处管理体制变迁与制度完善》,《中国行政管理》2011 年第 2 期。

任艳妮:《乡村治理主体围绕治理资源多元化合作路径探析》,《农村经济》2011 年第 6 期。

司文晶、宣朝庆:《论社会治理的共同体传统及其应用价值》,《江苏社会科学》2023 年第 5 期。

沈国明:《"重大改革于法有据":习近平法治思想的重要论断》,《学术月刊》2021 年第 7 期。

沈永东、陈天慧:《多元主体参与基层社会治理的共治模式——以宁波市鄞州区为例》,《治理研究》2021 年第 4 期。

施惠玲、孔媛媛、余晓睿:《数字化时代社会治理场域中信息交换能力提升研究——以治理主体为视角》,《新疆社会科学》2024 年第 1 期。

石佑启:《以转变政府职能为纲推进法治政府建设》,《学术研究》2019 年第 10 期。

孙柏瑛、张继颖:《解决问题驱动的基层政府治理改革逻辑——北京市"吹哨报到"机制观察》,《中国行政管理》2019 年第 4 期。

孙涛:《社会治理体制创新中的跨部门合作机制研究》,《云南民族大学学报》(哲学社会科学版)2016 年第 2 期。

唐薇:《政府有效运用媒体融合提升社会治理水平探讨》,《中国广播电视学刊》2024年第3期。

滕玉成、臧文杰：《"差序—协同"：基层治理主体间关系的意涵与逻辑》，《求索》2022年第1期。

田恒：《论城市基层治理分权化改革——基于撤销街道办事处的分析》，《中州学刊》2013年第9期。

田舒：《"三社联动"：破解社区治理困境的创新机制》，《理论月刊》2016年第4期。

王大广：《公众参与基层社会治理的实践问题、机理分析与创新展望》，《教学与研究》2022年第4期。

王炳权：《基层社会治理共同体的理论谱系与行动逻辑》，《中共中央党校（国家行政学院）学报》2024年第1期。

王德新、李诗隽：《新时代公众参与的社会治理创新》，《哈尔滨工业大学学报》（社会科学版）2022年第2期。

王栋：《支持型社会组织参与社区治理：嵌入、融合与贯通》，《学术界》2022年第5期。

王虎、张怡陵、张翔：《长三角政务服务一体化平台的设计与实践》，《电子技术与软件工程》2020年第5期。

王华杰、薛忠义：《社会治理现代化：内涵、问题与出路》，《中州学刊》2015年第4期。

王磊：《场景营造：社区营造与社会治理创新的空间实践转向》，《山东大学学报》（哲学社会科学版）2023年第6期。

王名、蔡志鸿、王春婷：《社会共治：多元主体共同治理的实践探索与制度创新》，《中国行政管理》2014年第12期。

王浦劬：《论转变政府职能的若干理论问题》，《国家行政学院学报》2015年第1期。

王身余：《从"影响"、"参与"到"共同治理"——利益相关者理论发展的历史跨越及其启示》，《湘潭大学学报》（哲学社会科学版）2008 年第 6 期。

王淑芹、王娟：《法治与德治相结合的意蕴与适度性》，《新疆师范大学学报》（哲学社会科学版）2018 年第 5 期。

王志立：《以人民为中心的基层社会治理逻辑与实现路径》，《领导科学》2019 年第 2 期。

王文宾、戚金钰、张萌欣等：《三方演化博弈下政府奖惩机制对 WEEE 回收的影响》，《中国管理科学》网络首发，2023 年 6 月 9 日。

王伟进、毕蔚兰、吕少德：《社会治理实践的国际经验及其启示》，《行政管理改革》2020 年第 5 期。

王玉婧：《可持续发展理论探源及其经济学思考》，《经济问题探索》2004 年第 7 期。

万玲：《社会组织参与基层治理的动因、困境与实践路径——基于对 J 社区的观察与分析》，《领导科学》2022 年第 6 期。

蔚超：《政策协同的内涵、特点与实现条件》，《理论导刊》2016 年第 1 期。

魏娜：《我国城市社区治理模式：发展演变与制度创新》，《中国人民大学学报》2003 年第 1 期。

翁士洪：《数字时代治理理论——西方政府治理的新回应及其启示》，《经济社会体制比较》2019 年第 4 期。

吴非、笪素林：《城市街道办事处职能定位及其体制改革：基于任务型组织的分析》，《南京工业大学学报》（社会科学版）2013 年第 2 期。

吴光芸：《论构建政府、市场与公民社会三者互动的有效公共服务体系》，《江汉论坛》2005 年第 9 期。

吴培豪、钱贤鑫、衡霞：《基层协商民主助推社会治理共同体建设的运作机制与驱动逻辑——基于"红茶议事会"的案例研究》，

《湖北社会科学》2023 年第 9 期。

吴青熹：《资源下沉、党政统合与基层治理体制创新——网格化治理模式的机制与逻辑解析》，《河海大学学报》（哲学社会科学版）2020 年第 6 期。

吴侗：《新总体性治理：城市基层社会治理的新转向》，《江汉论坛》2024 年第 5 期。

吴小花、许涵、傅联英：《我国转型时期社会治理模式的价值取向初探》，《求实》2008 年第 3 期。

习近平：《在河北省阜平县考察扶贫开发工作时的讲话》，《求是》2021 年第 4 期。

向青平、刘广东：《县级融媒体中心基层社会治理功能的媒介逻辑》，《中国出版》2023 年第 10 期。

肖陆军：《对推进我国城市社区文化建设的思考》，《探索》2015 年第 6 期。

谢晖：《论司法政策及其法治使命》，《法学杂志》2022 年第 3 期。

徐畅：《基层社会治理中多元主体协同何以可能——公共政策执行的作用》，《湖北社会科学》2022 年第 9 期。

许晓东：《当前基层治理存在的突出问题与治理路径》，《国家治理》2020 年第 26 期。

颜佳华、王张华：《数字治理、数据治理、智能治理与智慧治理概念及其关系辨析》，《湘潭大学学报》（哲学社会科学版）2019 年第 5 期。

严展薇：《加强诉源治理 推动矛盾纠纷源头化解》，《上海人大月刊》2022 年第 2 期。

阎晓阳：《从单位制到社区制：城市基层治理的制度逻辑》，《实事求是》2022 年第 1 期。

杨宏山：《合作治理与城市基层管理创新》，《南京社会科学》2011

年第 5 期。

杨林:《基层社会治理法治化的学理探究与推进路径》,《江苏社会科学》2024 年第 3 期。

杨积堂:《"接诉即办":基层社会治理的机制革新与效能驱动》,《北京联合大学学报》(人文社会科学版)2021 年第 2 期。

杨志敏:《"公共安全与社会治理:中国和拉丁美洲面临的挑战"国际研讨会会议综述》,《拉丁美洲研究》2015 年第 3 期。

杨子强、孙琳、雷引杰:《聚焦群众需求提升城市治理水平——北京市探索"吹哨报到、接诉即办"改革的重要启示》,《人民论坛》2021 年第 7 期。

姚芳:《社区管理中街道办事处的角色定位与功能分析》,《辽宁行政学院学报》2010 年第 8 期。

伊庆山:《基层治理中网格化服务管理的实践经验与问题破解》,《领导科学》2022 年第 2 期。

殷旺来、李荣娟:《新时代政府职责体系的研究进展、逻辑转换与展望》,《理论月刊》2023 年第 2 期。

尹稚:《以人民为中心的城市治理》,《城市规划》2022 年第 2 期。

原晓红:《治理向深行,瞄准群众痛点拓展基层整治》,《中国纪检监察》2020 年第 18 期。

郁建兴、樊靓:《数字技术赋能社会治理及其限度——以杭州城市大脑为分析对象》,《经济社会体制比较》2022 年第 1 期。

翟磊、赵萍:《从"碎片化"到"网络化":促进社会组织参与社区治理的路径》,《城市观察》2021 年第 1 期。

张爱艾:《中国共产党引领基层治理提升组织力的创新路径探索》,《西南民族大学学报》(人文社会科学版)2021 年第 9 期。

张海波:《大数据驱动社会治理》,《经济社会体制比较》2017 年第 3 期。

张康之:《论信任、合作以及合作制组织》,《人文杂志》2008年第2期。

张锐智、张何鑫:《居民自治权法律保障问题研究》,《辽宁大学学报》(哲学社会科学版)2020年第3期。

张贤明、田玉麒:《论协同治理的内涵、价值及发展趋向》,《湖北社会科学》2016年第1期。

张晓玲:《可持续发展理论:概念演变、维度与展望》,《中国科学院院刊》2018年第1期。

张晓玉:《社会组织参与乡村治理的困境及路径分析》,《农业经济》2023年第12期。

张喜红:《权责一致:责任政治建设的基本前提》,《思想战线》2016年第6期。

张占斌、孙飞:《改革开放40年:中国"放管服"改革的理论逻辑与实践探索》,《中国行政管理》2019年第8期。

张文显:《新时代中国社会治理的理论、制度和实践创新》,《法商研究》2020年第2期。

张文祥、侯志阳:《社会组织参与市域社会治理的现实困境与路径优化——基于Q市的案例分析》,《城市发展研究》2024年第3期。

章晓乐、任嘉威:《治理共同体视域下社会组织参与农村社会治理的困境和出路》,《南京社会科学》2021年第10期。

赵力平:《论城市文化建设》,《浙江社会科学》2000年第2期。

郑杭生、邵占鹏:《治理理论的适用性、本土化与国际化》,《社会学评论》2015年第2期。

郑敏睿、郑新奇、李天乐等:《京津冀城市群城市功能互动格局与治理策略》,《地理学报》2022年第6期。

周庆智:《基层治理创新模式的质疑与辨析——基于东西部基层治

理实践的比较分析》,《华中师范大学学报》(人文社会科学版) 2015 年第 2 期。

朱春阳:《县级融媒体中心建设:经验坐标、发展机遇与路径创新》,《新闻界》2018 年第 9 期。

朱瑞、刘静:《我国市域社会治理发展的特征、挑战与路径》,《行政管理改革》2023 年第 10 期。

朱涛:《社会治理现代化:理解维度、治理结构与发展趋势》,《中共中央党校(国家行政学院)学报》2023 年第 6 期。

竺乾威:《服务型政府:从职能回归本质》,《行政论坛》2019 年第 5 期。

竺乾威:《国家治理体系现代化与政府职能转变》,《求索》2023 年第 4 期。

外文论文

Ansink E. and Bouma J., "Effective support for community resource management", *Forest Policy and Economics*, Vol. 37, 2013.

Boyd N. M. and Larson S., "Building community at work: An exploratory study in healthcare system management", *Journal of Community Psychology*, Vol. 51, No. 5, 2023.

Brady D., Bradby K., Butler G. and Gaynor A., "Community-led land management: historical perspectives, future prospects", *Australasian Journal of Environmental Management*, Vol. 29, No. 2, 2022.

Cai C. K., Jiang W. Q. and Liu Y., "From Government-Society to Party-Masses: The Community Governance Mode Change in Shenzhen", *China: An International Journal*, Vol. 20, No. 4, 2022.

Desirée E. and Katherine H., "The role of sensors in the production of smart city spaces", *Big Data and Society*, Vol. 9, No. 2, 2022.

Galego D., Moulaert F., Brans M. and Santinha G., "Social innovation & governance: a scoping review", *Innovation-the European Journal of Social Science Research*, Vol. 35, No. 2, 2022.

Guo S. J. and Jiang T. Y., "China's 'New Normal': from Social Control to Social Governance", *Journal of Chinese Political Science*, Vol. 22, No. 3, 2017.

Kayhan V. O., "The nature, dimensionality, and effects of perceptions of community governance", *Information & Management*, Vol. 52, No. 1, 2015.

Lian X., Li D. N., Di W. F., Oubibi M., Zhang X. Y., Zhang S. J., Xu C. Y. and Lu H. J., "Research on Influential Factors of Satisfaction for Residents in Unit Communities-Taking Ningbo City as an Example", *Sustainability*, Vol. 14, No. 11, 2022.

Liu D., Li Z. G. and Guo Y., "The impacts of neighbourhood governance on residents' sense of community: a case study of Wuhan, China", *Urban Research & Practice*, Vol. 16, No. 5, 2022.

Massey A. and Johnston-Miller K., "Governance: public governance to social innovation?", *Policy and Politics*, Vol. 44, No. 4, 2016.

Mládková L., "The community of practice-based management model", *European Management Journal*, Vol. 41, No. 4, 2023.

Nie X. Y., Huang Z. L. and Wu L. F., "Community governance during the Shanghai COVID lockdown II: Bridging neighborhood cohesion and the perception of community governance", *Cities*, Vol. 151, No. 8, 2024.

Safadi H., Skousen T. and Karahanna E., "Firm-Sponsored Online Communities: Building Alignment Capabilities for Participatory Governance", *Information Systems Research*, DOI10.1287/isre.2021.

0578, 2024.

Sanchez-Youngman S., Boursaw B. and Oetzel J., et al., "Structural Community Governance: Importance for Community-Academic Research Partnerships", *American Journal of Community*, Vol. 67, No. 3, 2021.

Spires A. J., Tao L. and Chan K. M., "Societal Support for China's Grass-Roots NGOs: Evidence from Yunnan, Guangdong and Beijing", *China Journal*, Vol. 71, No. 3, 2014.

Tsang K. K., Chang L. L., Li G. Y., Ho W. C. and To A. H. K., "Social participation of social organizations in education governance in China", *Asia Pacific Education Review*, Vol. 25, No. 2, 2024.

Wang D. X. and Li S. J., "Innovation of Contemporary Chinese Urban Community Governance under the Perspective of Social Capital: Participation of Multiple Subjects Based on Community Proposals", *Sustainability*, Vol. 15, No. 1, 2023.

Weinstein M. I., "Lyapunov stability of ground states of nonlinear dispersive evolution equations", *Communications on Pure & Mathematica*, Vol. 39, No. 1, 2010.

Wu X. L., Yan H. Q. and Jiang Y. X., "How are New Community Governance Structures Formed in Urban China? A Case Study of Two Cities, Wuhan and Guangzhou", *Asian Survey*, Vol. 58, No. 5, 2018.

报纸

胡锦涛:《坚定不移沿着中国特色社会主义道路前进　为全面建成小康社会而奋斗——在中国共产党第十八次全国代表大会上的报告》,《人民日报》2012年11月8日第1版。

郝思斯:《让城市治理更智能更高效更精准》,《中国纪检监察报》2024年5月14日第5版。

连宏萍、刘丽莉：《全面提升城市基层治理效能》，《光明日报》2024年5月31日第6版。

凌锋：《依法治国基础在基层》，《法治日报》2021年3月9日第1版。

刘维涛、张洋、李昌禹、亓玉昆：《把城乡社区基础筑牢》，《人民日报》2022年6月30日第2版。

陆宇峰：《发展全过程人民民主》，《人民日报》2021年7月8日第9版。

王昌荣：《新时代"枫桥经验"的深刻意蕴》，《浙江日报》2018年6月11日第6版。

王昊魁、李苑、王珑、靳昊：《"全周期管理"：探索城市现代化治理新路子》，《光明日报》2020年5月26日第7版。

汪晓东、张炜、王玉琳：《实现中华民族伟大复兴中国梦的关键一步》，《人民日报》2021年7月3日第1版。

吴焰、游仪：《回应一个诉求　解决一类问题　提升一个领域》，《人民日报》2023年9月3日第4版。

习近平：《高举中国特色社会主义伟大旗帜　为全面建设社会主义现代化国家而团结奋斗——在中国共产党第二十次全国代表大会上的报告》，《人民日报》2022年10月26日第1版。

习近平：《决胜全面建成小康社会，夺取新时代中国特色社会主义伟大胜利——在中国共产党第十九次全国代表大会上的报告》，《人民日报》2017年10月28日第1版。

习近平：《切实把思想统一到党的十八届三中全会精神上来》，《人民日报》2014年1月1日第2版。

岳亮：《坚持和完善新时代"枫桥经验"》，《人民日报》2020年8月4日第5版。

张茜：《科技体制改革点燃创新引擎》，《中国青年报》2022年4月

20日第3版。

《中共中央关于坚持和完善中国特色社会主义制度、推进国家治理体系和治理能力现代化若干重大问题的决定》,《人民日报》2019年11月6日。

《中共中央关于全面深化改革若干重大问题的决定》,《人民日报》2013年11月16日。

后　　记

随着本书的最后一个句点的落定，我不禁感慨万千。在撰写该书的过程中，我深刻体会到了城市基层治理的复杂性和多维性。这本书不仅仅是对理论的探讨，更是对实践的深刻反思和总结。在这里，我想对所有参与和支持本书创作的人表示最诚挚的感谢。

首先，感谢那些在城市基层治理一线默默付出的工作者们。你们的智慧和汗水，让城市变得更加和谐、有序。你们在实践中的创新和努力，为本书提供了鲜活的案例和深刻的洞见。没有你们的实践，就没有本书的理论深度和实践价值。其次，感谢河北经贸大学京津冀协同发展河北省协同创新中心对本书的资助支持，感谢我的同事洪帅、许曼以及其他学术伙伴们在研究和写作的过程中给我提出的意见和建议，你们的见解和批评使我受益匪浅。学术的探讨和交流是无止境的，我希望本书能够成为我们共同探讨城市基层治理的一个新起点。最后，我还要感谢我的家人，他们对我的工作给予了无条件的支持和理解。在我埋头苦干的日子里，是他们的鼓励和陪伴，让我能够坚持下来。没有他们的爱和支持，就没有此书的诞生。

本书以京津冀为例，探讨了多主体合作参与城市基层治理的重要性和必要性，认为城市基层治理不仅仅是政府的责任，更是社会各界共同参与的过程。居民、非政府组织、企业、志愿者等都是城市基层治理的重要主体，他们的参与不仅能够提高治理效率，还能够增强治理的民主性和公正性。本书通过案例分析，展示了多主体参与城市基层治理的多种模式和路径。从社区自治到公共服务外包，从社会资本的培育到信息技术的应用，每一种模式都有其独特的优势和面临的挑战。本书强调，没有一种模式是万能的，城市基层治理需要根据不同的实际情况，灵活选择和创新治理模式。

在写作本书的过程中，我也深刻意识到，城市基层治理是一个动态发展的过程。随着社会的发展和科技的进步，新的治理主体和治理工具不断涌现。因此，我们需要保持开放的心态，不断学习和适应新的治理理念和方法。最后，我希望本书能够为城市基层治理的实践者和研究者提供一些有益的参考和启示。我相信，通过我们的共同努力，一定能够构建一个更加和谐、公正、高效的城市基层治理体系。这不仅是我们的责任，也是我们对未来的承诺。

陈艺丹

2024 年 6 月